Gustav-Siewerth-Akademie (Hrsg.)

Christliche Hoffnung statt weltlicher Ideologie

Gustav-Siewerth-Akademie (Hrsg.)

Christliche Hoffnung statt weltlicher Ideologie

fe

Dieser Band enthält die Vorträge des Theologischen Sommerkurs 2023 „Lasst uns den ‚neuen' Menschen machen – Atheistischer Transhumanismus und christliche Anthropologie", der vom 10. bis 13. August 2022 an der Gustav-Siewerth-Akademie unter Leitung des Rektors Albrecht von Brandenstein-Zeppelin stattfand.

1. Auflage 2024
Fe-Medienverlags GmbH
Hauptstraße 22, 88353 Kißlegg
www.fe-medien.de

Layout/Satz: Monika Feiner
Druck: mcpdruk, Polen
Printed in EU

ISBN 978-3-86357-417-8

Inhalt

Vorwort

Christliche Hoffnung statt weltlicher Ideologie: namhafte Autoren, Theologen und Philosophen geben in diesem Band einen breit gespannten Überblick über menschliches Denken die Zukunft betreffend. Worin bestehen die gravierenden Unterschiede zwischen christlicher Hoffnung und atheistischen Zukunftsvisionen und heutigen Ideologien?

Der Historiker Ernst Nolte hat in seinem Buch „Historische Existenz" darauf hingewiesen, dass die alttestamentarische Prophetie vom Ende vom Ende der Geschichte und Beginn des Gottesreiches der erste Entwurf einer Utopie ist und als „Anfang der Linken" verstanden werden kann: „ein Vorgang von weltgeschichtlicher Bedeutung, der allerdings für viele Jahrhunderte keine Folgen haben sollte.[1]

Wenngleich also ein Bezug zwischen Eschatologie und Ideologie, deren Kern nur allzu oft eine Utopie ist, in den biblischen Texten vorgeformt scheint, so ist es doch der Gottesbezug, der die Hoffnung auf die große Wende am Ende der Zeiten gegen alle Ideologien immunisiert. Es waren denn auch die Kirchenväter und hier insbesondere Augustinus, die die christliche Zeitenwende nicht als eine zukünftige und damit auch durch Menschenwerk erreichbare Größe verstanden haben, sondern als eine durch die Erlösungstat Christi schon geschehene. Sie realisiert sich somit durch die Erkenntnis der Wahrheit, die schon da ist und nicht erst geschaffen werden muss.

Das ist der Grund – um mit Nolte zu sprechen –, warum die Utopie der Propheten für viele Jahrhunderte keine Folgen hatte. Es musste zunächst eine Entwertung des Gottesbezuges eintreten, um die prophetische Hoffnung auf ein gutes Ende zu einer weltlichen Ideologie

1 Nolte, Ernst: Historische Existenz. Zwischen Anfang und Ende der Geschichte. München: Lau, 2015, S. 233.

umzuformen. Ideologie ist somit – dies sei zumindest als Arbeitshypothese vorausgeschickt – entkernte Eschatologie, wobei an die Stelle Gottes eine andere, absolut gesetzte Größe, eine neue Wahrheit oder besser Wahrheiten treten – sei es, um nur einige Beispiele zu nennen, die Rasse, die Klasse, die Identität oder das Klima.

Der theologische Sommerkurs 2023 der Gustav-Siewerth-Akademie hat sich aus verschiedenen Blickwinkeln mit jenen Ablösungsprozessen beschäftigt, welche die begründete Hoffnung auf eine christliche Zeitenwende durch Ideologien ersetzten. Dabei geriet das ganze Panorama der Problemstellung in den Blick: von der christlichen Eschatologie, wie sie etwa Papst Benedikt XVI. in klaren Worten dargelegt hat, über die geistesgeschichtlichen Stadien der Utopie- und Ideologiebildung bis hin zur vollkommenen Auflösung des Wahrheitsbegriffs in der Postmoderne. Möge dieser Band dazu beitragen, die mit der Entchristlichung der menschlichen Hoffnung verbundenen Zeitphänomene besser zu verstehen und einzuordnen.

Die Herausgeber, März 2024

Führt die Globalisierung zu einem neuen Weltethos?

Christliche Perspektiven auf eine Zeitwende

Prof. Dr. Rocco Buttiglione

Wir befinden uns in der Mitte einer Zeitwende. Denkstrukturen, von denen wir behauptet hatten, sie sollten auf ewig dauern, sind ins Schweben geraten und laufen Gefahr, in kürzester Zeit zusammenzubrechen. Die herrschende Meinung vertritt dazu einen absoluten Relativismus. Viele sagen: "Veritas Filia Temporis" (Die Wahrheit ist die Tochter der Zeit). Mit der Zeit muss sich dann auch die Wahrheit ändern.

Wir wollen unsere Ausführungen mit einigen Überlegungen über das Verhältnis von Zeit und Wahrheit beginnen.

Hegel hat einmal geschrieben *"So ist auch die Philosophie, ihre Zeit in Gedanken erfasst."*[1]

Dies soll nicht so verstanden werden, als ob Hegel die Möglichkeit einer die Zeit transzendierenden Wahrheit verleugnen wollte. Mir scheint[2] eher, dass das hier von Hegel gestellte Problem das Verhältnis zwischen Wahrheit und Zeit sei, und zwar die Art und Weise, wie sich die Wahrheit in einem gewissen Zeitalter vorstellt, und die Wege, die aus einem bestimmten Sitz im Leben zu der ewigen Wahrheit führen. Jeder Mensch wurde zu einer gewissen Zeit und in einem besonderen Ort geboren. Jeder von uns gehört zu einer besonderen Kultur. Diese Kultur prägt

---

1 G. W. F. Hegel, Vorrede zu ***Naturrecht und Staatswissenschaft im Grundrisse***, Neue Ausg. V. Georg Lasson / Felix Meiner, Leipzig 1911, S. 15 (1821).)

2 Wir können hier diese Behauptung nicht ausführlich begründen. Was uns hier interessiert, ist nicht die richtige Interpretation des Hegelschen Gedankens, sondern die Sache an sich. Amicus Hegel, sed magis amica veritas (Wir sind Freunde Hegels, aber noch mehr der Wahrheit).

unsere Innerlichkeit, macht uns zu dem, was wir sind. Von der Kultur erhalten wir unser menschliches Wesen. Sogar unser erster Zugang zur ewigen Wahrheit, unsere erste Auffassung von Gutem und Bösem, empfangen wir von unseren Eltern. Die Tradition ist der Prozess, wodurch die Menschen der folgenden Generation die Wahrheit überliefern, die sie durch die eigene Lebenserfahrung entdeckt und erlebt haben. Tradere (lateinisch) heißt überliefern und Tradition bedeutet Überlieferung. Was überliefert wird, muss jedoch auch empfangen und angenommen werden. Die jüngere Generation hat das Recht und sogar die Pflicht, das Überlieferte zu prüfen. Das von den Eltern Übertragene muss im eigenen Leben erprobt werden, um verinnerlicht zu werden. So sagt Goethe: "Was du ererbt von deinen Vätern, erwirb es, um es zu besitzen!"[3]

Durch diesen Prozess wird die objektive Wahrheit zu meiner eigenen. Die ewige Wahrheit kommt mir immer in einer geschichtlich bedingten Form entgegen. Sie ist erst die Wahrheit meiner Eltern und wird später durch den Prozess der Verinnerlichung zu meiner Wahrheit. Beide Formen der Wahrheit sind geschichtlich bedingt. Die Geschichte, die Formen der Produktion, die Scheinwahrheiten und die vorherrschenden Fehler einer Epoche zwingen die Wahrheit, immer neue Formen anzunehmen, um sich zu behaupten. Es genügt nicht, dieselben Worte zu wiederholen, um dieselbe Wahrheit in zwei verschiedenen Zeitaltern zu formulieren.

Sollen wir daraus den Schluss ziehen, dass es keine ewige reine Wahrheit gibt, wenn uns die Wahrheit immer nur in einer geschichtlichen Form entgegenkommt?

Vielleicht nicht, oder nicht ganz.

Wir müssen vorerst bemerken, dass zwischen unterschiedlichen geschichtlichen Formulierungen der Wahrheit immer auch eine gewisse Kontinuität besteht, wenn es auch nicht immer leicht ist zu bestimmen, worin diese Kontinuität besteht.

Wir müssen uns zweitens mit Sokrates' Revolution befassen.

---

[3] Johann Wolfgang von Goethe, ***Faust. Der Tragödie Erster Teil,*** 1808, Nacht, Faust mit sich allein

Sokrates' Revolution

Sokrates hat der konsolidierten und gesellschaftlich anerkannten Sittlichkeit seiner Zeit und seiner Umgebung den absoluten Anspruch des Gewissens entgegengesetzt. Das Gewissen ist nicht die Willkür des Einzelnen. Ganz im Gegenteil: Das Gewissen ist eine absolut objektive Macht, die einen unbedingten Anspruch auf Gehorsam besitzt. Dies tritt im **Kriton** klar zutage, im Dialog zwischen Sokrates und den Gesetzen Athenss.[4] Am Anfang des Dialogs ist Sokrates bereits zur Todesstrafe durch den athenischen Gerichtshof verurteilt worden. Er wartet auf die Hinrichtung. Kriton schlägt ihm vor, aus dem Gefängnis zu fliehen. Er hat schon die Wächter korrumpiert und einen sicheren Zufluchtsort vorbereitet. Sokrates jedoch weigert sich, sich durch Flucht der Strafe zu entziehen. Er inszeniert einen Dialog mit den Gesetzen Athens, die ihm seine Pflichten der Stadt gegenüber vergegenwärtigen.[5]

Er wurde nach den Gesetzen und durch die Gesetze geboren. Durch die Gesetze wird der sexuelle Verkehr geordnet und entsteht eine Verpflichtung, die Kinder zu ernähren, zu erziehen und in die sittliche Gemeinschaft der Polis einzuführen. Durch die Gesetze empfängt der Bürger die eigene Stellung im Ganzen der Stadt, seine Rechte und seine Pflichten. Die sittliche Persönlichkeit des Bürgers konstituiert sich nur im Bereich der Stadt und ihrer Gesetze. Der Bürger existiert nur als ein Teil und Mitglied der Polis. Er kann nicht über die Gesetze zu Gericht sitzen und sie in Frage stellen, als ob er ihnen gleichberechtigt sei.

Das echte Problem ist nicht, ob der Gerichtsspruch gegen Sokrates richtig oder falsch ist. Es ist klar, dass er falsch ist. Das wahre Problem ist, ob Sokrates überhaupt eine Verfahrenslegitimität besitzt, Einspruch gegen die Gesetze zu erheben. Er hat eine strenge Verpflichtung, den

---

[4] Platon, ***Kriton*** 49eff.

[5] Romano Guardini, ***Der Tod des Sokrates. Eine Interpretation der platonischen Schriften Euthyphron, Apologie, Kriton und Phaidon*** (= Rowohlts deutsche Enzyklopädie, Bd. 27), 1956. Die erste Veröffentlichung wart 1943 und es ist naheliegend zu behaupten, dass im Zentrum der Aufmerksamkeit des Autors die Gewissensentscheidung vor dem Dritten Reich steht.

Gesetzen zu gehorchen, auch im Fall, dass sie von ihm das Opfer des eigenen Lebens verlangen. Der Mensch wird innerhalb einer menschlichen Gesellschaft geboren; diese Gesellschaft besitzt einen eigenen transzendentalen Horizont des Sittlichen und der Mensch kann nicht den Anspruch erheben, diesen Horizont in Frage zu stellen oder sich über diesen Horizont zu erheben. Wenn Sokrates so überzeugend diese These der Überlegenheit des gesellschaftlichen Ganzen vor dem Einzelnen bewiesen hat, können wir nicht umhin, die Frage zu stellen: Warum hat er sich dann dem akzeptierten Maß des Sittlichen in Athen entgegengesetzt und in seiner Stellung verharrt bis zu seiner Verurteilung zur Todesstrafe? Wir befinden uns hier vor einem Paradox: Sokrates lässt sich zum Tode verurteilen, um den Gesetzen den Gehorsam zu verweigern; um jedoch denselben Gesetzen zu gehorchen, will er nicht fliehen und das eigene Leben retten. Er leistet Gehorsam, wenn ihn dies das Leben kostet, verweigert aber Gehorsam, wenn ihm dies das Leben retten würde. Warum?

Die Antwort ist ganz einfach und heißt Gewissen. Man muss den Gesetzen nur dann gehorchen, wenn sie nicht im Gegensatz zum Gewissen stehen. Das Gewissen ist der Ort, wo eine Autorität spricht, die höher steht als jene der Gesetze. Diese ist die Autorität der Wahrheit. Die eingesehene Wahrheit bindet mich. Der hl. Thomas von Aquin formuliert dies folgendermaßen: "Homo non ordinatur ad communitatem politicam secundum se totum"[6](Der Mensch ist nicht nach seinem ganzen Wesen zur politischen Gemeinschaft verpflichtet). Die Ordnung der Wahrheit steht höher als die Ordnung der Gesellschaft in Bezug auf den Menschen.

Mit anderen Worten: Der Mensch hat einen direkten Zugang zur Wahrheit, der es ihm ermöglicht, die tradierte Wahrheit in Frage zu stellen und den Horizont der eigenen Gesellschaft und Kultur zu transzendieren. Der Mensch identifiziert sich mit der von ihm erkannten und anerkannten Wahrheit.

Was ist aber die Wahrheit? Worin besteht dieser Zugang zur Wahrheit?

[6] TThomas von Aquin, **S. th.**, I-II 1.21 a.4, ad 3.

Pythagoras hat die Existenz apriorischer Wahrheiten, die dem menschlichen Geist innewohnen und von der Welt der Empirie unabhängig sind, entdeckt. Die Welt der Empirie entspricht jedoch diesen Wahrheiten und lässt sich von ihnen befehlen. Sokrates hat den Umfang dieser Entdeckung Pythagoras' erweitert: Pythagoras hat die Existenz mathematischer apriorischer Wahrheiten entdeckt, Sokrates jene ethischer apriorischer Wahrheiten, durch die sich die ethische Welt der Menschen ordnen lässt. Diese Wahrheiten gelten unbedingt. Gerade so wie Pythagoras die Mathematik, hat Sokrates die Wissenschaft der Ethik entdeckt.

Anhand des Dialogs zwischen Sokrates und den Gesetzen können wir das Verhältnis zwischen Ethik und Sittlichkeit oder Moral auffassen. Sie sollen miteinander nicht verwechselt werden. Die Ethik und die ethische Erfahrung des Menschen stellen immer wieder die geltende Sittlichkeit einer Gesellschaft in Frage. Der Mensch wird zwar innerhalb eines bestimmten transzendentalen sittlichen Horizontes geboren und muss ihn unvermeidlich verinnerlichen, er hat jedoch auch die Fähigkeit, ihn nach der Wahrheit hin zu transzendieren.[7]

Ethik und Moral

Ethik und Moral sollen nicht miteinander verwechselt werden. Sie stehen immer in einer gewissen Spannung zueinander. Jeder Mensch wird innerhalb eines bestimmten moralischen Horizontes erzogen. Er gehört seiner Zeit und seiner kulturellen Gemeinschaft, aber nicht ganz. Das vererbte moralische Gut muss durch die Lebenserfahrung des Einzelnen geprüft und wiederentdeckt werden. Diese Prüfung weist zwei Seiten auf. Einerseits stellt die stetige Veränderung der gesellschaftlichen Umgebung, der ökonomischen und sozialen Voraussetzungen und Vorbedingungen die tradierten Normen und Überzeugungen in Frage. Neue Erlebnisse und Entwicklungschancen sollen in den moralischen Rahmen

[7] Josef Seifert, ***Erkenntnis objektiver Wahrheit*** (2. erw. Aufl.), Universitätsverlag Anton Pustet, Salzburg-München 1972.

eingefügt werden. Andererseits muss man sich dem unbedingten Anspruch des Ethischen stellen. Die ethische Verpflichtung stellt sich rein dar, aber zugleich orientiert den Menschen ebenso die Kritik der überlieferten Werte wie die Suche nach einer neuen Verkörperung der Werte. Die Ethik ist wie eine reine Form, die es erfordert, die materiellen Elemente einer bestimmten Lebensweise zu beseelen und eine neue Sittlichkeit zu gestalten.[8]

Wie können wir unsere heutige Situation im Lichte der soeben dargelegten Begriffe verstehen?

Richten wir vorerst unsere Aufmerksamkeit auf unsere westlichen Länder. Es ist frappierend, dass der Prozess der Tradition lahmgelegt und fast unterbrochen worden ist. Der Dialog der Generationen ist fast unterbrochen worden. Wir haben schon darauf aufmerksam gemacht, dass die Tradition ein komplizierter Prozess ist.[9] Die überlieferten Werte müssen der Prüfung der veränderten Umstände und Lebensbedingungen unterzogen werden. Es scheint jedoch, dass heute die ältere Generation keine Werte besitzt oder mindestens keine Werte, die sich lohnen, der neuen Generation vermittelt zu werden. Die Gründe dafür sind vielfältig. Ich möchte hier auf ein heute fast vergessenes Buch hinweisen, das die Denkweise der Deutschen tief geprägt hat. Es ist **Die Zerstörung der Vernunft**[10] von Georg Lukács. Lukács behauptet, dass die ganze Tradition der deutschen Kultur in den Nationalsozialismus mündet.

[8] ie Ethik ist eine philosophische Disziplin, die Moral eine soziologische. Beide stehen in einer engen Beziehung zueinander, sollen aber nicht miteinander verwechselt werden. Über die methodologische Begründung der Ethik, siehe: ***Tadeusz Styczeń Problem możliwości etyki jako empirycznie uprawomocnionej i ogólnie ważnej teorii moralności: studium metaetyczne,*** Lublin Towarzystwo Naukowe Katolickiego Uniwersytetu Lubelskiego 1972.

[9] Augusto Del Noce Appunti per una filosofia dei giovan, in: Vita e Pensiero V (1968), 399ff.

[10] Georg Lukács, ***Die Zerstörung der Vernunft,*** Berlin 1954.

Die einzige Ausnahme seien der Marxismus und seine Vorläufer. Lukács schrieb zur Zeit des Kalten Krieges und wollte den Anspruch der DDR untermauern, die wahre Erbin von all dem zu sein, was sich von deutscher Kultur noch retten ließe. Später ist der Kommunismus zugrunde gegangen und die Deutschen sind von der eigenen Kultur völlig getrennt worden. Die Idee Lukács' ist später von Umberto Eco verallgemeinert und mit seiner These des "ewigen Faschismus" auf die ganze westliche Tradition ausgedehnt worden.[11] Sie hat sich in unserer Erziehungspolitik und in unserem Schulwesen durchgesetzt. Unsere kulturellen und erzieherischen Institutionen vermitteln berufliche Fähigkeiten oder "Skills", wie man heute zu sagen pflegt, aber keine Werte oder Weltvorstellungen. Der Prozess wurde von Herbert Marcuse vor einigen Jahren sehr treffend dargestellt mit dem Begriff der repressiven Desublimation.[12] Den Jugendlichen wird durch die ganze mediale Kultur der Massenmedien eingeschärft, sie sollten fleißig arbeiten und in der Freizeit den eigenen ungezügelten Antrieben freien Lauf lassen. Es ist hingegen verboten, diese Antriebe zu sublimieren, das heißt sie nach einer allgemeinen Idee des Guten vernünftig zu organisieren. So wird der Prozess der Tradition verhindert und der Anspruch des Ethischen wird aus dem allgemeinen Bewusstsein entfernt. Eine ganze kulturelle Tradition wird aufgelöst und mit ihr drohen die Völker untergehen. Was ein Volk zusammenhält, ist letzten Endes eine Kultur.

Was bleibt nach dem Verfall der Kultur?

Was nach dem Verfall der Kultur bleibt, ist der Reduktionismus. Die moderne Wissenschaft hat die Welt entmythologisiert. Die Naturvölker leben in einer von Geistern durchdrungenen Welt. Jedes Ding hat eine Seele oder eine Gottheit, die ihm innewohnt. Die Dinge der modernen

[11] Umberto Eco, Eternal Fascism, The New York Review of Books, 1995.

[12] Herbert Marcuse, ***Der eindimensionale Mensch. Studien zur Ideologie der fortgeschrittenen Industriegesellschaft,*** Zu Klampen Verlag, Lüneburg 2014 (1964).

Wissenschaft haben keine Seele. Sie sind nur Fragmente reiner sich in Raum und Zeit bewegender Materie. Dies erleichtert dem modernen Menschen die Kontrolle und die Ausbeutung der Natur. Dadurch wird jedoch die ästhetische Betrachtung der Natur und die Sicht in ihre innerlichen Zweckmäßigkeit beiseite geschoben. Von den vier Formen der Ursächlichkeit bei Aristoteles kennt die moderne Wissenschaft nur zwei: die materielle und die effiziente Ursächlichkeit. Die formale und die finale Ursächlichkeit gelten innerhalb der Naturwissenschaften nur als erkenntnistheoretische Hindernisse. Kant, dem wir die angemessene Formulierung der Methodologie der Naturwissenschaften verdanken, wusste jedoch sehr wohl, dass sich ohne formale und finale Ursächlichkeit die Welt der Kultur, die Welt des Menschen, nicht verstehen lässt.[13] Wenn jedoch die ganze Kultur in den Faschismus mündet, ist das Einzige, was übrigbleibt, die Technik. Heidegger hat verstanden, wie dies die vollständige Entfremdung des Menschen impliziert.[14] Der andere Mensch wird für das Subjekt zu einem reinen Objekt und am Ende wird das Subjekt für sich selbst zu einem reinen Objekt. Dann ist die Entzauberung vollendet: Die Welt bleibt leer, nicht nur ohne Götter, sondern auch ohne Menschen.

Ein Paar Worte über die Religion

Der soeben dargestellte Vorgang konnte natürlich nicht ohne Konsequenzen für die Religion und ganz besonders für die katholische Kirche bleiben. Der Protestantismus hat eine entzauberte Religion entwickelt und Heilige, Engel und Wunder aus der Welt verbannt. Der Katholizismus hingegen hat in seiner Weltanschauung reichlich Platz für das Märchenhafte und für die Präsenz des Geistigen in der Naturwelt gelassen. Die Pracht der Liturgie, Dogmen wie jenes der Transsubstantiation, die

[13] Immanuel Kant, *Kritik der Urteilskraft: Schriften zur Ästhetik und Naturphilosophie* [Text und Kommentar] / Deutscher Klassiker-Verlag, Frankfurt/Main 2009.

[14] Martin Heidegger, ***Sein und Zeit***, GA 2, S. 71.

Verehrung von Engeln und Heiligen und erst recht der seligen Jungfrau Maria, die Überzeugung einer außerordentlichen Präsenz des Heiligen an besonderen Orten (den Heiligtümern) hat die alte natürliche Religiosität im Christentum aufgehoben, statt sie ihm unvermittelt entgegenzusetzen. Das Ereignis Christi vollendet nicht nur die Verheißung Gottes an Abraham, sondern zugleich jene ältere an Noah, woraus alle Naturreligionen entstanden sind. Im Barock hat die katholische Kirche versucht, die objektivierende und die symbolische Auffassung nebeneinanderzustellen und beide zu rechtfertigen als unterschiedliche, aber nicht unvereinbare Seiten der Wahrheit. Ohne das Symbolische kann man dem intimsten Kern der Wahrheit nicht nahekommen.[15] Gerade deshalb war die Situation des Katholizismus innerhalb der eindimensionalen Reduktion der Vernunft besonders schwierig. Viele Menschen sowohl unter den Vertretern wie unter den Gegnern der konziliaren Erneuerung, haben das 2. Vatikanische Konzil als eine Anpassung an eine entzauberte Welt und deshalb auch als eine gewisse Protestantisierung der Kirche und eine verspätete Anpassung an die Moderne verstanden.

Europa und die Vereinigten Staaten haben den Vorrang in der Welt verloren

Während sich der Westen immer tiefer in die eigene Krise verstrickt, verliert er den Vorrang in der Welt. Dafür gibt es zwei Hauptgründe.

Der erste ist, dass die Globalisierung der Wirtschaft erstaunlich gut funktioniert hat. Die Kluft zwischen dem Westen und mindestens einem Teil der Länder, die wir früher als unterentwickelt bezeichnet haben, hat sich wesentlich verringert. Der Mittelpunkt der wirtschaftlichen Macht verlagert sich nach Osten. Dadurch verschwindet ein gewisses Minderwertigkeitsgefühl dem Westen gegenüber.

Der zweite Hauptgrund, warum der Westen die Führungsrolle in der

[15] Rocco Buttiglione, ***Caminos hacia una Teología del Pueblo y de la Cultura***, Ediciones Universitarias de Valparaiso, Valparaiso 2022, S. 99ff.

Weltkultur verliert, ist die eben erwähnte Krise unserer Kultur. Sie tritt besonders klar im seelischen Unbehagen der alten und jungen Menschen in unseren Ländern zutage. Das Verhältnis zwischen den Generationen ist abgebrochen worden. Die jungen Menschen entbehren einer Orientierung in der Welt. Sie können alles machen, was sie wünschen. Niemand jedoch hilft ihnen einzusehen, was sich zu wünschen lohnt. Gerade dies lässt sie umso leichter der Manipulation der Massenmedien zum Opfer fallen. Die Alten fallen hingegen der Depression zum Opfer, weil sie ihre letzten Jahre ganz allein verbringen, ohne die bedeutungsvollen menschlichen Beziehungen, die sie in ihrem reifen Alter zerrissen oder nie aufgebaut hatten.

Die aufstrebenden Völker wollen nicht denselben Weg gehen, den wir schon gegangen sind. Wir gelten nicht als gutes Beispiel. Sie müssen sich voll mit dem Problem der Technik auseinandersetzen und mit ihrer objektivierenden und entfremdenden Macht. Sie suchen jedoch andere Wege, welche die Macht der Technik mit der Bewahrung der eigenen Kultur verbinden.

Die Menschheit ist auf der Suche nach einer neuen weltumfassenden Moral, um die Globalisierung der Ökonomie durch eine Globalisierung der Moral zu vervollständigen. Gelingt dieses Unternehmen nicht, dann muss auch die wirtschaftliche Globalisierung scheitern. Neue wirtschaftlich geschlossene Blöcke müssen sich gestalten, sich konfrontieren und endlich in imperialistische und militärische Blöcke umwandeln, die gegeneinander jenen fragmentierten 3. Weltkrieg kämpfen, vor dem uns schon seit einigen Jahren Papst Franziskus gewarnt hat. Dieser Prozess findet vor unseren Augen statt und hat sich in den letzten Jahren mit dem Ukraine-Krieg enorm beschleunigt.

Ein Paar Worte über das Naturrecht

Zur Zeit einer anderen Globalisierung ist der Begriff des Naturrechtes entstanden. Die Römer kannten am Anfang nur den Begriff des "ius civile" (Zivilrecht). Das ius civile verbindet die Mitbürger, ist der Ausdruck der alle Bürger verbindenden Sittlichkeit. Seine Gültigkeit erstreckt sich nicht weiter als die Mauern der Stadt. Jenseits dieser Grenze gibt es im Prinzip kein Gesetz oder einen permanenten Kriegszustand. Mit den angrenzenden Völkern werden allmählich die gegenseitigen Beziehungen regelnde Abkommen und Verträge abgeschlossen. So entsteht ein ius gentium. Die Fremden ("Peregrini"), die vorläufig unter uns wohnen und mit uns verkehren, haben ein ihnen eigenes Maß des Rechtes, das mit dem unsrigen nicht unmittelbar zusammenfällt. Darauf muss man achten, wenn man über einen Streit zwischen einem Bürger und einem Fremden zu entscheiden hat. Erst später und im Dialog mit der griechischen Philosophie entsteht die Idee eines Rechtes, das der menschlichen Natur innewohnt und deshalb allen Menschen gemeinsam ist. So schreibt Ulpian: "Ius naturale est quod natura omnia animali docuit, sicut maris et foeminae coniunctio, prolis procreatio etc. … "[16]. Auf dem Naturrecht sollte der Friede unter den Völkern und allen Menschen gestiftet werden. Von Anfang an ist jedoch die ganze Fragwürdigkeit dieses Unternehmens zutage getreten. Männer können die eigenen Frauen und Mütter die eigenen Kinder töten. Es ist ungewiss, ob sich das Gräuel und die Grausamkeit und Treulosigkeit aus der menschlichen Natur verbannen lassen. Gerade mit solchen Ungeheuern befasst sich die griechische Tragödie. Die Zweideutigkeit des menschlichen Wesens lässt sich treffend mit zwei berühmten althergebrachten Sätzen formulieren. Der erste lautet: "Homo homini lupus"[17] (Der Mensch ist für den Menschen ein Wolf). Der zweite: "Homo homini Deus" (Der Mensch ist für den Menschen ein Gott).[18]

Dieser verbleibenden Zweideutigkeit zum Trotz hat uns die Tradition des Naturrechtes die Idee geliefert, dass es Strukturgesetze der menschlichen Gesellschaft gibt. Werden diese Gesetze nicht geachtet, dann muss eine Gesellschaft scheitern. Diese Wahrheit ist in der Moderne einerseits

[16] ***D.***1,1,13 (Ulp. 1 ***Inst.***)

[17] lUrprünglich in: Plautus, ***Asinaria***, 2, IV, 495. Später bei vielen anderen Autoren, deren bekanntester Thomas Hobbes ist.

[18] Cecilius Statius ***I Frammenti*** Palermo/Firenze 2023 Fr. 283.

durch die Phänomenologie[19] und andererseits durch die Sozialwissenschaften[20] wiederentdeckt worden. Es gibt apriorische, von der Erfahrung unabhängige Gesetze des gesellschaftlichen Aufbaus. Ein solches Gesetz lautet: Wenn nicht eine genügende Anzahl von Kindern geboren und erzogen werden, können die Alten nicht menschlich gepflegt werden. Jeder Mensch hat eine unmittelbare Einsicht in die Wahrheit solcher Sätze. Damit ist freilich nicht gesagt, dass jeder Mensch das Fortbestehen jeder Gesellschaft oder der Menschheit überhaupt als wünschenswert betrachten muss. Es ist aber klar: Wenn eine Gesellschaft den eigenen Lauf in der Geschichte fortsetzen will, muss sie imstande sein, eine genügende Anzahl von Kindern zu generieren und zu erziehen. Daraus lassen sich einige Regeln ableiten, die verallgemeinert werden können.

Der Mensch kann die eigene Kultur so gestalten, wie er will. Diese Freiheit ist jedoch nicht unbegrenzt. Es ist eine Freiheit, die sich nur innerhalb der Strukturgesetze und der empirisch vorgegebenen Vorbedingungen entfalten kann.

Der Hauptmangel der tradierten, großenteils durch den hl. Thomas von Aquin formulierten Lehre vom Naturrecht besteht darin, dass sie die Einheit der Transzendentalien voraussetzt. Pulchrum et Bonum et Verum et Esse convertuntur.[21] Dagegen richtet sich die tragische Figur von Hamlet. Hamlet stellt gerade die Behauptung in Frage, dass das Sein besser sei als das Nichtsein.[22] Dies entzieht dem Naturrecht die Hauptbegründung. Der Einzelne weigert sich, die Normen anzunehmen, die für das Fortbestehen der Gesellschaft unentbehrlich sind. Wir können

---

[19] Adolf Reinach, ***Zur Phänomenologie des Rechts. Die apriorischen Grundlagen des bürgerlichen Rechts.*** Verlag VDM Müller, Saarbrücken 2007 (1913).

[20] Émile Durkheim, ***Die Regeln der soziologischen Methode,*** 7. Aufl., Luchterhand, Neuwied-Berlin 2011 (1895).

[21] Emmanuel Tourpe, Ens et bonum convertuntur. Introduction à la pensée de G. Siewerth, III., in: ***Revue Philosophique de Louvain***. Quatrième série, tome 95, n°2, 1997, S. 254-278.

[22] William Shakespeare, ***Hamlet,*** 3,1.

noch einen Schritt weitergehen. Einer kann sich weigern, die Normen anzunehmen, die sein individuelles Fortbestehen im Sein garantieren. Es kann auch die Frage gestellt werden, ob es besser sei, eine einheitliche Persönlichkeit zu besitzen oder den widersprüchlichen Antrieben des Unbewussten freien Lauf zu lassen.

Der Westen steckt im Moment in der Falle dieser alles und sich selbst auflösenden Auffassung von der menschlichen Freiheit.

Der Westen und die anderen

Die Welt ist auf der Suche nach einem allumfassenden Weltethos. Dies ist eine unabdingbare Voraussetzung für eine Weltregierung und für eine vernünftige Lenkung der globalisierten Wirtschaft. Die aufsteigenden Länder weigern sich jedoch, die Führung der westlichen Kultur zu akzeptieren. Die Gründe sind einerseits die drastische Verringerung der bisherigen materiellen Übermacht der westlichen Länder, andererseits die Weigerung der neuen Länder sich in die Falle der selbstzerstörerischen Freiheit zu begeben, welche die herrschende Mode des Westens geworden ist.

Der Westen findet sich in der heutigen Welt isoliert und dies erschwert natürlich die Suche nach einem neuen Weltethos. Der Westen ist nicht imstande, den Dialog der Kulturen zu führen. Dieser Dialog kann aber ohne den Westen nicht vorangetragen werden.

Die unbedingte Freiheit zur Selbstzerstörung erschreckt die anderen Kulturen. Sie wollen daran festhalten, dass es nicht nur Rechte, sondern auch Pflichten gibt. Sie halten mit Aristoteles daran fest, dass der Mensch Mitglied einer Gesellschaft ist und deshalb das Gute der Gesellschaft höher steht als das Gute des Einzelnen. Mit diesen zwei Punkten scheinen die neuen Länder dem früheren Selbstverständnis unserer Gesellschaften näherzurücken.

Es gibt jedoch zwei wesentliche Seiten der westlichen Kultur, die in diesem Prozess verloren zu gehen drohen.

Die erste ist die sokratische Entdeckung des Gewissens. Der Mensch ist ein Teil, ein Glied der Gesellschaft, er ist aber zugleich ein Ganzes an sich und hat als solches Rechte, die von der Gesellschaft nicht verletzt werden dürfen. Hegel würde wahrscheinlich sagen, dass die Einheit von Teil und Ganzem, von Individuum und Gesellschaft, in den traditionellen Kulturen, auf welche die neuen Länder nicht verzichten wollen, eine unvermittelte ist. Dies tritt besonders in Erscheinung in der heutigen Diskussion über die Menschenrechte.

Die zweite ist die Universalität. Die traditionellen Kulturen neigen dazu, scharf zwischen den "Unsrigen" und den "Fremden" zu unterscheiden und nicht bei allen Menschen dieselbe Würde und dieselben Rechte anzuerkennen.

Der besondere Beitrag des Christentums

Gerade bei diesen zwei Punkten kann die katholische Kirche einen besonderen Beitrag leisten. In diesem Ära-Wechsel ist die Kirche dazu berufen, ihre Katholizität zu vertiefen. Die Kirche wohnt unter allen Völkern der Erde und in allen Kulturen, sie transzendiert zugleich das Selbstverständnis aller Völker und aller Kulturen auf die ewige Wahrheit hin. Im Zeitalter des ersten nicht-europäischen Papstes muss die Kirche auch die Grenzen der westlichen Kultur transzendieren. Sie muss jedoch den Anspruch auf eine transzendente Wahrheit mitbringen.

Die erste Wahrheit betrifft die Liebe. Sie wurde von Platon trefflich formuliert, aber nicht konsequent durchdacht. Die Liebe ist ein göttlicher Wahnsinn.

Die Liebe verlagert unser affektives Zentrum außerhalb von uns in die geliebte Person. Zwei "Ichs" werden ein "Wir". In der Sprache von Hegel ist die Liebe die echte Phänomenologie, die uns auf den Standpunkt des Allgemeinen hebt. Einen ähnlichen Gedanken finden wir bei

Zygmunt Bauman, dem Theoretiker der fließenden Gesellschaft.[23] Wenn sich zwei Menschen ineinander verlieben, dann beginnt die fließende Gesellschaft, sich zu konsolidieren. In der Liebe entsteht die menschliche Gesellschaft wieder durch einen Akt der Freiheit. Der Mensch muss sich vom gesellschaftlichen Ganzen nicht absondern, um sich selbst zu identifizieren, um zu sich selbst zu kommen, um sich der eigenen Freiheit zu versichern und sie in Besitz zu nehmen. Wozu Freiheit, wenn nicht, um in der Liebe geschenkt zu werden? Die Liebe verbindet die Freiheit mit der Zugehörigkeit. Der Verliebte gehört dem geliebten Menschen durch die eigene Freiheit und in dieser Angehörigkeit wird die Freiheit nicht verloren, sondern vollendet. Das echte Ziel der Freiheit besteht darin, das freie Geschenk seiner selbst in der Liebe zu ermöglichen. Diese aufwärts strebende Bewegung der menschlichen Seele bei Platon fällt auf sich selbst zurück. In der menschlichen Lebenserfahrung gehört die Liebe ebenso wie der Verrat zur Liebe.[24] Der hl. Paulus sagt uns, dass die ganze Geschichte des Menschen zwischen dem Ja und dem Nein zur Liebe pendelt.[25] Das Ereignis Christi ist die letzte und endgültige Bestätigung des Sieges und der Wirklichkeit der Liebe. In der christlichen Offenbarung kommt Gott dem intimsten Wunsch des Menschen entgegen. Dies findet im Evangelium von Johannes einen poetischen Ausdruck im Gleichnis vom Weinstock und den Reben.[26] Hier vollendet die Theologie einen Wunsch, der seinerseits den Gipfel der Philosophie darstellt.

Die zweite Wahrheit, welche die Kirche zum Aufbau eines Weltethos beizutragen hat, betrifft die Universalisierung der moralischen Verpflichtung. Platon wusste, dass der Eros zwei Menschen verbinden kann.

---

[23] Zygmunt Bauman (mit Stanislaw Obirek): ***Of God and Man.*** Cambridge: Polity Press. 2015 .

[24] Rocco Buttiglione, ***Caminos hacia una teología del pueblo y de la cultura,*** ebd., S. 153ff.

[25] Ebd., S. 171.

[26] ***Johannes*** XV.

Im "Symposium" lehrt er auch, dass man sich in die Seele eines anderen Menschen verlieben kann.[27] Die Liebe braucht dann nicht mehr mit der Sexualität identifiziert zu werden, und dies wurde später von Cicero weiterentwickelt, verallgemeinert und zum Grund der politischen Beziehung gesetzt. Nur mit dem Christentum jedoch wird diese Betonung universalisiert und zum Ganzen des Menschengeschlechts erweitert. Wir müssen hier wieder zum 15. Kapitel des Evangeliums von Johannes zurückkehren: Durch die persönliche Beziehung zu Christus tritt der Jünger in einen direkten Kontakt mit allen Menschen, weil alle in Christus eins werden. Dies lässt den Fernen näherrücken und macht den Fremden zu einem Bruder.

Eine dritte Wahrheit, diesmal eher philosophischer Natur, betrifft den Unterschied zwischen Ethik und Moral, die wir am Anfang dargestellt haben. Es gibt eine objektive ethische Wahrheit. Sie muss jedoch in eine gesellschaftliche Moral verkörpert werden und im Dialog mit einer bestimmten Kultur immer wieder entdeckt und erworben werden. Gerade diese ethische Wahrheit macht den Dialog der Kulturen miteinander möglich und erschließt den Weg zu einem Weltethos.

Drei abschließende Bemerkungen

Um den ihr eigenen Beitrag zum Dialog um ein allumfassendes Weltethos zu leisten, muss sich die Kirche von vielen überflüssigen Materialien befreien, die zeitbedingt waren und den Herausforderungen der neuen Epoche nicht mehr dienen. Entgegen einem hartnäckigen Traditionalismus muss die Kirche auf viele ehrwürdige und von mir persönlich geliebte kulturelle Güter verzichten, um sich auf das Wesentliche zu konzentrieren.

---

[27] Platon, ***Symposium,*** 210 b-c.

1. Gegen einen gewissen Trend in der zeitgenössischen Theologie: Die Person Christi gehört nicht zu den überflüssigen Lehren. Sie bleibt der Kernpunkt der Botschaft, welche die Menschheit mehr denn je braucht. Ich meine hier nicht einen verblassten transzendentalen Christus, der zur Metapher für die gesamte Menschheit wird, sondern den Menschen Jesus von Nazareth, der Sohn Gottes ist. Der kulturelle Dialog ist immer zugleich eine missionarische Ankündigung, natürlich in der angemessenen Form und Zeit. Vielleicht ist dies der Grund, warum Joseph Ratzingers letztes Werk gerade ein Buch über Jesus war.[28] Hier konzentriert der letzte Vertreter der großen europäischen Theologie das, was der neuen Epoche überliefert werden soll.

2. Ich erlaube mir zu behaupten, wenn Ratzinger Zeit und Kraft genug gehabt hätte, hätte er auch ein Buch über Maria geschrieben. Maria und die Marienverehrung in der Volksfrömmigkeit verbinden das Christentum mit den Naturreligionen. Maria ist die Verknüpfung des Neuen und des Alten Bundes. Der Alte Bund ist nicht nur die Allianz von Gott mit Abraham und dem auserwählten Volk, sondern auch die Allianz Gottes mit Noah und allen Völkern der Erde und mit den Naturreligionen. Die Völker der Erde wollen sich jetzt die moderne Wissenschaft und Technologie aneignen, ohne auf eine symbolische Deutung der menschlichen Welt und der Naturwelt zu verzichten. Gerade diese symbolische Deutung hat die Volksfrömmigkeit und ganz besonders die Marienverehrung im Katholizismus aufbewahrt. Eine gewisse theologische Strömung hat behauptet, die Kirche sollte auf das Symbolische verzichten, um sich in die Gedankenstrukturen eines völlig entzauberten Westens einzufügen. Das in der Marienverehrung aufbewahrte Symbolische ist hingegen eine Brücke, um uns heute mit den anderen Weltkulturen zu verständigen.

3. Im Jahr 1992 hat Samuel Huntington bei einer Konferenz im American Enterprise Institute seine inzwischen berühmt gewordene These

---

[28] Joseph Ratzinger/Benedikt XVI., ***Jesus von Nazareth, 3 Bde.,*** Herder-Verlag, Freiburg 2017.

vom "Clash of Civilizations" vorgetragen.[29] Die Entwicklung der Ereignisse seit dem zweiten Golfkrieg hat seine These bestätigt. Wir haben soeben dargelegt, wie die Welt zu einem 3. Weltkrieg unterwegs zu sein scheint. Der Aufbau eines Weltethos oder besser gesagt der Dialog unter den Zivilisationen ist die einzige Alternative zu einem Zusammenstoß, in dem wir alle zusammen untergehen könnten.

[29] Später ist die Konferenz in Buchform erschienen: Samuel Huntington, ***Kampf der Kulturen. Die Neugestaltung der Weltpolitik im 21. Jahrhundert,*** Goldmann, München 1998 (1996).

Eschatologie und Christozentrik:

theologisches Denken über Zukunft und ewiges Leben

Dr. Georg Gänswein

Ausgangspunkt

Gibt es eine Zukunft über den Tod hinaus? Diese Frage hat die Menschen von jeher umgetrieben und wird sie wohl auch künftig umtreiben und nicht loslassen.[1] Wo das Leben als Leid erfahren wird, kann der Gedanke an einen Fortgang des Lebens nach dem Tod zum Albtraum werden wie im Buddhismus und in manchen Formen des Hinduismus. Der Mensch hat sich durch sein Handeln tief in die Geschäfte dieser Welt verstrickt, so dass er nach seinem Tod darin haften bleibt. Sein Tun wirkt fort, er bleibt eingezwängt in die Nöte dieser Welt, der er selbst neue Nahrung zugeführt hat. So lange dies beiträgt zum Leiden der Welt, so lange ist er auch selbst nicht frei, so lange gehört er irgendwie mit hinein in die Tragödie des Lebens, das Leid ist. Das Ziel für eine solche Weltanschauung kann dann nur sein, das irdische Sein zu löschen und zu versinken in das leidlose Nichts.

Auch in dieser Sehnsucht nach dem Verlöschen in das Nichts hinein gibt es, wenn auch ganz verhüllt, die Hoffnung auf die Erlösung vom Sein, das Leid ist. Wenn sich hier die Hoffnung des Menschen als Sehnsucht nach dem Nichts darstellt, so trifft man allerdings viel häufiger auf die umgekehrte Weise des Empfindens: Der Mensch, der die Gabe

[1] Die Überlegungen folgen dem Beitrag von Joseph Ratzinger, Was kommt nach dem Tod? In: Joseph Ratzinger, Dogma und Verkündigung, Regensburg, 3. veränderte Aufl. 1977, 291-296. Jetzt in: Joseph Ratzinger, Gesammelte Schriften, Auferstehung und ewiges Leben. Beiträge zur Eschatologie und zur Theologie der Hoffnung (Bd. 10), Freiburg 2012, 361-366. Zitiert im Folgenden mit: JRGS.

des Lebens gekostet hat, erschrickt vor dem Nichts, in das der Tod ihn stürzt. Er versucht, ihm zu entfliehen. Er sehnt sich nach Leben; so sehr ist der Mensch auf Zukunft bezogen, dass derjenige, der keinerlei Zukunft mehr vor sich sieht, auch die Gegenwart nicht mehr ertragen kann. Die Endlosigkeit unseres Alltagslebens ist kein erstrebenswertes Ziel und deshalb kann eine medizinisch hergestellte Unsterblichkeit für den Menschen und die Menschheit im Grunde nur ein Albtraum sein: Der Mensch ist seelisch nicht gerüstet für die Unsterblichkeit des Leibes und die Menschheit müsste an den inneren Spannungen zerbrechen, die ihr aus dem Nebeneinander von Generationen erwüchsen.[2]

Spannung zwischen Unendlichkeit und Endlosigkeit

Der Mensch steht damit in der Spannung, dass er Unendlichkeit will, aber Endlosigkeit fürchten muss; dass er die Zukunft einerseits braucht und andererseits sie nicht ertragen kann. Er müsste also zugleich sterben und weiterleben – ein Dilemma, das sich vor ihm auftürmt! Sein Eigentliches, wie etwa die köstliche Gabe des Lebens, der Liebe oder der Freude, müsste bleiben. Sein Uneigentliches, das endlose Nacheinander der sorgenvollen Tage, in denen er nur selten und wie von ferne das berührt, was ihm in Wahrheit als Leben erscheint, müsste aufhören. Aber wie soll es dahin kommen? Wenn uns unser menschliches Zukunftsverlangen dazu zwingt, zwischen dem vordergründig Fassbaren unseres Alltags und dem nur verborgen vorhandenen eigentlichen Leben zu unterscheiden, dann kann nur die Frage nach dem Kommenden über das Greifbare hinaus auf die Spur des Geheimnisses führen. Auf der anderen Seite bedarf der Mensch der Gewissheit, wo es um Sein oder Nichtsein geht, mehr als irgendwo sonst; wenn sie sich ihm nicht selbst gibt, versucht er, sie sich zu schaffen.[3]

Die Wege, auf denen dies versucht worden ist, sind vielfältig, tiefer gesehen sind sie einander dennoch gleich. Wer heute über einen Friedhof

---

[2] Vgl. JRGS, Bd. 10, 362.

[3] Vgl. ebd.

geht, findet hauptsächlich die Namen von Menschen, die in den letzten 50 Jahren verstorben sind. Die geschmückten Gräber zeigen, dass Lebende ihrer in Liebe gedenken. Ihre Kinder und ihre Freunde leben noch, man weiß noch um ihr Tun und ihr Bild steht noch vor den Augen und im Gedächtnis derer, die sie liebten; so bleiben sie anwesend. Eines Tages werden die Letzten sterben, die um sie wussten, ihr Grabstein wird durch einen anderen ersetzt werden, ihr Name und ihr Bild verschwinden, sie sterben gleichsam ein zweites Mal, wenn das Gedächtnis der Menschen verlischt, das ihnen Dauer gab über den physischen Tod hinaus.[4]

Was bedeutet „Unendlichkeit"?

Man kann heute genau das beobachten, was in sogenannten primitiven Religionen ausdrücklicher Inhalt des Unsterblichkeits-glaubens ist. Dort ist man davon überzeugt, dass es kein ewiges, sondern nur ein zeitlich begrenztes Weiterleben nach dem Tod gibt, dass der „Geist" des Verstorbenen nur lebt, so lange seiner gedacht wird. Das Gedenken gibt ihm Leben; aber eben doch ein vermindertes Leben, wie es sich in der Vorstellung der Toten als Geister ausdrückt. Der Totenkult des alten Ägypten ist von hier aus gesehen ein grandioser Versuch, die immerwährende Unsterblichkeit zu erzwingen, indem man sein Gedächtnis unaustilgbar macht und sich eine Wohnung auf Erden baut, die alle Zeiten überdauert. Nun wechseln zwar die Vorstellungen und so auch die äußeren Formen, in denen der Mensch die Frage nach seiner Zukunft jenseits des Todes durch die Tat zu beantworten sucht. Der Grundgedanke, der dabei leitend ist, bleibt durch den Wechsel der Kulturen hindurch dennoch erstaunlich konstant.

Wenn wir es noch präziser fassen, werden wir von selbst auch mit der christlichen Antwort auf unser Problem konfrontiert werden. Die erste Erfahrung des Menschen ist zunächst die seiner Sterblichkeit; er sieht, dass er aus sich und in sich keinen Bestand hat. Die Kunst der

[4] Vgl. JRGS, Bd. 10, 363.

Ärzte kann zwar die Grenzen seines Lebens hinausrücken; Bestand geben kann sie ihm nicht und selbst wenn sie Hoffnung zeigen sollte, eines Tages das Kräutlein der Unsterblichkeit doch noch zu finden, kann der lebende Mensch von einer so vagen Verheißung nicht ausgehen. Er hat in sich selbst keinen Bestand, also muss er ihn außer sich suchen. Er muss sich selber, seine Existenz, dem anvertrauen, was nach ihm noch sein wird und fortdauert in eine lange Zukunft hinein. Aber wie soll das geschehen?

Der erste Weg, den vor allem die Naturvölker, aber zunächst auch das alte Israel gesucht haben, heißt: Zukunft durch Nachkommenschaft.[5] In den Kindern lebt der eigene Name und das eigene Blut weiter, in ihnen hofft der Israelit, Anteil zu gewinnen am messianischen Reich, also an jener Zeit, in der es endlich das eigentliche Leben geben wird, jenes Leben, das lohnt, immer fortzubestehen, weil es die Fülle und die Freude bringt, die wir jetzt nur augenblicksweise erahnen. Das Schlimmste für einen Menschen in Israel war es daher, kinderlos aus der Welt zu scheiden und so wirklich ausgeschlossen zu werden von der Zukunft, vom Leben. Wenn man hier genau zusieht, sind zwei Motive wirksam: einmal die Vorstellung, mit dem Namen das Gedächtnis fortzusetzen, zum anderen den Versuch, mit der Lebensweitergabe auch etwas von der Substanz des Eigenen lebendig zu halten.

Das alte Rom hat demgegenüber mehr auf den Gedanken des Ruhmes gesetzt: sich seinen Taten anzuvertrauen und durch sie immerfort in der Menschheit weiterzuleben. Im Grunde ist unser gegenwärtiges Zeitalter von solchen Versuchen der Zukunftsbeschaffung gar nicht allzu weit entfernt. Zukunft, das ist nun die Gesellschaft, in der Ungleichheiten, Unterdrückung und Ungerechtigkeit beseitigt sind; man gehört der Zukunft an, man hat Zukunft, indem man sich an dem Kampf um diese Gesellschaft beteiligt. Das Gemeinsame aller dieser Antworten besteht darin, dass sie die Zukunft des Menschen in einem Dritten suchen, das nicht eigentlich er selbst ist; vor allem aber darin, dass sie die Lösung nicht in Form einer theoretischen Aussage, sondern durch die eigenen

[5] Vgl. JRGS, Bd. 10, 364.

Aktivitäten des Menschen geben, der sich seine Zukunft selbst baut: Sie vertrauen die Zukunft nicht dem Glauben, sondern dem Tun an. Für den Menschen von heute, der nur noch die nachprüfbare Erkenntnis annimmt, scheint dies der einzige Weg zu sein.[6]

Aber ist er vertrauenswürdig? Wird der Kampf der Gegenwart morgen wirklich eine gerechte Gesellschaft hervorbringen und wird diese Gesellschaft tatsächlich auch Zukunft für uns sein? Oder ist das, was vom Menschen weiterlebt, wenn er in Kindern, in seinem Namen, in seinen Taten fortbesteht, nicht doch immer nur ein unwirklicher Schatten, der überdies schnell zerfällt? Genau an dieser Stelle setzt der Glaube des Neuen Testamentes an. Er gibt dem Menschen durchaus recht mit seiner Überzeugung, dass er aus sich ohne Bestand ist und daher nur fortleben kann, wenn er in einem anderen lebt. Aber, so muss man in seinem Sinn weiterfahren, dieses Bemühen nach Leben in anderen würde nur Sinn haben, wenn der andere, dem wir uns anvertrauen, nicht wiederum, wie wir selbst, vergeht, sondern wirklich bleibt. Ferner würde es nur dann Sinn haben, wenn dieser andere nicht nur einen Schatten von uns – unseren Namen, unser Erbgut –, sondern wirklich uns selber festzuhalten vermöchte: Solches aber kann nur gelten, wenn Gott des Menschen gedenkt: Nur Er, nur Sein Gedanke ist Wirklichkeit. Und eben dies ist die hoffende Gewissheit, die der biblische Glaube gewähren will: Der Ewige gedenkt des Menschen, der Mensch lebt im Gedenken Gottes und so wahrhaft als er selber, denn Gottes Gedanke ist kein Schatten, sondern Wirklichkeit.[7]

Nun beginnen für uns an dieser Stelle, an welcher der Umriss der christlichen Antwort sichtbar geworden ist, die Fragen erst so richtig. Im Gang der bisherigen Überlegungen wurde immer deutlicher, dass der Mensch im Lauf der Geschichte mehr denn je versucht hat und versucht, die Frage der Zukunft aus dem Raum der Theorie und des Glaubens herauszunehmen und zu einer Sache seiner Tat zu machen: Der Tod ist auf diese Weise die ganze Geschichte hindurch zum mächtigsten Stachel

[6] Vgl. JRGS, Bd. 10, 364.

[7] Vgl. JRGS, Bd.???welcher Band?, 365.

des Lebens geworden; die Menschheit hat immer weit mehr von ihrer Zukunft als von ihrer Gegenwart gelebt. An der Art der Werke, welche die einzelnen Völker hinterließen, kann man recht gut ihre Form von Hoffnung wie ihr Verständnis des Todes ablesen.

Die christliche Antwort

Wie sieht es in dieser Hinsicht mit der christlichen Antwort aus? Weist sie uns nicht in die reine Passivität des bloßen Erwartens zurück, das dem Menschen keine Aufgabe setzt und so sein Leben entwertet? Ist sie vielleicht deshalb unserem aktiven Zeitalter so fremd geworden? Nun, eine gewisse Entmächtigung des Menschen bedeutet diese Antwort auf jeden Fall. Der Traum, er könnte sich selbst Unsterblichkeit geben, wird ihm in der Tat zerschlagen. Er wird genötigt, von der eigenen Macht weniger zu halten und mehr von der Liebe, die er nun einmal nur geschenkt bekommen kann. Und damit sind wir bei der wesentlichen Antwort angelangt: Unsterblichkeit hat nach christlichem Glauben fundamental mit der Liebe zu tun. Das allein Ewige ist die Liebe; als Liebe ist Gott Ewigkeit.[8] Seine Liebe wiederum ist des Menschen Ewigkeit, im Geliebtsein von der ewigen Liebe ist er unvergänglich aufgehoben. Er ist es, weil er selbst lieben kann. Auch ihm gibt nur die Liebe Ewigkeit; von dem Maß und von der Weise seines Liebens hängen Maß und Weise seiner Ewigkeit ab. Wenn aber sein Lieben seine Zukunft ist, dann ist Zukunft für ihn ebenso Tat wie Empfangen – ganz sein Eigenes und ganz sein Geschenktes zugleich. Des Menschen und der Menschheit Hoffnung ist die Liebe – so lautet die Antwort des christlichen Glaubens, der darin ganz realistisch, der nüchternen Praxis des Alltags zugewandt und ganz Glaube ist, dem Unverfügbaren geöffnet, das weit über unser Leisten hinaus uns beschenkt mit dem, was kein Mensch zu geben vermag: mit ewigem Leben.

[8] JRGS, Bd. ???welcher Band?, 366.

Ewiges Leben und das Heil des Menschen

Die Frage nach dem ewigen Leben, nach dem, was jenseits des Todes liegt, war lange Zeit beherrschende Thematik christlichen Denkens.[9] Heute ist sie aus dem Mittelpunkt verschwunden. Das „Jenseits" des Todes erscheint als Flucht vor der Drangsal und den Aufgaben des „Diesseits", die in absichtsvoller Vertröstung von denen gefördert wird, denen im Diesseits die Macht gehört. So ist allein schon vom Lebensgefühl her der Zugang zur Frage so gut wie abgeschnitten. In einer Zeit, in der die Bewährung des Christlichen gegenüber dem säkularen Ungeist zentral geworden ist, kann das Thema auch demjenigen zweitrangig erscheinen, der von einer Umschmelzung der christlichen Botschaft in eine bloß gesellschaftliche Aktion weit entfernt ist.[10]

Andere Sperren kommen hinzu: Das Jenseits ist nicht nur unserem Wirken, sondern auch dem Zugriff des beweisenden Denkens entzogen und damit fragwürdig. Alles, was man darüber sagt, scheint nicht mehr als fromme Vermutung oder Wunsch sein zu können. Und endlich ist auch theologisch das scheinbar Klare recht unzugänglich geworden. Dabei ist zu beachten, dass die theologische Problematik wesentlich von der Verschiebung des Lebensgefühls wie auch von dem Verlust einer Philosophie bestimmt ist, die zwischen den Fakten der Offenbarung und den positiven Gegebenheiten der Wissenschaft den Raum des vermittelnden Denkens herstellen könnte. Das Aufeinandertreffen eines theologischen und eines naturwissenschaftsphilosophischen Positivismus ist weithin kennzeichnend für die Situation. Es erzeugt häufig eine Art von Kurzschlussphilosophie, die sich selbst gar nicht als solche erkennt und damit nur umso sicherer in ihren Behauptungen ist. Wie dem auch sei, ohne sinnvolle Antwort auf die Todesfrage ist die Frage nach dem Leben

[9] Zum Folgenden vgl. Joseph Ratzinger, Jenseits des Todes, in: IKaZ Communio 1 (1972), 231-244. Jetzt in: Joseph Ratzinger, Gesammelte Schriften, Auferstehung und ewiges Leben. Beiträge zur Eschatologie und zur Theologie der Hoffnung (Bd. 10), Freiburg 2012, 372-389. Zitiert im Folgenden mit: JRGS, Bd. 10.

[10] Vgl. JRGS, Bd. 10, 372-373.

des Menschen und seinem Auftrag nicht zu erhellen: Dieses Leben ist nun einmal vom Tod gekennzeichnet und nicht an ihm vorbei zu entwerfen – in der Todesfrage ist aber das Problem miteingeschlossen nach dem, was „Jenseits des Todes" ist, das Problem des Nichts und des Seins in seiner ganze Tiefe.

Ewiges Leben und Weltverantwortung

Die biblische Frage, was dem Menschen die ganze Welt nütze, wenn er an seiner Seele Schaden leide, scheint sich heute umzukehren in die Frage, was dem Menschen die ganze Seele nütze, wenn der Welt dabei nicht gedient werde.[11] Vielleicht steht man hier, an dieser Umkehrung der Frage, vor dem Hauptproblem der christlichen Existenz heute. Dietrich Bonhoeffer hat bekanntlich den Gedanken formuliert, auch der Gläubige müsse heute leben, quasi Deus non daretur – als ob es Gott nicht gäbe. Eine der Absichten, die Bonhoeffer mit diesem Satz formulieren wollte, war es, einem egoistischen und primitiven Gottesbild zu wehren, das Gott als Lückenbüßer unseres eigenen irdischen Versagens missbraucht. Die Absicht dieses Wortes ist zu teilen, dennoch sollte für die Lebensführung viel eher der umgekehrte Vorschlag zur Geltung kommen: Auch der Skeptiker und der Atheist sollten leben, quasi Deus daretur – als ob es Gott wirklich gäbe.[12]

Gott als Garant der Unsterblichkeit?

Was bedeutet das? Leben, als ob es Gott gäbe, das heißt: so leben, als ob man in einer unendlichen Verantwortung stünde. Als ob Gerechtigkeit und Wahrheit nicht nur Programme wären, sondern eine lebendige Macht, vor der man Rechenschaft schuldig ist. Als ob das, was einer

[11] Vgl. JRGS, Bd. 10, 386.

[12] Vgl. JRGS, Bd. 10, 386-387.

jetzt tue, nicht wieder versinken würde, sondern von bleibendem Belang wäre. Handeln, als gäbe es Gott, das heißt zugleich handeln, als wäre der Mensch neben mir nicht irgendein Zufall der Natur, an dem letztlich nicht viel liegt, sondern ein fleischgewordener Gedanke Gottes, ein Bild des Schöpfers, den Er kennt und liebt. So also, als wäre jeder Mensch zur Ewigkeit bestimmt und als wäre jeder Mensch mein Bruder, weil vom gleichen Gott geschaffen. Handeln, *quasi Deus daretur* – als gäbe es Gott – das scheint unter christlicher Perspektive die einzig sinnvolle Ablösung von Kants kategorischem Imperativ in einer Zeit, in der die Voraussetzungen für die Brauchbarkeit dieses Imperativs zerbrochen sind. Wie wir wissen, hatte Kant das sittliche Problem durch den einfachen Grundsatz zu lösen versucht: „Handle so, dass die Maxime deines Tuns jederzeit zu einem allgemeinen Gesetz werden könnte." Der Gedanke ist, dass man bei diesem Verfahren praktisch immer auf das Gute stößt. Was sich verallgemeinern lässt, ist vor dem Ganzen vertretbar. Diese zunächst sehr einleuchtende Lösung bleibt in Wirklichkeit nur so lange praktikabel, so lange man sich darüber einig ist, was sich verallgemeinern lässt und welche Formen des Tuns sich als allgemeine Gesetze eignen. Vorausgesetzt ist also eine Gesellschaft, in der ein bestimmtes Wertgefüge besteht und in der man einigermaßen sicher darüber ist, was dem Ganzen zum Wohl dient und was nicht. Aber gerade darüber sind wir heute in einer Weise uneins geworden, wie Kant es sich nicht vorstellen konnte. Je nach gesellschaftlicher Theorie wird man das strikte Gegenteil für ein mögliches allgemeines Gesetz ansehen. Der Bezugspunkt, von dem Kant her gedacht hat, nämlich die Allgemeinheit, die menschliche Gesellschaft, ist zu unsicher, als dass man einfach von ihm her schon menschliches Handeln verlässlich aufbauen könnte.[13]

Handeln, als ob es Gott gäbe – wer dies versucht, der steht ohne große Reflexionen bei dem eigentlichen Kern dessen, was der Glaube an das ewige Leben meint. Auch wenn er zeitlebens ein Fragender bleibt, hat er das aufgenommen, worum es hier in Wirklichkeit geht, weit mehr als derjenige, der Unsterblichkeit und Ewiges Leben als For-

[13] Vgl. JRGS, Bd. 10, 387.

mel bejaht, aber so lebt, als ob es nur ihn selber gäbe. Hier wird etwas Wichtiges sichtbar: Der christliche Glaube an die Unsterblichkeit der Seele, an das Ewige Leben, will seiner eigentlichen Absicht nach nicht irgendeine Theorie über Unwissbares entwerfen und nachträglich zur Gewissheit erklären, sondern eine Aussage über die Maßstäbe und über die Tragweite menschlichen Lebens machen. Er will einschärfen, dass der Mensch nie ein Mittel, sondern immer selbst ein Zweck ist. Er will die Realität der Werte, Gerechtigkeit und Wahrheit zumal, ins Bewusstsein rufen, die nicht nur abstrakte Zielpunkte, sondern Leben sind und Leben geben. Er ist insofern ein durchaus praktischer Satz, der eine Entscheidung über den Rang und die Würde menschlichen Lebens enthält.[14]

Eine Hypothese ist kein Glaubenssatz

Das menschliche Leben kann letztlich nicht auf einem Als-ob stehen. Das mag bei dem Einen oder Anderen mehr oder weniger gelingen und kann auf bestimmten Wegstrecken menschlichen Lebens ausreichen, in denen man theoretische Lösungen suspendiert und durch das Dunkel einfach weitergeht. Aber es kann nicht die Grundform menschlicher Existenz sein. Wenn es wahr ist, dass die menschliche Existenz in diesem Als-ob ihren eigentlichen Konstruktionspunkt hat, das heißt, von hier aus ihre wahre Vollzugsmöglichkeit hat, dann ist damit auch etwas über den Wirklichkeitscharakter des Als-ob ausgesagt. Wer sich geduldig diesem Als-ob anvertraut, es fortwährend zur Richtschnur seines Lebens nimmt, der kann auch sehen, dass er nicht von einer Fiktion, von einer Einbildung, her lebt, sondern dass in dem, was er zunächst als Hypothese übernimmt, Wahrheit wohnt: die eigentliche Wahrheit des Menschen und der Wirklichkeit als solcher. Wahrheit und Gerechtigkeit sind nicht nur Ideen, sie *sind*.[15] Anders

[14] Vgl. JRGS, Bd. 10, 388.

[15] Vgl. ebd.

ausgedrückt: Gott *ist*. Darin aber ist im Grund die Unsterblichkeit mitausgesagt. Denn Gott ist ein Gott der Lebenden. Im Gottesbegriff ist die Unvergänglichkeit des Menschen bereits eingeschlossen. Denn ein Geschöpf, das Gott ansieht und das Gott, der Ewigkeit ist, liebt, hat damit Anteil an der Ewigkeit.

Wie man dies dann genau formuliert oder wie man es sich vorstellen soll, sind letztlich sekundäre, wenn auch keineswegs unwichtige Fragen. Alle Begriffe, die wir gebrauchen: Unsterblichkeit der Seele, Weiterleben nach dem Tod, ewiges Leben – sind letzten Endes nur Denkhilfen, mit denen wir von verschiedenen anthropologischen Modellen her das Ganze konkret zu bestimmen suchen. Solche Vorstöße des Denkens sind ohne Zweifel notwendig, um den Anspruch und die Verantwortung des Gedankens deutlicher zu begreifen und festzuhalten. Aber sie sind doch nicht das Eigentliche. Vor allem geht es in keinem Fall darum, Schilderungen des Jenseits zu gewinnen und so den Raum unserer Neugier auszuweiten. In seinem Kern ist das Bekenntnis zur Unsterblichkeit der Seele nichts anderes als ein Bekenntnis dazu, dass Gott wirklich ist. Es ist eine Aussage über Gott und eben darum eine Aussage über den Menschen, der darin Weg und Weise seiner Existenz finden soll.[16]

Die christozentrische Antwort auf die Frage nach dem ewigen Leben in der Enzyklika „Spe Salvi“

Die Frage nach der christlichen Hoffnung ist das zentrale Anliegen der Enzyklika „Spe Salvi“, die Papst Benedikt XVI. am 30. November 2007 veröffentlicht hat. Unser Glaube lebt von der Hoffnung auf die Erlösung in Jesus Christus. Wir leben in dieser Hoffnung, die nicht nur eine mühsame Vorstellung einer ungewissen Zukunft ist, sondern eine Gewissheit, „eine verlässliche Hoffnung, von der her wir unsere Gegenwart bewältigen können“ (Spe Salvi, Nr. 1). Gott hat uns im Glauben die

[16] Vgl. JRGS, Bd. 10, 389.

Sicherheit seiner Gegenwart geschenkt und die Bewältigung der Zukunft aus der Kraft des Glaubens, der Heil und Hoffnung ist.[17]

„Spe salvi facti sumus“ (Röm 8,24) – auf Hoffnung hin sind wir gerettet, sagt Paulus den Römern und uns. Die Erlösung, das Heil ist nach christlichem Glauben nicht einfach da. Erlösung ist uns in der Weise gegeben, dass uns Hoffnung geschenkt wurde, eine verlässliche Hoffnung, von der her wir unsere Gegenwart bewältigen können: Gegenwart, auch mühsame Gegenwart, kann angenommen werden, wenn sie auf ein Ziel zuführt und wenn wir dieses Zieles gewiss sein können und wenn dieses Ziel so groß ist, dass es die Anstrengung des Weges rechtfertigt. Nun drängt sich sogleich eine Frage auf: Welcher Art ist denn diese Hoffnung, die es gestattet zu sagen, von ihr her und weil es sie gibt, seien wir erlöst? Und welche Gewissheit gibt es da?

Als „Zentralwort des biblischen Glaubens“ (Nr. 2) sind Glaube und Hoffnung als austauschbare Begriffe verwendbar.[18] Im Glauben manifestiert sich stets die Hoffnung auf die Wiederkunft des Herrn am Ende der Zeiten, aber auch die Hoffnung auf die bleibende und liebende Zuwendung Gottes zu uns Menschen im Ablauf unseres Lebens. Es ist nicht nur die Hoffnung auf eine verbesserte Lebenssituation, sondern die grundsätzliche Hoffnung auf Erlösung.

Worin besteht diese Erlösung? Ist es eine Befreiung von politischer Herrschaft oder ein Ruf nach grenzenloser Autonomie? Geht es um die Ablehnung bestehender sozialer, politischer oder ethischer Verpflichtungen? Münden diese Formen nicht alle im Egoismus, in der Selbstherrlichkeit selbsternannter „Befreier“ und „Erlöser“? Die Botschaft des Hoffnung schenkenden Glaubens ist eine andere: Was Jesus gebracht hatte, ist etwas ganz Anderes. Er starb selbst am Kreuz für uns und hat uns hineingestellt in die Begegnung mit dem Herrn aller Herren, dem

[17] Die Darstellung folgt den Ausführungen von Gerhard Ludwig Müller, Unser Glaube lebt von der Hoffnung. Eine Hinführung zur Enzyklika „Spe Salvi“ Papst Benedikts XVI., in: Benedikt XVI., Auf Hoffnung hin sind wir gerettet. Spe Salvi. Die Enzyklika. Augsburg 2008, 5-20.

[18] Vgl. Gerhard Ludwig Müller, Hinführung, 6-7.

lebendigen Gott, dem Gott der Hoffnung und des Lebens. Sein Tod ist Hoffnung. Weil er stärker war als Unterdrückung und das Leiden, deshalb hat er die Welt verändert und sie zur Liebe umgestaltet.[19]

Ein Gott, der für uns am Kreuz gestorben ist, ist kein rein kosmisches Element, das den Gesetzen der Materie unterworfen ist. Er selbst herrscht über die Sterne und das All. Die unerbittliche Macht der Materie ist nicht mehr das letzte Wort. Wir begegnen einer Person, der Liebe und Hoffnung auch dem Vereinsamten, dem Sterbenden und dem Verachteten gibt.

Ewiges Leben?

Das Leben selbst – hier und heute – erhält zugleich eine neue Dimension. Es ist aus der Enge irdischer Begrenzung herausgelöst. Wir kennen das Dilemma: Wir wollen nicht sterben, aber auch nicht ewig leben. Aber was ist das: ewiges Leben?

„Einerseits wollen wir nicht sterben, will vor allem auch der andere, der uns gut ist, nicht, dass wir sterben. Andererseits möchten wir doch nicht endlos weiterexistieren; auch die Erde ist dafür nicht geschaffen. Was wollen wir also eigentlich? Diese Paradoxie unserer eigenen Haltung löst eine tiefere Frage aus: Was ist eigentlich „Leben"? Was bedeutet „Ewigkeit"? Es gibt Augenblicke, in denen wir plötzlich spüren: Ja, das wäre es eigentlich – das wahre „Leben" –, so müsste es sein. Daneben sei das, was wir alltäglich „Leben" nennen, gar nicht wirklich Leben.[20] Augustinus hat in seinem an Proba, eine reiche römische Witwe und Mutter dreier Konsuln, gerichteten Brief über das Gebet einmal gesagt: „Eigentlich wollen wir doch nur eines – ‚das glückliche Leben', das Leben, das einfach Leben, einfach Glück ist. Um gar nichts anderes beten wir im Letzten. Zu nichts anderem sind wir unterwegs – nur um das eine geht es" (Nr. 11).

---

[19] Vgl. Gerhard Ludwig Müller, Hinführung, 10.

[20] Vgl. Gerhard Ludwig Müller, Hinführung, 11.

Nur um das eine geht es: Dass wir in Gott den Zielpunkt unseres Lebens erkennen, „das Eintauchen in den Ozean der unendlichen Liebe, in dem es keine Zeit, kein Vor- und Nachher mehr gibt" (Nr. 12). Es ist die Rückkehr zu Gott, der uns freudig empfängt, wie es der Evangelist Johannes beschreibt: „Ich werde euch wiedersehen und euer Herz wird sich freuen und eure Freude wird niemand von euch nehmen" (Joh 16,22). Wir sind keine isolierten Individuen und Erlösung bedeutet nicht die Betonung einer Vorrangstellung vor dem anderen. Heil in Christus betrifft alle Menschen. Er macht ihnen das Angebot des Heils und verkündet seine Botschaft durch die Kirche. Als Werkzeug in den Händen Christi verweist die Kirche zugleich auf das „ewige Leben", das die gegenwärtige Welt übersteigt.[21]

Neuzeitliche Formen von Erlösung

Wenn der „Faktor Gott" vom Menschen in die reine Innerweltlichkeit heruntergezogen und seine Existenz geleugnet wird, wird die Leere spürbar, die sich in seinem Inneren ausbreitet. Philosophisch hat Kant den Versuch unternommen, das Christentum als rein ethisches Postulat gelten zu lassen. Nur die moralischen Grundlagen können innerweltlich vertretbar sein und zum Maßstab eines gelingenden Miteinanders herangezogen werden. Ein Katalog, ein Regelwerk ethisch-moralischer Gesetze würde das Reich Gottes auf Erden errichten. Gott selbst ist dabei nicht notwendig. Er hindert den aufgeklärten Menschen, zu sich selbst zu kommen, und hält ihn als Gefangenen in der eigenen Unmündigkeit. Hier ist jede Hoffnung auf Heil und Erlösung, die den Menschen wirklich zum Leben führt, einer Konstruktion von Gesellschaft gewichen.[22]

Noch deutlicher sind die politischen „Erlösungstheorien" von Engels und Marx. Im industriellen Fortschritt findet der Mensch zu seiner Bestimmung. Das „Reich Gottes" wurde innerweltlich etabliert. Im genau-

[21] Vgl. Gerhard Ludwig Müller, Hinführung, 12.

[22] Vgl. Gerhard Ludwig Müller, Hinführung, 13.

en Ablauf der Geschichtsnotwendigkeit wird der Arbeiter zum Ideal der an den wirtschaftlichen Abläufen orientierten Gesellschaft. Eigentum wird überführt an den Staat, die herrschende Klasse enteignet und die politische Macht gestürzt – die Revolution soll Erlösung und Befreiung schenken. Um welchen Preis? Um den Preis der Reduzierung des Menschen auf ein Segment im wirtschaftlichen Fortschritt, in dem der Mensch sich, um Mensch zu sein, dem Mechanismus der Produktion zu unterwerfen hat. Das führt zur Unmenschlichkeit.

Das wahre Reich Gottes ist Geschenk. Es ist immer mehr als wir verdienen. Die Ideologien der Menschen waren und sind am eigenen Vorteil ausgerichtet, auch wenn sie Freiheit, Selbstbestimmung und Erfolg versprechen. Aber der Mitarbeiter Gottes versucht, Gott den Weg in die Welt zu öffnen. Das Leben wird hoffnungslos, wenn nur das Erreichbare zum Ziel wird. Die menschlichen Reiche haben vergessen, was der Mensch ist: nämlich als Geschöpf Gottes zugleich auf die Vollendung durch ihn hin geschaffen. Nicht der Mensch erfüllt diese Hoffnung, sondern nur Gott allein.[23] Die neu gewonnene Freiheit, die ohne Ordnung in die Zukunft ging, brachte Verderben, Knechtschaft und Unterdrückung und die ungebremste Herrschaft der Partei.

Was war falsch an der politisch motivierten und in einer literarischen Form so harmlos daherkommenden Vision eines Karl Marx? „Er hat vergessen, dass der Mensch immer ein Mensch bleibt. Er hat den Menschen vergessen, und der hat seine Freiheit vergessen. Er hat vergessen, dass die Freiheit immer auch Freiheit zum Bösen bleibt. Er glaubte, wenn die Ökonomie in Ordnung sei, sei von selbst alles in Ordnung. Sein eigentlicher Irrtum ist der Materialismus. Der Mensch ist eben nicht nur Produkt der ökonomischen Zustände und man kann ihn allein von außen her, durch das Schaffen günstiger ökonomischer Bedingungen, nicht heilen“ (Nr. 21).

Wir kennen viele Formen der Hoffnung: Jeder Tag ist angefüllt damit und jede Lebenssituation kennt eine andere: In jungen Jahren ist die Hoffnung nach einer beruflichen Erfüllung, nach Liebe und nach einer

[23] Vgl. Gerhard Ludwig Müller, Hinführung, 14.

Familie prägend. Schnell zeigt sich aber, dass dies nur dann in seiner Bedeutung erfahrbar wird, wenn die Hoffnung ausgreift auf etwas, das über dem Endlichen steht und das der zeitlichen Begrenzung enthoben ist. Etwas, was den Menschen übersteigt. In diesem Bezugspunkt zu einem persönlichen Gott werden auch die Familie, der Beruf, die Bildung und das kirchliche und soziale Engagement zu Mitteln, welche die Welt verändern.

Die kleinen Hoffnungen des Alltags, die uns auf dem Weg halten, brauchen die große Hoffnung, die alles überschreitet. Diese Hoffnung kann nur Gott selbst sein, der das Ganze umfasst, der uns geben und schenken kann, der uns im Lieben und Erlösen Hoffnung schenkt und das wahre Leben.[24]

Das Gebet als Lernort der Hoffnung

Es gibt Lernorte der Hoffnung. Ein erster Lernort der Hoffnung ist das Gebet.[25] Wenn niemand mehr zuhört, wenn ich zu niemandem mehr reden kann – in dieser Verlorenheit bleibt mir immer Gott. Als Betender ist der Mensch nie allein. Beten bedeutet dabei aber nicht, den eigenen Vorteil zu suchen. Es schließt uns nicht aus von der Geschichte, es isoliert uns nicht vom anderen. Rechtes Beten ist ein Vorgang der inneren Reinigung, der uns gottfähig und so gerade menschenfähig macht. Rechtes Beten ist eine persönliche Begegnung mit dem lebendigen Gott, das in das gemeinschaftliche Gebet der Kirche mündet: in das Vaterunser, in das Ave-Maria und in die Gebete der Liturgie. Aus dieser Begegnung erwächst die Reinigung, die uns zu hoffenden Menschen werden lässt.

[24] Vgl. Gerhard Ludwig Müller, Hinführung, 15.

[25] Vgl. Gerhard Ludwig Müller, Hinführung, 16.

Tun und Leiden als Lernort der Hoffnung

Ein zweiter Lernort der Hoffnung ist das Tun und Leiden. „Alles ernsthafte und rechte Tun des Menschen ist Hoffnung im Vollzug“ (Nr. 35). Wenn wir nicht mehr hoffen oder uns auf rein weltliche Mächte konzentrieren, dann sind wir bald ohne Hoffnung. Nur die große Zuversicht, dass trotz des vielfältigen Scheiterns mein Leben geborgen ist in den Händen Gottes und von ihm her Sinn, Mut zum Wirken und Kraft zum Weitergehen erhält, lehrt uns die Hoffnung, in der wir gerettet werden. Aber auch das Leid gehört zum Leben und ist ein Lernort der Hoffnung. Das ungerechte Leid, die eigene Endlichkeit, die Qualen, die viele erleiden müssen, sie wandeln sich in Freude, weil Gott befreit, der Angst und Trauer verwandelt in Heiterkeit und Freude. Er ist ein Gott der Tröstung. Mit dieser Hoffnung werden wir herausgeführt aus dem Leid, das so viele verschiedene Formen annehmen kann.[26]

Das Gericht – Lernort in der Hoffnung

Als dritten Lernort der Hoffnung nennt Papst Benedikt XVI. das Gericht. „Er wird wiederkommen in Herrlichkeit, zu richten die Lebenden und die Toten“, so schließt im Großen Glaubensbekenntnis der Mittelteil. Der Ausblick auf das Gericht hat die Christenheit stets zum Maßstab des gegenwärtigen Lebens, als Aufforderung an das Gewissen, als Zeichen der Hoffnung auf die Gerechtigkeit Gottes bestimmt.[27] Es ist nicht das Szenario der Furcht, sondern das Bild der „Verantwortung“ (Nr. 44). Es ist ein Blick nach vorn, der dem Christentum seine Gegenwartskraft gibt und zugleich das Vertrauen auf Gottes Gerechtigkeit schenkt. Es gibt Gerechtigkeit, es gibt die Gutmachung, das Recht und die Auferstehung des Fleisches. Daher ist der Glaube an das Letzte Gericht zuallererst Hoffnung auf den alles zum Guten wendenden Gott.

---

[26] Vgl. Gerhard Ludwig Müller, Hinführung, 17.

[27] Vgl. Gerhard Ludwig Müller, Hinführung, 18-20.

Nicht irgendein Gott, der sich unseren Blicken entzieht, ist unsere Hoffnung und Erlösung, sondern Jesus Christus, in dem Gott uns sein Angesicht geschenkt und das Heil gebracht hat.

Wenn Wissenschaft zur Ideologie wird

Verführung und Lösung

Prof. Dr. Hanna-Barbara Gerl-Falkovitz

„Wir fühlen, daß, selbst wenn alle möglichen wissenschaftlichen Fragen beantwortet sind, unsere Lebensprobleme noch noch gar nicht berührt sind. Freilich bleibt dann eben keine Frage mehr; und eben dies ist die Antwort."

Ludwig Wittgenstein, Tractatus 6.52

Wissenschaft

„Wissenschaft ist der Stand des Irrtums von heute" - so ein Bonmot Jörg Spletts. Das ist nicht einmal abträglich zu verstehen, denn zum Selbstverständnis der klassischen Wissenschaft gehören Irrtumsfähigkeit und die Weiter- oder Neuformulierung von Wissen durch Forschung und Methodenwechsel. Solche Selbstkorrektur gereicht der Wissenschaft zur Ehre. Aber Ideologie gereicht ihr zur Unehre.

Was also ist Wissen? Was ist Ideologie? Wodurch wird Wissenschaft für Ideologie anfällig?

Wissen kommt etymologisch von vid-, sehen, hängt auch mit dem deutschen „Witz" zusammen, so im „Mutterwitz": dem angeborenen Sinn für scharfes Sehen. Im lateinischen *scientia* steckt die Wurzel *secare*, schneiden: Dinge in ihre Strukturen zerlegen, analytisch auftrennen.

Das erfordert von sich aus in der Folge ein synthetisches Wiederverbinden. In beiden Vorgängen öffnet sich damit ein Einfallstor für Irrtümer oder sogar Verfälschungen: falsch zu trennen und falsch zu verbinden.

Voraussetzung von Zerlegen und Zerschneiden ist die Struktur des Gegenstandes selbst. Wie lässt er sich gliedern? Die alten Kulturen sehen in allem Gegenständlichen eine Mathematik eingezeichnet, vom klassischen China bis nach Griechenland; Pythagoras ist einer der großen Namen, der schon in der Zehnerstruktur denkt, und Platon spricht von der „göttlichen Mathematik". „Du hast die Welt nach Maß, Zahl und Gewicht geordnet", sagt das jüdische Buch der Weisheit 11,20.

Es war vor allem Athen, das den anklagenden (kategoriellen) Blick auf die Ordnung der Welt weiterentwickelt hat. Gewonnen wurde die Kraft der Fest-Stellung, der Definition auf der Suche nach Eindeutigkeit und Handhabbarkeit von Welt. (Fügen wir aber gleich hinzu, dass mitten in der Mathematik auch eine Irritation auftaucht: Es sind die irrationalen Zahlen, die Platon schon kannte und die in die Aporien führen, ins Weglose, ins Unentwirrbare im Grunde der Welt, aber auch in die Dynamik des Ganzen.)

Aber zunächst: Realität ist verlässlich strukturiert, kann immer wieder aufgerufen werden, ist Gegenstand objektiver Untersuchung. So haben die Naturwissenschaften mit Realität zu tun, freilich methodisch mit einer reduzierten Realität. Komplexitätsreduktion, fachliche Beschränkung ist das Wesen methodischer Naturwissenschaft. Die Physik untersucht nicht psychische Vorgänge und umgekehrt.

Ideologie

Aber Reduktion von Realität neigt zur Ideologie. Wann wird Wissenschaft zur Ideologie? Die einfachste zutreffende Antwort gibt folgende Kriterien:

- Wenn sie ihre relativen Erkenntnisse absolut setzt und nicht mit gegensätzlichen Erkenntnissen oder anderen Disziplinen abgleicht, also nicht relativiert („Der Mensch ist nichts als Chemie.").
- Der einzig zulässige Blick wird zudem mit einer Heilserwartung, messianisch, mit dem Appell des einzig Richtigen und sogar des Sakralen aufgeladen.
- Die Analyse des Gegenstandes folgt einer vorgefassten Idee, nicht mehr dem Gegenstand; die Analyse wird vielmehr der Idee unterworfen.
- Aufgrund einer möglichst einfachen Beschreibung (Komplexitätsreduktion) werden zu einfache Lösungen angeboten und gewalttätig mit Macht durchgesetzt: angeblich „alternativlos".
- Verstärkt wird die Wirksamkeit des angeblich „Einfachen" durch Propaganda, durch andauernde Wiederholung und
- durch Anpassung an die Macht Einzelner oder an die Mehrheit: „Mitten in der Mutbeseeltheit der Generation entdeckt man leicht die Mutlosigkeit und Feigheit der Individuen. Wie man in der Wüste aus Furcht vor Räubern und wilden Tieren in großen Karawanen reisen muss, so haben jetzt die Individuen ein Grauen vor der Existenz, weil diese gottverlassen ist; nur in großen Herden wagen sie zu leben und klammern sich en masse aneinander, um doch etwas zu sein."[1]

Nicht zufällig ist das 20. Jahrhundert in zwei mörderische Ideologien entgleist, abgesehen von deren geschichtsmächtigem, immer noch wirksamem Export in andere Kontinente. Beide waren eine politische „Heilslehre", verkörpert in den „Großen Führern" aller Couleur. Der Marxismus entwickelte eine einfache „zwangsläufige" dreigliedrige Geschichtssystematik, der Nazismus eine Eugenik, verbunden mit dem Sozialdarwinismus des neuen Übermenschen und seiner künftigen Macht. Es scheint unzweifelhaft, dass beide, die rote und die braune Großideologie, ihren

1 Sören Kierkegaard, Unwissenschaftliche Nachschrift zu den Philosophischen Brocken, Bd. 2, übers. v. Hans Martin Junghans, Düsseldorf/Köln 1958, 60.

„Erfolg“ zugleich einer pseudo-religiösen Aufladung ihrer Botschaft verdankten, das meint: einer Einbindung religiöser Sehnsüchte.[2] Damit rücken diese religiösen Sehnsüchte als Schnittpunkt lebentragender Energien in den Blick: Wie lässt sich die gerechte Gesellschaft herbeizwingen? Wie der neue Übermensch?

Bestehen solche „einfachen Lösungen“ heute noch und wieder? Wo liegt die heutige Gefährdung? Wie ist die wirksame Kraft solcher Energien einzubinden, um nicht (wieder) fanatisiert zu werden? Sind religiöse Kulturen in der Lage, diese Energien aufzufangen?

Betrachten wir zwei zeitgenössische Ideologien; die erste des biologistischen Transhumanismus (mechanisch mit digitaler Fantasie entwickelt), die zweite eine Ideologie der Freiheit und schärfer der Autonomie.

Ideologie I
Maschinenmodell: der „vermessene Mensch“

Naturwissenschaft erstreckte sich zunächst auf die äußere Natur (fabrica mundi): auf räumliche, materielle, den neuentdeckten Gesetzmäßigkeiten unterworfene Dinge, um „uns so zum Herren und Besitzer der Natur zu machen.“[3] Heute kämpfen wir mit den Folgen.

Aus diesem „Herrschaftswissen“ entsprang rasch eine zweite Möglichkeit: Auch die „äußere“ Seite des Menschen selbst wurde mit den gewonnenen Methoden verrechnet – bildhaft und noch „unschuldig“ durch

[2] Vgl. Hans Maier (Hrsg.), „Totalitarismus“ und „Politische Religionen“, 3 Bde., Paderborn 1996-2003.

[3] René Descartes, Discours de la méthode/Abhandlung über die Methode, 6: „Es ist möglich, Wissen zu erlangen, das in diesem Leben von großem Nutzen sein wird, und anstelle der spekulativen Philosophie, die jetzt in den Schulen gelehrt wird, können wir eine praktische entdecken, durch die wir in Kenntnis der Natur und des Verhaltens von Feuer, Wasser, Luft, der Sterne, des Himmels und aller anderen Körper, die uns umgeben, diese Entitäten für alle Zwecke, für die sie geeignet sind, einsetzen können, und uns so zum Herren und Besitzer der Natur machen.“

den „vermessenen" Menschen Leonardos und Dürers, auf dessen Körper die Maße des Goldenen Schnitts eingetragen sind.[4] Als res extensa wird der Körper im Triumphzug des geometrisch-mathematischen Denkens schließlich mit dem Regelkreislauf einer Maschine verglichen – l'homme machine von La Mettrie (1748). Der Menschmaschine fehlte nur das seelenvolle Auge, so in E. T. A. Hoffmanns Menschenpuppe Coppelia. Auch hier kämpfen wir mit den Folgen, einem Transhumanismus, der Vermischung von Mensch und Roboter. Freiheit heißt hier: sich mit Chips und Ersatzteilen aufrüsten zu lassen.

Tatsächlich fasst die Neuzeit seit etwa 500 Jahren die Natur als eine Art mechanischer Werkstatt auf und auch der Mensch funktionierte als eine Naturmaschine unter anderen Naturmaschinen. Die Neurobiologie als neueste Disziplin verstärkt in einigen Vertretern die sehr schlichte Behauptung: Denken sei nichts als die Verschaltung von Gehirnsynapsen. Auch der Einwand, wenn alles determiniert sei, gelte das doch zuallererst für den Forscher selbst, stört dabei nicht. Ähnlich der Satz eines Nobelpreisträgers für Chemie, der Mensch sei nichts als Chemie. Hier hätte die Freiheit völlig abgedankt. Galilei: „Alles messen, was messbar ist, und alles messbar machen, was nicht messbar ist."

Diese Herleitung ist nicht neu, aber sie wird aus diesen theoretisch verbleibenden Anfangsgründen seit dem 20. Jahrhundert in die technische Umsetzung der KI weitergeführt. Die dabei entstehenden Folgeprobleme für Anthropologie, Ethik und Gesellschaftstheorie nehmen mittlerweile eine große Diskursbreite ein, die sich ausführlich in verschiedene Perspektiven entfaltet, sowohl in euphorischer als auch in kritischer Weise. Aus diesem Diskurs, der präzise ausgefaltet wird, ergeben sich bereits Kriterien einer notwendigen Abgrenzung von Mensch und Roboter/Rechenmaschine, aber ebenso eine zwingende Vertiefung bisheriger Definitionen des Menschen, die vorwiegend auf den Gebrauch der Vernunft abhoben. Eben diese klassisch verankerte Definition scheint

[4] Vgl. den doppelsinnigen Titel: Sigrid Braunfels u. a., Der „vermessene Mensch". Anthropometrie in Kunst und Wissenschaft, München 1973.

mittlerweile eindeutig zu kurz gegriffen. Ihrer Verkürzung auf mathematisierte, rechnerische Vernunft ist eine kritische Auswertung des Problemstandes und eine eigenständige Weiterführung entgegenzusetzen.

Was aber die Auseinandersetzung mit KI visionär vorantreibt, ist ein Transhumanismus, der die Anwendung technischer Möglichkeiten auf den menschlichen Körper bis zur visionären Konzeption einer künftigen Verschmelzung von Mensch und technischer Intelligenz verspricht. Das setzt eine formalisierte Objektivierung aller menschlichen Potenzen voraus, einschließlich der „Seele", welche über die Neurowissenschaft ähnlich verfügbar gemacht werden soll. Grundsätzlich geht es in utopischer Weise um die Funktionalisierung aller bisherigen Vollzüge des Menschen, nicht allein seines rechnerisch-logischen Vermögens (das mit Geist gleichgesetzt wurde).

Diese Vision ist ein nicht allein wissenschaftlich-zweckbestimmter, sondern mehr noch ein erstaunlich emotional besetzter Wunsch. Ihm liegen, durch Zitate belegt, mutierte religiöse Impulse zugrunde, die ein geradezu heilsgeschichtliches Selbstverständnis aufweisen: Ausgleich körperlicher Behinderungen, Zuwachs an funktionalen Möglichkeiten, Überwindung von Defiziten aller, auch psychischer Art, Enhancement und Selektion, letztlich eine Überwindung des Todes durch Transfer von Bewusstseinsinhalten auf externe Datenträger in eine Art Unsterblichkeit und Allwissenheit. Dass damit der herkömmliche Leib verschwindet, wird von den Protagonisten des Transhumanismus als Positivum gewertet. Mit dem digitalen Netz sei zudem eine Ausweitung des individuellen Wissens bis zur Allwissenheit, verbunden in der Folge mit wissenschaftlicher Allmacht, möglich. Solche Pseudomorphien des Gottesbegriffs zeigen Tendenzen einer Vergöttlichung des Menschen, die bisherige Mythen zur Realität umschreiben wollen und mit hohem Sendungsbewusstsein vorgetragen werden. Wissenschaft und Technik werden zu messianischen Größen. Paradox formuliert wäre Transhumanismus die Erlösung des Menschen von seinem Jetzt-Zustand, genauer: von sich selbst.

Stattdessen triumphiert sie aber wieder umgekehrt im Aufstand gegen das eigene Geschlecht. Einem Zerrbild der Natur entspricht ein Zerrbild der Freiheit.

Ideologie II: Der denaturierte Mensch aus bloßer Selbstbestimmung

Seit Judith Butlers „Gender Trouble“ 1990 zielt die Kultur auf einen erstaunlichen Extrempol: eine Umgestaltung bis Auflösung des Körpers im Cyberspace, im virtuellen oder auch realen medizinisch-technischen Raum. Schon die Unterscheidung von Leib und Körper kann als Leitfaden für das Spannungsfeld dienen, denn die beiden deutschen Begriffe weisen bereits auf eine verschiedene Ich-Wahrnehmung hin. So wird Körper vorwiegend verstanden als quantitativ-mechanische Hülle, während Leib den immer schon beseelten, lebendigen Leib meint. Körper kann man entsprechend verändern, bearbeiten, sogar (in Teilen) austauschen – sich also von seiner vorgefundenen „Natur“ unabhängig machen. „My body is my art.“ Körper wird Ort des Protestes gegen eine nicht autonom erstellte Identität. Utopien der fließenden Identität meinen den totalen Selbstentwurf des „Ich“.

Auch Geschlechtsleben wird „inszeniert“, das Ich trägt die jeweilige geschlechtliche Maske - mit der Folge, dass „diese Maske gar kein Ich verbirgt“ (Benhabib 1993). Gender nauting ist angesagt: das Navigieren zwischen den Geschlechtern. Der Mensch ist seine eigene Software, jenseits von Leib und Geschlecht angesiedelt. In diese Richtung weist die Gender-Debatte: Sie lässt das biologische Geschlecht (sex) im zugeschriebenen (kulturellen, sozialen, geschichtlichen) Geschlecht (gender) verschwinden. Statt der Festlegung durch die Natur wird willentliche Selbstwahl angeboten: Ist Frau immer schon Frau oder wer „macht“ Frau zu Frau und Mann zu Mann? Widerstandslos, ja nichtig, bietet sich der Leib als „vorgeschlechtlicher Körper“ an. Das Ich kennt keine Fleischwerdung; die Person wird von ihrer Natur entkoppelt.

Kritik: Spannungsfeld Natur und Kultur

Der Gedanke der Selbstgestaltung des Menschen ist an sich weder sachlich falsch noch moralisch böse. Er gründet in der merkwürdigen – auszeichnenden wie gefährlichen – Tatsache, dass der Mensch unter den anderen Lebewesen eine Sonderstellung einnimmt, auch im Blick auf sein Geschlecht. Positiv: Er hat zwar keine Reiz-Reaktions-Sicherheit wie ein Tier, dafür aber Freiheit vom Instinkt, damit Freiheit zur Welt und zu sich - und: volles Risiko der Fremd- und Selbstgefährdung. Freiheit bildet zugleich die schöpferische Flanke: zur Gestaltung von Welt und Mensch. Der Mensch ist eine spannungsreiche Wirklichkeit, ausgespannt zwischen gegebener „Natur" und dem Gegenpol der Veränderung: einem Werden, einem Futur, der „Kultur". „Werde, der du bist", formuliert der orphische Spruch, aber was so einfach klingt, ist das Abenteuer eines ganzen Lebens. Abenteuer, weil es weder eine „gusseiserne" Natur noch eine beliebige „Kultur" gibt, sondern beide in lebendiger Beziehung stehen: zwischen Grenze der Gestalt (dem „Glück der Gestalt") und Kultur („dem Glück des Neuwerdens").

Anstelle einer verzerrten Natur also: Natur ist Vorgabe und meint zugleich nascitura: ein Werden, eine Entfaltung der Anlage. Dahinter bleibt die heutige Mechanisierung der Natur weit zurück, dahinter bleibt auch die Konstruktion des Ich weit zurück.

„Mit der Verleugnung der Natur im Menschen wird nicht bloß das Telos des eigenen Lebens verwirrt und undurchsichtig. In dem Augenblick, in dem der Mensch das Bewusstsein seiner selbst als Natur sich abschneidet, werden alle Zwecke, für die er sich am Leben erhält, (…) nichtig."[5]

„Was die Neuzeit Natur nennt, ist im letzten Bestand eine halbe Wirklichkeit. Was sie Kultur nennt, ist bei aller Größe etwas Dämonisch-Zerrissenes, worin der Sinn immer mit dem Unsinn gepaart ist; das Schaffen mit der Zerstörung; die Fruchtbarkeit mit dem Sterben; das Edle mit dem Gemeinen. Und eine ganze Technik des Vorbeisehens, des Verschleierns

[5] Theodor W. Adorno, Dialektik der Aufklärung, Frankfurt 1971, 51.

und Abblendens hat entwickelt werden müssen, damit der Mensch die Lüge und die Furchtbarkeit dieses Zustandes ertrage.“[6]

Also bedarf es einer Kritik der Lüge, des *pseudos*.

Bleibende Unverfügbarkeit von Personalität

Von dem Messianismus des Transhumanismus sind zunächst die nüchternen Leistungen der Künstlichen Intelligenz (KI) zu unterscheiden. Die vorgetragenen oder latent vorausgesetzten anthropologischen Theorien lassen sich unter den bekannten vier Leitfragen der Kantischen Anthropologie prüfen: Was kann ich wissen? Was soll ich tun? Was darf ich hoffen? Was ist der Mensch? „Formuliert man diese Fragen in der Negation, wird dieses Vorgehen abgesichert durch eine offen bleibende Bestimmung des Menschlichen, also eine Negativität, die sich einer abschließenden Definition ausdrücklich verweigert und im Sinne der eigenen Würde sogar verweigern muss.“ (Thomas Rentsch) In dieser Unbestimmbarkeit sind Sinnlinien des Daseins gewahrt, die sich keinem berechenbaren Zweck unterwerfen („zwecklos, aber sinnvoll“). Sie sind nicht einschränkend, sondern sinnkonstitutiv.

- Was kann ich nicht wissen? Das Gesamt der Wirklichkeit, ebenso des Menschen: Es ist schlechthin nicht zu erfassen und kann nicht auf einige biologische Daten reduziert und mechanisch montiert werden. „Wenn wir die aufeinander folgenden Nukleotide mit der Buchstabenfolge in unseren Texten vergleichen, so entspricht die genetische Information einer einzelligen Bakterie dem Inhalt eines Buches. Das vielstudierte Ecoli-Bakterium entspricht beispielsweise dem Informationsgehalt der Bibel. Im Gegensatz dazu haben mehrzellige Pflanzen und Tiere genetische Information, die einer Enzyklopädie von oft

[6] Romano Guardini, Der Mensch. Umriß einer christlichen Anthropologie, (unveröfftl.), Archiv Kath. Akademie München, Typoskript, S. 45.

mehreren 100 und bis zu 1000 Bänden vom Umfang der Bibel entspricht. Das menschliche Genom entspricht etwa 700 solcher Bände."[7] Wirklichkeit lässt sich weder abbilden noch mechanisch verfügbar machen für eine quantifizierende, mathematisierende, formalistische „Optimierung" des Menschen. Der Mensch ist kein gegenständlicher „Datenträger" in einem angeblich „geschlossenen Universum". Bei Jesus Sirach im AT heißt es: „Der Sand des Meeres, die Tropfen des Regens und die Tage der Ewigkeit, wer hat sie gezählt?"

- Was soll ich nicht tun? Einen anderen Menschen - die nächste Generation - eine Altersgruppe usw. verzwecken = für fremde Zwecke nutzen, z.B. planmäßig umbauen. Die Unbestimmbarkeit des Menschen führt zu seiner Unverfügbarkeit in der Moralität und sozialen Praxis. Das meint für eine menschliche Kultur die Übernahme der menschlichen Leidensfähigkeit, der Zerbrechlichkeit, aber auch der Fehlbarkeit und Schuldfähigkeit (Gabriel Franke). Sie gehören (als Un-Fug) zum Menschsein und können nicht getilgt werden, ohne die Welt des Menschen, seine Einzigartigkeit, seine Verantwortung und seine Liebesfähigkeit zu zerstören. Auch Eugenik bedeutet Herrschaft des Menschen über den Menschen, Unterwerfung der nächsten Generationen (Jürgen Habermas) in ihrer Leiblichkeit dem Gutdünken anderer. Freiheit ist offenzulassen.
- Was darf ich nicht hoffen? Das Hereinholen der Transzendenz in diese Realität, etwa im Sinn einer transhumanen Unsterblichkeit und anderer eschatologischer Versprechen. In Ideologien „wird die Reduktion eschatologischer Bilder auf intraempirische Zwecksetzungen sichtbar gemacht" (Rentsch). Das gilt in eminenter Weise für die marxistischen Utopien einer gerechten Sozialordnung, nicht weniger aber für die Genderideologie, welche die Bedeutung des Geschlechts in ein allgemein nur noch menschliches Dasein aufheben will. Unsterblichkeit und Geschlechtslosigkeit werden zur technischen Dienstleistung. Die

[7] Werner Arber, Betrachtung über die Beziehungen zwischen den Wissenschaften und religiösem Glauben, in: Acta medica catholica helvetica 16, 1 (2014), 23.

Heilung des gebrochenen Daseins wird mechanisiert. Hinter eine religiös begründete Transzendenz fällt jede technisch instrumentalisierte „Transzendenz" weit zurück. Wolfgang Frühwald: „Die Wissenschaft wird viel zur Erleichterung der Mühsal dieses Lebens beitragen können, ihre Allmachtsphantasien aber, ihre Utopien des ‚optimierten Menschen' sind Schreckensvisionen, die wir deshalb anzweifeln müssen, weil der Mensch als ein zerbrechliches, überkomplexes Wesen in der gebrechlichen Einrichtung der Welt zuhause ist."

- Was ist der Mensch nicht? Nicht sich selbst erklärend; vielmehr sich selbst übersteigend, „mehr als er selbst". Seine Unbestimmbarkeit meint wesentlich Freiheit. Zu dieser Offenheit gehören alle Bezüge zum Mitmenschen, Vertrauen, Gefühlswelt, Liebe, auch Sprache, die nicht normiert werden kann, wie sich sprachkritisch zeigen lässt. Gerade der Leib und seine eigene Sprache lassen sich nicht auf ein Tier oder auf eine Maschine reduzieren. Menschenwürde ist sinnkonstitutiv umverfügbar. Technische Hilfe ist nur dann verantwortlich, wenn sie spezifisch menschliche Möglichkeiten freisetzt, nicht aber wenn sie diese Möglichkeiten maschinell ersetzt.

Vernunft und Glaube

Stringent mündet die Diskussion der vier Leitfragen in die Betonung menschlicher Leiblichkeit und ihrer sinnlich-sinnhaften (emotionalen, sensomotorischen) Wahrnehmung von Welt, in die konstitutive Relation zu einem Du, in die elementare Befähigung zur Freiheit und in ein differenziert ausgeführtes Holon der Person. Der Mensch lebt „auf hin" und „von her"; so die menschliche Natur und erst recht die Kultur. Die Größe der Natur ist, dass sie eigentlich nascitura heißt: die, welche geboren werden will. Gerade die Natur sucht die freie Mitwirkung des Menschen an seinem „auf hin": dass er seine Ausrichtung bejaht und vollzieht. Auf den Ursprung hin ist das Geschöpf geschaffen, es trägt sein Merkmal von dort, woher es kommt.

All das sind Merkmale der biblischen Tradition. Viele Anstöße vor allem der jüdisch-christlichen Überlieferung sind provokativ in das philosophische Denken eingegangen, auch noch als Kontrastbindung: Die zweitausendjährige Symbiose von Theologie- und Philosophiegeschichte kann nicht einfach ohne Verlust auf beiden Seiten aufgelöst werden.

Die okzidentale Rationalität kann ohnehin nur oberflächlich in einen Gegensatz zur Religion gesetzt werden; die Gegenüberstellung von Wissen und Glauben enthält, schon im Blick auf große Namen der Philosophie, ein – freilich gern gepflegtes - Missverständnis. Papst Benedikt XVI. hat die Beziehung von Vernunft und Glaube zu einem Großthema seines Pontifikats gemacht.

So kann Religionsphilosophie zeigen, dass Vernunft, *nous*, nicht im eigenmächtigen Agieren, sondern im Vernehmen, im Sich-nehmen-Lassen von dem, was sich zeigt, zu sich selbst kommt: ja sogar in der Blendung durch das Licht außerhalb der „Höhle" der Welt, wie Platon entfaltet. Solche Blendungen haben die Philosophie zur Begleiterin aller Arten von Wahrheitssuche gemacht. Sie führt mit dem „unverfügbaren Dasein" bis zur Schwelle des unverfügbar Transzendenten.

„Das eigentliche Zentrum des politischen Lebens liegt im Transpolitischen: im Bewusstsein einer Verantwortung, für das Dasein gegenüber einer letzten religiösen Instanz. Sobald das nicht wirksam ist, stocken überall die Vorgänge; und an Stelle der nicht vorhandenen Evidenz und Unmittelbarkeit treten Misstrauen, Kontrolle, Zwang, List"[8] - die Ideologie.

---

[8] Romano Guardini, Ethik. Vorlesungen an der Universität München, Bd. 2, 867. Vgl. Seyyed Hossein Nasr, Die Erkenntnis und das Heilige, New York 1981, München 1990: „Die natürliche Theologie im Sinne Platons - darüber hinaus die Scientia Sacra - wird gänzlich unmöglich, wenn der Intellekt nur auf den Verstand und seine Intelligenz reduziert wird (also ohne seine natürliche/übernatürliche Erkenntnis/Vernunft) und damit der heilige Charakter der Natur und deren mathematisch-logisch-rationale Gesetze verloren geht, so dass diese Gesetze (die ja nichts anderes sind als eine Abspiegelung der Weltvernunft als Königsweg zum Heiligen) vom Heiligen emanzipiert, zur Zerstörung des Erkenntnisaktes eingesetzt werden. Und zwar indem mit dieser profanen, auf analytische Denkfunktionen reduzierten Wissenschaft die heiligsten Lehren und Formen im innersten Kreis der Religion untersucht werden - wie etwa mittels einer säkularen Hermeneutik."

Eschaton: Fleisch und Leben

Aber die Eschatologie, das Ansichtigwerden des Urlebens, ist nicht erst für später zu erwarten; theologisch (johanneisch) korrekt ist vielmehr, dass seit der Menschwerdung, dem Eintritt Gottes in die Erde, das *eschaton* schon begonnen hat: als (Selbst-)Aufdeckung des unendlichen Lebens, antwortend der scheinbaren Tödlichkeit des Daseins. Die Sakramente *sind reale Gegenwart* eines Horizontes der Fülle.

Michel Henry hat in seinem Werk über *Fleischwerdung*[9] auf die bestürzend neue Bedeutung des „Fleisches" für das heutige postmoderne, dekonstruktivistische Denken über Gott verwiesen. Mit dem Fleisch ist unausweichlich der Schmerz thematisiert: die große, unabweisbare Bestätigung für das Ich in seiner Grenze. Schmerz lässt keine virtuellen Spiele mehr zu, Schmerz kommt dem „Ich" zu, offenbart dessen Unaustauschbarkeit. Postmoderne Alternativen des Immer-wieder-Andersseins verschwinden im Schmerz: Er nagelt das Ich auf Jetzt und Hier fest. Fleisch ist die Grenze der Identität, in nichts deutlicher manifest als am leibhaften Schmerz, der sich der Fiktion entzieht durch klare, harte Präsenz. Dass wir auf unsere Fragen eine Schaufel Erde in den Mund erhalten, wie Heine bemerkte, macht den Leib und seine Endlichkeit zur Letztstelle der Ich-Erfahrung.

Eben dies markiert zugleich die Bedeutung der Fleischwerdung Gottes: Eintritt in den Schmerz, in das Ich, in das Unleugbare des Hiesigen. Daher zeugt von seiner *Anwesenheit* nicht allein das Sakrament, sondern gleichfalls nach wie vor die Erinnerung an seinen Schmerz: „in Blut und Wunden Dein geschändet Haupt"[10]. *Memoria passionis* ist die Mitte des christlichen Kultes, wie Johann Baptist Metz unterscheidend unterstrich. Verflüchtigungen in die Hinterwelt sind schon angesichts dieses welthaltigen Schmerzes unmöglich.

---

[9] Michel Henry, Inkarnation (frz.: Incarnation), übers. v. Rolf Kühn, Freiburg 2002.

[10] Ida Friederike Görres (1901-1971), Epiphanie, in: Görres, Der verborgene Schatz. Gedichte, Frankfurt (Knecht) 1949, 49; Nachdruck Dresden 2001.

Deswegen ist die Fleischwerdung Gottes die große Herausforderung - kann Gott überhaupt Leib und Geschlecht (und damit den Schmerz) annehmen? Wäre das Ohr nicht so abgestumpft, wäre das eine Explosion. Der Sohn Gottes und Marias ist entgegen allen Idealisierungen leibloser Göttlichkeit die eigentliche Unterscheidung von anderen religiösen Traditionen, sogar vom Judentum. *caro cardo* – Fleisch ist der Angelpunkt. Damit kommt der Leib in ein neues, unerschöpfliches Licht – bis zur leibhaften Auferstehung zu todlosem Leben. Das ist kein naiver Naturbegriff mehr, sondern die schöpferische Überführung von Natur in kultivierte, angenommene, endliche Natur. Nie wird nur primitive Natur durch Christentum (und Judentum) verherrlicht: Sie ist vielmehr selbst in den Raum des Göttlichen zu heben, muss dort geheilt werden. Auch der Eros wird in den Bereich des Heiligen gestellt: im Sakrament. Auch Zeugung und Geburt werden in den Bereich des Heiligen gestellt: Sie sind paradiesisch verliehene Gaben (Gen 1,28). „Geschlecht ist Feier des Lebens“ (Thomas Mann).

Die wirkliche menschliche Natur des Gottmenschen löst die leidvolle menschliche Natur. Ihm zu folgen, meint, die versehrte menschliche Natur in seinen Radius stellen, sich vollenden lassen, wo wir nur wechselnde Neigungen haben. Wo es angeblich keine allgemeine Natur des Menschen gibt, sondern nur „Freiheit“ (so in den Epizentren der Häresie), gibt es nur Entscheidungen von irgendjemand zu irgendetwas, aber keine grundsätzliche Befreiung unserer Natur. Die Fleischwerdung Jesu wäre dann überflüssig, auch sein Tod, auch seine Auferstehung. Immer vollziehen sie sich im Fleisch.

Leib - Liebe - Lust: Alle drei Bausteine gründen in der Natur, werden geformt in Kultur, werden schön und menschlich in der personalen Beziehung: Ich meine dich allein - für immer - freue mich auf unser Kind. Das ist die Antwort, die wir einander geben und die wir von dem Geliebten hören wollen. Aber diese Antwort wird überdreht, wenn sie nicht auf unsere Natur gegründet, nicht hoffnungsvoll gegeben wird in der Hoffnung auf göttliche Hilfe. Leiblos - lieblos - lustlos sind heute schon Erfahrungen einer Cyberwelt: Sie bietet unentwegt Lust an, virtuell ohne Leib, real ohne einen wirklichen Anderen oder mit wechselnden Anderen oder mit Vinyl-Sexpuppen, virtuell ohne Kinder: nur in Abwehr und Verhütung. Liebe, die keine Dauer will, Lust, die mir selbst gilt, Leib, den ich selbst schnitze ...: lauter Bruchstücke eines Ganzen, das den Sinn zerbricht.

Eschaton: die Hoch-Zeit

Das Johannes-Evangelium (Joh 2,1-12) setzt schon an den Beginn des öffentlichen Wirkens Jesu das Fest aller Feste: eine Hochzeit. Der Herr wandelt als Gast die bäuerliche Feier in Kana ins aufblitzend Große: in ein Fest von unfasslicher Fülle.

Wie grämlich nehmen sich daneben die religionskritischen Verdächtigungen aus: Die Lehre Christi sei traurig und weltflüchtig. Ja, es gibt die erschütternden Stellen der Trauer Christi, die sich zum Leiden am Vergeblichen verdichtet. Aber unterfangen, durchstrahlt ist sein Dasein von dem Auftakt: Wasser wird Wein. Und diese Ouvertüre ist überdies angekündigt als Finale. Der Alltag stolpert zwar schweren Fußes und gedankenlos durch die Zeit, aber das Evangelium hat das Ziel unbeirrbar im Auge: ein Hochzeitsmahl.

So öffnet sich das dörfliche Haus zum überirdischen Festsaal. Auch der Gast öffnet sich: Plötzlich ist der Unauffällige der wirkliche Bräutigam. Heute wandelt er Wasser, drei Jahre später wird er Wein wandeln in se

in eigenes Blut. Es ist der letzte Trank, den er anzubieten hat, über alles Begreifen hinaus.

Aber in Kana fängt das Unbegreifliche schon an: das Atemholen, die große Freude, der mächtige Flügelschlag, der strömende Reichtum. Das ist das Eschaton, auf das die Wartenden zugehen.

Die Utopia-Methode:

Kulturkampf gegen Freiheit und Christentum

Giuseppe Gracia

1. Wie funktioniert die Utopia-Methode als Instrument des Kulturkampfes?
2. Wie reagiert die Leitung der Kirche darauf?
3. Was sind die Alternativen? Chancen und Gefahren

1.Die Utopia-Methode

In Europa und in den USA wächst der öffentliche Druck insbesondere auf die Meinungsfreiheit und die Religionsfreiheit. Ein bevormundender Staat und seine Apologeten in den Medien wollen eine neue, postchristliche Moral durchsetzen – im Namen von Anti-Diskriminierung, Anti-Rassismus, Anti-Nationalismus und Klimaschutz.

Internationale Organisationen und Konferenzen rufen globale Krisen aus, die nach einer Zentralisierung der Macht verlangen. Krisen als Legitimation für ein Zurückbinden von Demokratie und Föderalismus. Versprochen wird nicht nur das Ende der zerstörerischen Effekte einer marktliberalen, kapitalistischen Gesellschaft. Damit verbunden ist der Glaube an das *Social Engineering* zur Schaffung einer besseren, umweltverträglichen Gesellschaft.

Um diesen Glauben zu verstehen, kann es helfen, die Propaganda-Methode zu verstehen, mit der viele NGOs, Aktivistengruppen, Medien und Regierungen arbeiten und besonders die junge Generation überzeugen. Die Methode, mit der öffentlichkeitswirksame Narrative aufgebaut und gegen die westliche Kultur in Stellung gebracht werden.

Die „Utopia-Methode" funktioniert folgendermaßen: Ich vergleiche eine vorgefundene menschliche oder gesellschaftliche Realität mit einem

Wunschbild, das nirgends existiert, sondern das mir vielmehr dazu dient, Fundamentalkritik zu legitimieren.

Statt also zum Beispiel die Realität und Geschichte des Westens mit der Realität und Geschichte anderer Kulturen zu vergleichen – etwa in China, Afrika oder im islamischen Raum – vergleiche ich die westliche Realität mit Utopia.

Diese Methode hat nichts mit Selbstkritik oder Hoffnung auf eine gute Zukunft zu tun. Idealismus, Verbesserungswillen und kritische Geister braucht jede offene Gesellschaft, um sich zu entwickeln. Idealismus, Verbesserungswille und kritische Geister gehören zum Fundament des Westens. Doch das bringt die „Utopia-Methode" nicht hervor.

Der Grund ist denkbar einfach: Wenn ich zum Beispiel meinen real existierenden Ehepartner nehme, der zwar liebevoll ist, aber nicht immer, zwar eine Lebenshilfe, aber nicht immer – der also wie wir alle Fehler und Schwächen hat – und wenn ich diesen Menschen mit einer Traumprinzessin oder einem Traumprinzen vergleiche, dann wird die Enttäuschung über den realen Menschen zunehmen. Das Gleiche gilt für Kinder, Geschwister, Eltern, Freunde und auch für mich selbst. Verglichen mit Menschen aus der Traumfabrik mutieren echte Menschen mehr oder weniger zu Sonderlingen, Spießern, Halbgestörten. Verglichen mit der Utopie einer Disneyland- Familie ohne Abgründe sind wir alle gestört. Der Wunsch nach einer besseren Familie ist am Ende nichts anderes als der Wunsch nach einer besseren Menschheit.

Politisch bedeutet die „Utopia-Methode" nun einfach, dass ich dieses Prinzip auf die gesamte Gesellschaft übertrage. Das führt zu jener wachsenden Empörung über die westliche Kultur, wie wir sie seit einigen Jahren erleben auf den Straßen, in den Medien, auf der politischen Bühne: Anklageschriften und Proteste, Polarisierung, Skandalisierung. Immer neue Schattenseiten und Ungerechtigkeiten unserer Gesellschaft werden beklagt. Jede real existierende Gesellschaft kann gegen Utopia nur verlieren, umso mehr, als es zur „Utopia-Methode" gehört, die eigene Realität nicht nur mit der Wunschrealität zu vergleichen, sondern auch die Realität im Rest der Welt auszublenden.

Menschenrechte, Wohlstandsniveau oder Selbstbestimmung der Frau in arabischen Ländern? Machtpolitik und Klimasünden in China? Meinungsfreiheit in Nordkorea? Wer mit der Utopia-Methode Stimmung gegen den Westen machen will, muss solche Realitäten ausblenden. Im Vergleich mit dem Rest der Welt, nach dem Maßstab vorgefundener Wirklichkeiten, würde der Westen nämlich relativ gut abschneiden. Es würde sich zeigen: Christentum, Liberalismus und Freihandel sind keine schlechten Grundlagen, um eine Gesellschaft zu gestalten.

Genau deshalb ist ein solcher Vergleich unerwünscht. Der real existierende Kapitalismus im Vergleich zum real existierenden Sozialismus à la Nordkorea oder Venezuela? Nein. Lieber die bösen Konzerne im Vergleich zu einem theoretischen, gerechten Sozialismus, den es nirgends gibt.

Bei der Klimapolitik verhält es sich ähnlich: Man vergleicht die westliche Umweltpolitik nicht mit der politischen und industriellen Realität in China, Indien oder Afrika. Stattdessen fragt man: Wie lange dauert es, bis Europa und die USA emissionsfrei sind? Dabei dominiert die sogenannte „Non-Human-Perspective". Das bedeutet: Die Auswirkungen der Menschheit auf die Umwelt werden nach dem utopischen Ideal einer Umwelt *ohne* Menschen und ohne ihre Maschinen beurteilt. Man fragt nicht: Wie viele Jobs, wieviel Gesundheit und Schutz gegen Kälte und Sturm bringen geheizte Häuser in Entwicklungsländern? Wie viele Millionen Menschenleben wurden so gerettet? Wieviel Grundversorgung und Sicherheit hat die Energiewirtschaft seit Beginn der industriellen Revolution ermöglicht? Wieviel medizinischen Fortschritt hat die Chemieindustrie ermöglicht? Nein, sondern man fragt: Wie wäre es, wenn alle diese Techniken und Umweltbelastungen nicht wären? Ginge es dem Wald, dem Meer und den Tieren nicht besser? Und letztlich: Können wir nicht so leben, als wären wir gar nicht da, damit der Planet seine Ruhe hat? Es ist der Traum eines unberührten Paradieses für Tier und Umwelt, ohne die Zumutungen realmenschlicher Zivilisation, die im Grunde verachtet wird.

Die Utopia-Methode führt zu einer von der Realität abgekoppelten Moralisierung der Politik, ja, zu einem *quasi-religiösen* Politikverständnis, ähnlich wie beim Marxismus, der von der säkularisierten Heilserwartung einer klassenlosen Menschheit ausgegangen war.

Ein gefährlicher Weg, auch heute wieder. Die Wirklichkeit des Menschen darf nicht an Utopien gemessen werden. Zum Wesen einer menschenfreundlichen Politik mit Bodenhaftung gehört es vielmehr, dass sie nicht den Himmel auf Erden verspricht.

Staat und Religion, politische Programme und Heilserwartungen werden auseinandergehalten. Politik dient der Freiheit des Menschen am besten dann, wenn sie pragmatisch bleibt. Wenn sie um einen fairen Ausgleich der Interessengruppen in einer pluralistischen Gesellschaft ringt und wenn sich alles, was sie tut, demokratisch legitimieren lässt. Wenn sie – statt auf Bevormundung – auf die Mündigkeit des Bürgers setzt, der sein Leben selbst verantwortet. Eine solche Politik weiß, dass das Heil der Gesellschaft ebenso wie die Herzensbildung des Einzelnen keine Staatsaufgabe ist, sondern Sache der Menschen. Sache der Familie, der Erziehung, der Religion.

Es ist noch nicht lange her, da war unseren Regierungen klar: Der Staat lebt von Voraussetzungen, die er nicht selbst hervorbringen kann, und das Christentum gehört zu diesen Voraussetzungen. Das ist heute nicht mehr konsensfähig. Der Massenwohlstand und große technologische Innovationen begünstigen einen Machbarkeitswahn, zu dem die Vorstellung gehört, dass es das Christentum nicht mehr braucht, dass es Gott nicht mehr braucht.

Heute dürften viele Menschen denken, dass die Freiheitgeschichte des Westens nicht dank des Christentums entstanden ist, sondern *gegen* das Christentum. Sie glauben, freies, wissenschaftliches Denken oder Freiheit des Gewissens seien die Folge einer allgemeinen Evolution der menschlichen Vernunft. Einer Evolution, die nach der Überwindung der Religion gleichsam von Natur aus zu einer besseren Gesellschaft geführt hat. Ein bisschen so, wie sich das Wetter naturhaften Prozessen verdankt ohne das Zutun eines Wettergottes. Nach dieser Logik haben uns die französische und deutsche Aufklärung sozusagen gutes, aufgeklärtes Wetter gebracht: eine Art ausgedehntes, humanistisches Hochdruckgebiet, ausgelöst von den „Idealen der Aufklärung“: Freiheit, Gleichheit, Brüderlichkeit. Wobei die Frage, woher diese Ideale kommen, in der Regel einfach mit der Aufklärung selbst beantwortet wird. Ähnlich wie beim Urknall, der auch irgendwie sich selbst hervorgebracht hat. Oder man denkt sich, gefragt nach den Wurzeln der Aufklärung, ungefähr Folgendes: „Der Mensch ist eben von Natur aus gut. Wenn man es zulässt, dass er seine Vernunft und seine Moral frei gebraucht, befreit von den bösen monotheistischen Religionen mit ihrem Absolutheitsanspruch, dann kann die Gesellschaft aufatmen und wird gut.“

Der freie Mensch und seine Vernunft – von Natur aus gut. Daran lässt sich nur dann glauben, wenn man noch jung ist. Und vor allem, wenn man das 20. Jahrhundert ausblendet, das bekanntlich auf die französische und deutsche Aufklärung folgte. Das 20. Jahrhundert hat uns nicht das Licht von Vernunft und Fortschritt gebracht, sondern Kommunismus und Nationalsozialismus. Resultat: rund 150 Millionen Tote. Nach dieser Erschütterung der Zivilisation muss man schon viel Wunschdenken aufbringen, um von der guten Natur des Menschen zu sprechen.

Historisch gesehen ist es eine Tatsache, dass sich die Ideale der Aufklärung nicht aus sich selbst entwickelt haben, sondern aus Judentum und Christentum. Die Menschenrechte wurzeln in der biblischen Gottesebenbildlichkeit des Menschen. Dass jeder Mensch die gleiche Würde besitzt, König wie Bettler, Bürger wie Sklave, Frau wie Mann, Erwachsener wie Baby im Mutterleib – diese Überzeugung wäre undenkbar geblieben ohne die Offenbarung des biblischen Gottes. Sie war undenkbar im alten Orient, sie war undenkbar in der griechischen wie in der römischen Antike. Sie war und ist bis heute undenkbar in der gesamten chinesischen Geschichte - sowie in der gesamten islamischen Welt. Bis zum heutigen Tag werden die Menschenrechte nur in jenen Gebieten der Erde anerkannt und vom Staat ernst genommen, wo Judentum oder Christentum eine wesentliche Rolle gespielt haben.

Nicht in China, nicht in Nordkorea, nicht in muslimisch geprägten Staaten. Trotzdem wagt man es in unseren Breitengraden kaum noch, das Christentum hochzuhalten. Man scheint sich von einer postchristlichen

Gesellschaft mehr zu versprechen. Mehr Freiheit, Lebensfülle, Toleranz. Ohne sich darüber im Klaren zu sein, dass diese Wünsche Früchte des Baumes sind, den man ablehnt.

Oder man kann auch sagen, dass die Menschen heute noch gar nicht wissen, was das eines Tages wirklich bedeuten wird: ein Leben ohne Christus, eine Gesellschaft ohne Offenheit für die Liebe Gottes.

Um diesen Gedanken zu vertiefen, kann man sich ein schönes, großes mehrstöckiges Haus vorstellen. Ein Haus der Freiheit, getragen vom Fundament der biblischen Gottesebenbildlichkeit. Ein Haus, das etwa 2000 Jahre alt ist, erstaunlich widerstandsfähig. Das Haus des Westens.

Seit der Geburt von Jesus Christus ist dieses Haus immer größer geworden. Es bietet viel Raum für Kinder, Alte, Kranke und Schwache. Denn die Zehn Gebote gehören fest zur Hausordnung. Darüber hinaus hat Jesus eine gute Zentralheizung eingebaut. Die Zentralheizung der christlichen Zivilisation. Diese wärmt die Stockwerke des Hauses und schützt gegen die harten Winter. Aber eines Tages geschieht etwas. Genauer gesagt, ist es bereits geschehen, vor etwa 300 Jahren. Da sind einige Bewohner (Philosophen, Politiker, Mathematiker, Ingenieure) zur Überzeugung gelangt, dass sie vieles an der Hausordnung nicht mögen, ja dass man einige der religiös begründeten Regeln als kritischer, freier Mensch ablehnen muss. Selbst die Zentralheizung wurde abgelehnt. Nicht deshalb, weil man gern eine andere Zivilisation mit anderen Temperaturen gehabt hätte, sondern weil die kritischen Bewohner die Vorstellung grundsätzlich nicht mochten, bei der Planung, beim Bau des Hauses und bei den Hausregeln nicht dabei gewesen zu sein. Man hat sie nie gefragt, ob sie ein solches Haus überhaupt wollen, ob sie eine solche Zentralheizung mit religiösem Treibstoff wollen. Ob sie nicht lieber etwas anderes, Moderneres wollen. Kurz: Sie waren sehr unzufrieden damit, dass sie so wenig zu sagen hatten. Deswegen haben sie die Hausordnung auf den Kopf gestellt und die Zentralheizung abgeschaltet. Sie haben zur Rechtfertigung ihrer Handlungen kluge Bücher geschrieben und Bildungseinrichtungen aufgebaut, in denen gelehrt wird, dass sie – als kritische, denkende Mitbewohner – sehr klug und mutig handeln.

Dies begann, wie gesagt, vor etwa 300 Jahren. Seither läuft die Zentralheizung, die sich im Keller befindet, nicht mehr. Die Mehrheit der Bewohner hat sich inzwischen daran gewöhnt und findet das ganz in Ordnung. Und zwar deshalb, weil sie im Vergleich zu früher keinen großen Temperaturunterschied wahrnimmt. Sie leben in den modernen Wohnräumen des 21. Jahrhunderts. Das heißt: In den Zimmern des 21. Stockwerks. Dort, im 21. Stockwerk, spürt man den Ausfall der Zentralheizung nicht. Es gibt genügend Restwärme. Bekanntlich steigt Wärme nach oben. So denken die Bewohner, dass ihr Zimmer keine christliche Zentralheizung braucht. Sie glauben, das Christentum nicht nötig zu haben. Und wie sollen sie auch auf die Idee kommen, dass ihnen etwas fehlt? Wie kann man jemandem klar machen, dass er bald frieren wird, wenn ihm noch warm ist?

Ich glaube, dies beschreibt gut die Situation des Christseins im heutigen Westen. Es ist eine Zeit, die nicht realisiert, dass sich die Restwärme verflüchtigt und sich bald zeigen wird, was das heißt: eine Gesellschaft ohne die Offenheit für das Licht Gottes. Nach der Schrift „Das Ende der Neuzeit" von Romano Guardini wird es eine dunkle Zeit werden. Die Halbheiten und Lauwarmigkeiten werden verschwinden, die diffusen Wertedebatten, die heute Mode sind und die keine Kraft haben gegen die gesellschaftliche Abkühlung, gegen das seelische Lichterlöschen, das sich bereits an vielen Orten der Gesellschaft zeigt. Dazu muss man nicht einmal von den vielen Millionen Abtreibungen sprechen, die jedes Jahr durchgeführt werden. Oder davon, dass in vielen Staaten Froschlaiche bereits mehr rechtlichen Schutz genießen als menschliche Embryonen. Es genügt, die tägliche Ökonomisierung des Lebens zu beobachten. Eine Totalverwertung des Menschen im Labor, im Mutterleib, in der Schule, durch die Arbeit- und Freizeitindustrie bis ans Sterbebett – mit einem effizienten Tod durch chemische Mitleidstötung.

2. Wie reagiert die Leitung der Kirche auf die beschriebenen Entwicklungen?

Ein Blick auf die Verlautbarungen der Kirchenleitung der letzten Jahre, gerade bei den Bischöfen in Westeuropa, drängt nicht zur Feststellung, man bemühe sich darum, unsere Zeit theologisch zu deuten im Licht des Evangeliums. Der Zeitgeist wird selten aus christlicher Sicht analysiert mit der Weisheit der Tradition, um den Gläubigen Orientierung zu bieten. Auch bei der Kommunikation des Papstes findet sich unter den kirchenpolitischen, weltpolitischen oder moralisch-mahnenden Worten keine theologische Einordnung der Gegenwart.

Die totalitären Gefahren einer utopischen Politik bleiben Randthema. Die Öffentlichkeit hört wenig über den Unterschied zwischen Utopie, Ideologie und Eschatologie. Dabei wäre die Kirche dazu prädestiniert, Klarheit zu schaffen. Etwa durch den Hinweis, dass auch die edelsten Pläne für eine bessere Gesellschaft bereits an der Tatsache scheitern, dass sie nicht mit der Erbsünde rechnen, dass sie den Menschen mehr oder weniger als Produkt seiner ökonomisch-sozialen Umwelt deuten; dass sie glauben, durch Verbesserung dieser Umwelt den Menschen ebenfalls verbessern zu können. Oder mit den Worten des Schriftstellers Gilbert Keith Chesterton: „Die Erbauer Utopias haben den Eckstein der Erbsünde verworfen."

Auch das Erkalten einer digitalen Gesellschaft, die Gott aus dem Blickfeld verliert und die den Menschen vom Geschöpf zum Produkt degradiert, thematisiert die Kirchenleitung kaum. Diese ist absorbiert von internen Richtungskämpfen, von Macht- und Ämterfragen. Das führt zu einem, wie ich es nenne, strukturellen Narzissmus. Vor etwa 30 Jahren hatte Papst Johannes Paul II. angemahnt, die Kirche müsse den „Kampf um die Seele dieser Welt" führen. Ich glaube, es ist nicht unfair zu sagen, dass die Kirchenleitung nicht um die Seele der Welt kämpft, sondern um sich selbst.

Wenn es einmal zu größeren Medienauftritten der Hirten kommt, dann versuchen viele, barmherzig zu sein im Sinn einer Hierarchie, die sich um den Einzelnen und seine Sondersituation sorgt. Die Lebenswirklichkeit des Einzelnen, das ist jetzt wichtig. Dies wiederum wird von glaubenstreuen Katholiken kritisiert. Sie mahnen die Gefahr an, im Namen der Nächstenliebe werde die Wahrheit des Glaubens untergraben. Oder man erhoffe sich eine Art moralisch-geistige Evolution, nach der alle Kulturen irgendwie *unterwegs* seien in Richtung christlicher Ideale wie Liebe, Selbsthingabe usw. Ideale, die nur selten voll verwirklicht werden könnten und die man daher auch nicht „legalistisch" einfordern dürfe. Die Kritiker warnen davor, dass man – durch die pastorale Hintertür – das Gift des Relativismus und Subjektivismus ins Herz der Kirche eindringen lässt, während man auf der progressiven Seite betont, dass es darum gehe, niemanden auszuschließen. Man dürfe Minderheiten oder Gläubige in schwierigen Situationen nicht von oben herab belehren, sondern müsse „differenzieren" und „unterscheiden".

Aber so sehr die Hirten hier das Differenzieren bemühen, so wird zur gleichen Zeit eine tatsächlich wesentliche Differenzierung der Kirche vernachlässigt. Ich meine die Unterscheidung zwischen den Grundvollzügen der Kirche, etwa Liturgie, Verkündigung und Seelsorge. Gerade die Unterscheidung zwischen Seelsorge und Verkündigung wird nicht mehr gemacht. Ich würde sogar sagen: Eine massenmedial ausgetragene Seelsorge ist an die Stelle der Glaubensverkündigung getreten. Das pastorale Reden, die Sorge um Einzelfälle und Ausnahmen – eigentlich Gegenstand des persönlichen Gesprächs oder der Beichte – dominiert die Kommunikation. Man möchte feinfühlig sein. Und auch ich bin ja froh, wenn mir der Priester im Beichtstuhl nicht den Katechismus um die Ohren haut, sondern sensibel auf meine Schwächen eingeht. Aber das ist gerade in einer Mediengesellschaft kein Ersatz für öffentliche Verkündigung.

Das säkulare Mediensystem engt alles, was der Mensch sagt oder tut, auf weltlich- politische Kategorien ein. Die Globalisierung der Kommunikation hat die Öffentlichkeitsbildung radikal verändert. Der kirchliche Umgang mit dieser Realität erfordert neue Kompetenzen – und wesentlich andere als die Seelsorge. Wenn zum Beispiel ein Seelsorger, der die

Menschen liebt, einem Homosexuellen sagt, er wolle ihn nicht verurteilen, ist das christlich. Aber wenn sich, rein hypothetisch, dieser Seelsorger in einem Flugzeug befindet und das Gleiche zu den Medien sagt, dann dringen seine Worte in den politischen und kommerziellen Raum der massenmedialen Verwertung. Dann wird daraus Politik. Säkulare Massenmedien können gar nicht anders, als Ereignisse diesseitig-horizontal zu deuten, und wenn nicht politisch, dann soziologisch, kulturhistorisch usw. Die transzendente, göttliche Dimension einer Botschaft? Nein, Leser und Zuschauer wollen eine handfeste Story. „Kirche urteilt nicht mehr über Homosexuelle." Ja, das ist eine Story. Und das nächste Kapitel? „Kirche ändert Sexualmoral." Und dann: „Die Geltung der Zehn Gebote hängt nun vom persönlichen Gewissen ab." So entwickeln sich Medien-Narrative, wenn die pastorale Rede die Verkündigung ersetzt.

Deswegen ist es wichtig, den Wesensunterschied zwischen pastoraler und öffentlicher Kommunikation zu verstehen. *Warum* die heutige Kirchenleitung den Unterschied negiert, das mag unterschiedliche Gründe haben. Inkompetenz, Angst vor dem Tribunal der Öffentlichkeit, Opportunismus? Schwer zu sagen. Vielleicht setzen einige bewusst auf *Orthopraxie* statt Orthodoxie. Vielleicht wollen sie die Lehre der Kirche durch eine neue Praxis aufweichen. Vielleicht sind andere einfach feige. Wer sucht freiwillig das mediale Martyrium? Vielleicht möchte man durch das Weglassen unbeliebter Inhalte weiterhin im Mainstream mitschwimmen. Mitschwimmen als sanfter, urteilsfreier Seelsorger. Das kann bis zur Gefallsucht führen. Oder zum „Stockholm-Syndrom" gegenüber dem sprungbereiten Social- Media-Mob: sich verbünden mit dem eigenen Geiselnehmer.

Was immer die Ursachen sind, Tatsache ist: In den letzten Jahren wurde die Verkündigung als Aufgabe der Bischöfe und Kardinäle in den Hintergrund gedrängt. Man erklärt nicht mehr, was die Kirche in jedem Fall für wahr oder falsch hält, für gut oder schlecht. Sondern man erklärt, warum jeder Fall anders ist und warum keine dogmatischen Aussagen mehr möglich sind, weil das unbarmherzig wäre. Leider ist das in der Kirchengeschichte nicht neu.

Wir begehen in diesem Jahr den 400. Geburtstag des Mathematikers, Literaten und Philosophen Blaise Pascal. Er wurde am 19. Juni 1623 in Clermont-Ferrand geboren. In seinen „Briefen in die Provinz“ - Les Provinciales – setzte er sich mit der Moraltheologie der Jesuiten auseinander. Diese unterminierten mit sophistischer Kasuistik die Sittenlehre der Kirche und verkehrten sie teilweise in ihr Gegenteil. In Pascals fünftem Brief in die Provinz vom März 1656 steht zu lesen: „Sie müssen wissen, dass es keineswegs das Ziel der Jesuiten ist, die Sitten zu verderben: Das liegt ihnen fern. Allerdings ist ihre einzige Absicht auch nicht, sie zu bessern: Das wäre keine gute Politik. Ihr Gedanke ist vielmehr der folgende: Sie haben eine so hohe Meinung von sich selbst, dass sie es für das Wohl der Religion als nützlich und gleichsam unerlässlich erachten, dass sich ihr Einfluss überallhin erstreckt und die gesamte Seelenführung in ihrer Hand liegt. Da nun die strengen Grundsätze des Evangeliums wohl geeignet sind, um eine bestimmte Art von Menschen zu lenken, so bedienen sie sich ihrer immer dann, wenn es ihnen vorteilhaft erscheint. Aber da dieselben Grundsätze sich nicht mit dem vertragen, was die meisten Leute erstreben, so verzichten sie bei diesen auf sie, um alle Welt zufriedenstellen zu können. Und aus diesem Grund (...) benötigen sie Kasuisten, die sich dieser Unterschiedlichkeit anpassen.“

Das erste Memorandum der Pfarrer von Paris aus dem Jahr 1658, von Pascal als Ghostwriter verfasst, liest sich wie ein Bericht über die gegenwärtige Lage: „Die Lehren, die das Christentum der Welt anpassen sollen, wurden am Anfang nicht auf die äußerste Spitze getrieben. Man begann mit weniger krassen Lehrmeinungen, die man zunächst auch nur als bloße Zweifel hinstellte. Durch die Menge der Parteigänger, deren laxe Grundsätze überall zu hören waren, gewannen sie aber allmählich immer stärkeren Einfluss. Und nachdem sich einmal eine beträchtliche Gruppe von Kasuisten gebildet hatte, die solche Grundsätze vertraten, wussten die Verwalter der Kirche der dadurch gestifteten Verwirrung nichts entgegenzusetzen, weil sie einerseits fürchteten, so viele Leute vor den Kopf zu stoßen, andererseits aber hofften, diese irregeleiteten Menschen durch Sanftmut und Vernunft wieder auf den rechten Weg bringen zu können. Sie ertrugen sie daher mit einer Geduld, die der Gang der Ereignisse inzwischen nicht nur als nutzlos, sondern als schädlich erwiesen hat. Denn nachdem die Kasuisten einmal bemerkt hatten, dass sie schreiben durften, was sie wollten, haben sie in kurzer Zeit so viel geschrieben, dass die Kirche gegenwärtig unter der Last so vieler Bände nur noch stöhnt."

Nach diesen Worten können wir festhalten, ob zu Zeiten Pascals oder heute: Es gibt eine Illusion, der anscheinend viele Hirten anhängen. Es ist die Illusion, dass die Relativierung der Lehre der Kirche mit pastoralen Mitteln gute Früchte bringen könne; dass das Evangelium als pädagogisch-machtstrategisches Instrument eingesetzt werden dürfe; dass die Menschen sozusagen unter dem Radar des Katechismus zum Glauben verführt werden könnten.

Das Resultat ist eine taktierende Kirche. Auf dem Turm einer solchen Kirche erkennen wir nicht mehr ein in der Sonne aufscheinendes Kreuz, sondern die Windfahne, wie der Philosoph Nicolas Gomez Dávila sagt. Um fortschrittliche Zeitgenossen nicht vor den Kopf zu stoßen, sucht man die Mehrheitsfähigkeit – mit den Mitteln der Mehrdeutigkeit. Aber das wird am Ende durchschaut: Die Menschen fühlen sich manipuliert und misstrauen der Kirche. Nicht nur für Gläubige, die Orientierung suchen, ist das ein Verlust, sondern generell für die Gesellschaft. Der unverkürzte Glaube ist nämlich Salz der Erde, das ansonsten fehlt. Er zeigt den Weg zum Leben in Fülle und wirkt wie ein sakramentales Korrektiv: ein Korrektiv zur weltlichen Logik von Macht und Machbarkeit, Ausbeutung und Konsum.

Dass wir uns nicht falsch verstehen. Ich will die Welt nicht schlechtreden. Unsere Zeit bietet eine großartige Hightech-Kultur. Forschung, Medizin, Innovation: Für hunderte Millionen Menschen wurde ein unglaubliches Lebensniveau erreicht, ohne Vergleich in der Menschheitsgeschichte. Doch es gibt auch Gefahren. Etwa die Gefahr der Beschleunigung und Entgrenzung.

Entgrenzung im Digitalen:	Internet, Transhumanismus.
Entgrenzung im Familienleben:	Patchwork, Ehe für alle, Leihmutterschaft.

Entgrenzung im Sexuellen:	Sex ohne Fortpflanzung, Sex ohne Liebe, Fortpflanzung ohne Sex.
Entgrenzung im Politisch-Kulturellen:	Globalisierung, Auflösung des Nationalstaats.
Entgrenzung im Religiösen:	Patchwork-Religion, Weltethos.

Wenn man das alles berücksichtigt, dann erleben wir zwar einen nie gekannten Massenwohlstand. Zugleich droht die Unterwerfung des Menschen unter die Bedürfnisse von Technik, Wissenschaft und Markt. Es droht die *Verinnerlichung* der Maschinen- und Nutzenlogik in dem Sinne, dass wir uns *selber* über unsere Funktionen und unseren Nutzen definieren.

Die Existenz als Steigerung von Nutzen und Output: Das macht die Menschen leer und müde – Stichwort „Erschöpfungsdepression". Gerade in Westeuropa scheint die kulturelle Stimmung in den letzten Jahrzehnten – trotz Massenwohlstandes – gereizter, pessimistischer zu sein. Dazu passt, dass es heute mehr oder weniger salonfähig ist, die Menschheit insgesamt für missraten zu halten. Man schützt Wälder und Blumen, setzt sich ein für den Erhalt von Bienen und Berggorillas und natürlich für das Klima. Aber nicht für das werdende menschliche Leben, nicht gegen die millionenfache Kindstötung im Mutterleib. Viele betrachten bereits den Wunsch, Kinder in die Welt zu setzen, als Angriff auf die überlastete Natur. Dies fördert eine Stimmung, in der sich die geistliche Not unserer Epoche spiegelt: die *Herzenskrise* eines leer gewordenen Humanismus ohne Gott.

Dazu schweigt die Kirchenleitung überwiegend – und zwar sowohl auf der traditionalistischen wie auf der progressiven Seite. Die Progressiven sind meiner Meinung nach nicht auf Augenhöhe mit der Gegenwart, weil sie seit Jahrzehnten Probleme wälzen, die sie mit der Lehre und Ordnung der Kirche haben. Es ist, als seien sie in der Sexuellen Revolution des letzten Jahrhunderts steckengeblieben, die heute kein Zeichen der Zeit mehr ist und auch von denen, welche die Revolution gelebt haben, kritisch gesehen wird. Aber auch die Traditionalisten, die dem Zweiten Vatikanischen Konzil die Schuld an der aktuellen Lage geben, sind nicht auf der Höhe der Zeit. Sie scheinen noch tiefer in der Vergangenheit festzusitzen, irgendwo im Nachgang der Französischen Revolution. Das zeigt sich an ihrer Ablehnung der kirchlichen Erklärung „Dignitatis humanae“ zur Religionsfreiheit. Eine Erklärung, die den Vorrang der Person als Ebenbild Gottes vor jeder religiösen und politischen Macht betont, ohne den Wahrheitsanspruch des Glaubens zurückzunehmen. Zu sagen, dass Gott niemanden zur Wahrheit zwingt und deshalb auch die Kirche die Freiheit des Individuums achten müsse, ist eine Sache. Aber das bedeutet nicht, die Wahrheit Gottes und die Lehre der Kirche zu relativieren. Wer diesen Unterschied nicht versteht, der kann nicht auf Augenhöhe mit einer demokratisch-freiheitlichen Zeit leben. Der hat Angst vor dem Wahrheitsverlust des Glaubens und wird sich, aus dieser Angst heraus, den Gottesstaat zurückwünschen.

3. Was sind die Alternativen? Chancen und Gefahren

Ich fasse das bisher Gesagte zusammen: Der Westen erlebt einen politisch-medialen Kulturkampf, der fast alle Bereiche des Lebens durchdringt. Es ist ein neuer, digitaler Turmbau zu Babel. Die Utopie eines transnationalen Paradieses der Optimierung und des Wohlstandes ohne Christentum. Keine Offenbarung, kein Gott.

Auf diesen Größenwahn reagiert die Kirchenleitung mit einer Mischung aus Selbstkritik und öffentlicher Seelsorge, mit internen Richtungskämpfen, die nicht zur Kraft für den geistlichen Widerstand führen und den Menschen keinen Trost schenken, keine Orientierung und keine Hoffnung.

Ich will mich nicht in das übervolle Lager jener begeben, die es besser wissen als unsere Hirten, besser als der Papst. Ich habe keinen Plan, wie die Kirche zu retten ist. Ich weiß es nicht besser. Doch als Kritiker dieser Kirche, als deren treuer Sohn ich mich verstehe, will ich nicht beim negativen Beanstanden stehenbleiben. Wer sagt, was nicht gut läuft, der sollte auch ein paar positive Ideen präsentieren.

Solche Ideen finden wir, davon bin ich überzeugt, in der Kirche selbst. Ich meine das 2. Vatikanische Konzil, von dem man wohl sagen darf, dass es auch nach 60 Jahren noch kaum verstanden wurde. Es wird von der einen Seite benutzt als Legitimation für einen weltlichen Anpassungskurs und von der anderen Seite als Sündenbock für die Fehlentwicklungen.

Außerdem wird das Wort „Kirche" von beiden Lagern weiterhin hierarchisch- strukturell verstanden. Kirche, das ist die Institution. Kirchliches Handeln, das ist ein Handeln innerhalb der Institution und ihren Strukturen. Dieses Denken erklärt die Fixierung auf Macht- und Strukturfragen, die seit Jahren die Kirchenpolitik dominieren.

Dabei versuchten uns die Väter des Zweiten Vatikanum zu zeigen: Kirche ist mehr als Hierarchie und Struktur. Wie der Schweizer Theologe Martin Grichting in der Zeitung

„Welt" formuliert: „Das Konzil nahm den neuzeitlichen Gedanken des Vorrangs des Individuums auf und versuchte, dem Christen eine Spiritualität zu vermitteln, die ihn in einer Gesellschaft der Freien und Gleichen wirksam werden lässt. Einer Gesellschaft der Freien und Gleichen kann man nicht bloß als hierarchisch-dogmatische Institution gegenübertreten, um die Rechte Gottes einzufordern."

So gesehen hat das Konzil den Laien einen Weg gewiesen, wie sie in einer freiheitlich- demokratischen Gesellschaft von innen her Kirche sein können. Aber leider hängt man bis heute beim Kirchenverständnis von Trient fest. Aus der richtigen Einsicht, dass den Laien eine unersetzliche Aufgabe zukommt, zogen die Hirten den falschen Schluss, diese Sendung müssten sie innerhalb der kirchlichen Organisation wahrnehmen. So entstand das nachkonziliare Synoden- und Rätewesen. Und was derzeit unter Synodalität verhandelt wird, ist im Grunde die Fortsetzung des tridentinischen Kirchenverständnisses mit anderen Mitteln.

Trotzdem bin ich überzeugt: Die Dokumente des Zweiten Vatikanischen Konzils sind zukunftsweisend. Sie deuten den Weg zu einer Kirche auf Augenhöhe mit der Zeit. Eine Kirche, die dem Menschen der Digitalisierung und Globalisierung geistliche Nahrung gibt, Orientierung und Widerstandskraft. Im Oktober 2012 sagte Papst Benedikt XVI. in einer Predigt: „Es ist wichtig, zum ‚Buchstaben' des Konzils zurückzukehren – d.h. zu seinen Texten –, um seinen authentischen Geist zu entdecken. Die Bezugnahme auf die Dokumente schützt vor den Extremen anachronistischer Nostalgien einerseits wie auch eines Vorauseilens andererseits und erlaubt, die Neuheit in der Kontinuität zu erfassen. (...) Das Heute [der Kirche] finden wir gerade in den Konzilsdokumenten, weil sie immer so aktuell sind, wie der Diener Gottes Paul VI. und die Konzilsväter sie verkündet haben, in ihrer Vollständigkeit und in ihrem Zusammenhang, ohne Abstriche und ohne Hinzufügungen."

Das sind Worte, die den Weg weisen. Hin zu einer Kirche, die sakramental gestärkt auch im digitalen Zeitalter ihre Sendung erfüllen kann. Einer Kirche, wie das Dokument *Gaudium et Spes* sagt, als „Zeichen und Schutz der Transzendenz der menschlichen Person".

Was die internen Richtungskämpfe betrifft, glaube ich nicht an kirchenpolitische Lösungen, sondern ich schlage eine geistliche Betrachtung vor. Ich meine es so, dass wir uns bewusst machen: Die Anfechtungen *innerhalb* der Kirche, genau wie die säkularen Angriffe von außen, werden nicht aufhören, wie immer sich die Kirchenleitung entscheidet, wer immer gerade Papst ist. Denn es sind – unter der Oberfläche der Zeit – stets die gleichen Angriffe. Es sind Angriffe auf das Sakramentale, Angriffe auf das Unverfügbare. Wer zum Beispiel das sakramentale Wesen der Heiligen Messe relativiert, indem er Liturgie in äußere Form und innere Substanz aufteilt, um dann die Form an die Erlebnis- und Sehgewohnheiten der jeweiligen Zeit anzupassen, der denkt nicht sakramental, sondern in der säkularen Logik des laufenden Wandels. Alles muss durchlässig werden für den Lauf der Zeit. Wer in gleicher Weise das Ehesakrament oder die Priesterweihe nicht mehr als unverfügbar versteht, sondern allenfalls als schönes Ideal, der macht am Ende die Kirche selbst abhängig vom gesellschaftlich Erreichbaren und Annehmbaren. In einer Zeit der technisch-politischen Machbarkeit ist dies folgerichtig, denn aus weltlicher Sicht gibt es nur Menschenwerk, nur Wandelbares. Sakramentales, Unverfügbares kann und darf es nicht geben.

Es ist unsere Aufgabe, diese Zusammenhänge zu sehen und unsere Schlüsse daraus zu ziehen. Auch die Laien sind gerufen, einer rein weltlichen Sicht auf das Dasein zu widerstehen. Es gilt, das Unverfügbare des Glaubens zu verteidigen. Dazu müssen wir uns der Glaubenskrise stellen, in der sich vor allem Europa befindet. Es ist auch eine Krise des Glaubenswissens aufgrund des Versagens der kirchlichen Verkündigung und der Katechese. Ohne dieses Problem anzugehen, wird sich die Lage nicht bessern. Wie soll Neuevangelisierung gelingen, wenn die Menschen immer weniger wissen, was der Glaube der Kirche eigentlich sagt, um was es – jenseits von Politik und Gesellschaft – am Ende geht? Wie soll es ein Laienapostolat geben ohne Hirten, die uns sakramental stärken für den Auftrag in der Welt? Wie soll Gott unsere Bitte aus dem Stundenbuch erfüllen: „Mach deine Gläubigen zum Licht der Welt; mach sie zum Salz der Erde."

Ich hoffe, dass eines Tages wieder mehr öffentliche Stimmen zu hören sind, die unsere Zeit im Licht des Evangeliums deuten. Stimmen, die zum Beispiel sagen: „Ja, Globalisierung und Digitalisierung können Fortschritt bringen, Wohlstand. Aber die Optimierung des Lebens durch Selbstverwirklichung: Das ist ein falsches Versprechen der Zeit. Eine Fata Morgana für die Seele, die ohne Gott austrocknet. Und die Utopie vom neuen, digitalen Weltbürger? Nationale, sexuelle, technologische Entgrenzung? Das bedeutet nicht Befreiung, sondern Entfremdung, Versklavung. Lasst euch nicht täuschen! Jeder Einzelne von euch ist mehr wert als der globale Jahrmarkt, der euch umgibt. Eure Würde ist größer als der Output, den ihr liefert. Eure Bestimmung ist nicht das Fitnesscenter der Hightech-Gesellschaft, sind nicht gut organisierte Partnerschaftsbörse und Konsumtempel, sondern das ewige Leben. Es geht um *euren* Tod und *eure* Auferstehung. Um die Frage, ob du deine geliebten Toten wiedersiehst: ja oder nein. Für immer zusammen in der Liebe oder für immer getrennt. Dafür ist die Kirche da. Das ist die Botschaft, das ist die Hoffnung."

Natürlich werden viele auf andere Weise ihren Glauben bezeugen. Sie werden abseits der öffentlichen Foren im persönlichen Raum der Familie oder des Berufs Zeugnis geben, wie es schon in der frühen Kirche geschehen ist. Was es aber in jedem Fall braucht, das ist eine ehrliche Aufarbeitung des Versagens der Kirchenführung der letzten Jahre; vor allem in der Verkündigung und in der Katechese. Nur so kann es Neuevangelisierung geben.

Bis dahin ist es ein weiter Weg. Im Moment habe ich den Eindruck, dass zumindest die tonangebenden Hirten nicht bereit sind, sich mit den Mächten der Zeit anzulegen. Sie glauben eher an Appeasement-Politik, während Millionen von Christen konfrontiert sind mit einem aggressiven, ins Totalitäre kippenden Säkularismus, der seine Angriffe fortsetzen wird, wie sanft und nett die Bischöfe auch auftreten. Der fundamentale Angriff auf die Religionsfreiheit einzelner Christen und der Kirche selbst, wie er sich innerhalb der EU längst abzeichnet, ist mit öffentlicher Seelsorge weder zu verhindern noch zu bewältigen. Taktische Mehrdeutigkeiten oder Schweigen helfen nicht. Am Ende verlangen die Revolutionäre einer neuen Ordnung stets, dass man ihrem Programm öffentlich zustimmt. Wer dies nicht tut, wird als Feind des Fortschritts bekämpft.

Wem das bewusst ist, der neigt weniger zum faulen Kompromiss. Er weiß: Der Konflikt ist, früher oder später, nicht zu verhindern. Früher oder später muss man Farbe bekennen – warum also nicht früher?

Warum als Bischof oder Kardinal zum Beispiel nicht die Utopia-Methode öffentlich benennen und ihr mit der Weisheit der Tradition entgegenwirken? Die Kirche könnte darauf hinweisen, dass die Errungenschaften der Freiheit und der Mitbestimmung in der Demokratie, auch die Anerkennung der gleichen Rechte und Würde der Frau nur auf dem Boden des Christentums wachsen konnten. Es würde den Mut erfordern zu erklären: Die Aufklärung hat sich die christlichen Grundsätze zu eigen gemacht. Sie hat das Christliche säkularisiert, ohne transparent zu machen, von welchem Baum die Früchte stammen, die benutzt wurden. Die Kirche könnte darauf hinweisen, dass sich die aufklärerischen Grundsätze – Freiheit, Personenwürde, die Gleichheit der Menschen –

nicht werden halten lassen ohne den christlichen Grund, auf dem sie stehen.

Das wäre Verkündigung auf Augenhöhe mit der Zeit. So könnte man das Proprium des Christlichen wieder ins Spiel bringen. Eine solche Verkündigung würde gehört werden, zumindest von denen, die noch an die Bedeutung von Freiheit, Personenwürde und Gleichheit glauben. Viele wären offen für ein Gespräch mit der Kirche, weil sie spüren, dass nicht nur das Christentum vom postmodernen Wokeismus bedroht ist, von einem aus dem Ruder laufenden Genderdiskurs und von neuen Rassentheorien, sondern dass sich dies auch gegen die Errungenschaften der Aufklärung richtet. Ist es nicht ein Hinweis darauf, dass Aufklärung und Christentum zusammengehören, wenn man heute sieht: Sie sind gemeinsam auf der Speisekarte eines postchristlichen Totalitarismus gelandet?

Umso wichtiger sind die Worte von Papst Johannes Paul II., den ich bereits erwähnte. Worte, die mich persönlich immer wieder inspiriert haben. Worte aus seinem Buch „Die Schwelle der Hoffnung überschreiten“ von 1994.

> Ich zitiere: „*Die Kirche nimmt mit dem Geist dieser Welt täglich neu die Herausforderung an, die nichts anderes ist als der Kampf um die Seele dieser Welt. (…) Und der Kampf um die Seele dieser Welt ist dort am größten, wo der Geist dieser Welt am stärksten zu sein scheint. In diesem Sinn müssen wir hinein in die Welt der Wissenschaft, in die Welt der Kultur und in die Welt der öffentlichen Kommunikation: Dort findet heute der Kampf um die Seele der Welt statt und dort müssen wir standhalten.*“

Die Abschaffung der Wahrheit in der Postmoderne und die Absolutheit der Gefühle

Prof. Dr. Peter Hoeres

Der neue Mensch ist eingezwängt zwischen einer spezifisch westlichen Form der Oikophobie, so schon im Jahr 1993 der hellsichtig geprägte Begriff von Roger Scruton für den kollektiven Selbsthass,[1] sowie den recht konkreten Dystopien eines datengetriebenen Techno-Humanismus, eines Kontrollverlustes des Homo Sapiens, wie sie Yuval Noah Harari skizziert hat.[2] Dazwischen droht er zerrieben zu werden, den Boden unter den Füßen zu verlieren. Ist der Mensch dabei, sich in ein hybrides KI-Konstrukt fortzuentwickeln? In jedem Fall ist er von Desorientierung und Selbstzweifel bestimmt, dem Verlust menschlicher Wahrheitsfähigkeit einerseits, dem Ansturm subjektiv gefühlter Gewissheiten und seiner Natur feindlichen Zumutungen andererseits.

Im Folgenden soll zunächst noch einmal ein Rückblick auf das christlich-abendländische Menschenbild und die Leistungen des Menschen gegeben werden, der mit diesem Selbstbild der Zeit „Alteuropas" entstammt (1). Dann wird die Abschaffung der Wahrheit in der Postmoderne durch den radikalen Konstruktivismus verfolgt (2). Drittens folgt eine Skizze des Umschlags der postmodernen Beliebigkeit in die neuen

[1] Roger Scruton, OIKOPHOBIA, in: Journal of Education, 175 (1993), S. 93–98. Scruton geht von einem paradoxen „absolute commitment to relativism" (S. 94) aus, der einen „Mulitculturalism" erzeuge, der wiederum positive Stereotype von Minderheiten erzeuge und eine Abwertung der Mehrheitskultur als materialistisch, patriarchalisch, rassistisch und imperialistisch, was zu einer Stigmatisierung von „Crimethink" und einer Ausgrenzung des zu vernichtenden Feindes führe. Scruton erklärt dies aus dem Ressentiment des Intellektuellen, der keinen adäquaten Platz in der kapitalistischen Demokratie finde.

[2] Yuval Noah Harari, Homo Deus. Eine Geschichte von Morgen. Übers. a. d. Engl. v. Andreas Wirthensohn, München 2011.

gefühlten Gewissheiten der heutigen Identitätspolitik samt ihren autoaggressiven Tendenzen (3). Zum Schluss soll noch ein hoffnungsvollerer Ausblick auf mögliche Gegengifte gewagt werden (4).

1. Der Mensch in der Philosophie und Theologie des Abendlandes

Der Mensch ist in der Philosophie und Theologie des Abendlandes und Alteuropas einerseits in die Ordnung des Lebens eingefügt, er ist auch *animal*, hat wie die Tiere eine *anima*. Andererseits ist er eben *animal rationale* und steht als „Krone der Schöpfung" an der Spitze der irdischen Schöpfungsordnung. „Seid fruchtbar und mehret euch und füllet die Erde und machet sie euch untertan und herrschet über die Fische im Meer und über die Vögel unter dem Himmel und über alles Getier, das auf Erden kriecht." So steht es in der Genesis (Gen 1,28).

Nach der Pastoralkonstitution des II. Vatikanischen Konzils „Gaudium et Spes" ist „der Mensch [...] auf Erden die einzige von Gott um ihrer selbst willen gewollte Kreatur" (Gaudium et Spes 24,3). Als Träger einer geistigen Seele hat er nicht nur einen Innenzustand wie schon das vegetative Leben, nicht nur Bewusstsein wie das Tier, sondern Selbstbewusstsein: Er hat sich selbst, besitzt die Fähigkeit zur Reflexion und zur Distanzierung von seinem Körper und seinem Ich.

In der philosophischen Anthropologie des 20. Jahrhunderts wurde diese Fähigkeit als „exzentrische Positionalität" gefasst, so Helmuth Plessner, oder bei Max Scheler als „Weltoffenheit". Der Mensch kann sich von seiner Umwelt lösen und zur Welt öffnen, die Gegenstände seiner Hinwendung und Ziele frei wählen. Er kann sich damit auch von seinen Trieben lösen, diese zügeln und beherrschen und sich wertfühlend auf objektive Gegenstände als *ens amans* richten.[3] Diese Sonderstellung

[3] Vgl. weiterführend Walter Hoeres, Offenheit und Distanz. Grundzüge einer phänomenologischen Anthropologie, Berlin 1993.

des Menschen wurde nach den drei neuzeitlichen Kränkungen neu begründet: trotz kopernikanischer, darwinistischer und freudianischer Kränkung bleibt der Mensch herausgehoben, er ist schuldfähig und erlösungsbedürftig sowie erlösungsfähig. Durch die Taufe sei er „wunderbar erneuert", heißt es im Opferungslied des alten römischen Messbuches und im Tagesgebet zum ersten Weihnachtsfeiertag wie in der Ostervigil. Theologisch gefasst wird der Mensch zum Gefäß für Gnade, seine Heiligung ist sein Auftrag.

Die christliche Anthropologie bestimmte den Menschen über seine Personalität. In seiner *Consolatio philosophiae*, Trost der Philosophie, definierte der Vater der Scholastik, Anicius Manlius Severinus Boethius, die Person als „naturae rationabilis individua substantia" (Liber contra Eutychen et Nestorium, cap. 3, pag. 84, linea 1), also frei übersetzt als geistiges Individuum. Als Person ist der Mensch unverwechselbar, unwiederholbar, einzigartig. Er hat eine ihm zukommende Würde und Individualität. Seine Persönlichkeit entfaltet sich in der Gemeinschaft, in der Solidarität mit anderen.

Sozial wird der Mensch daher mit Aristoteles als *zoon politicon* verstanden, er kann sich nur in der Gemeinschaft von Familie, Freunden und Polis tugendhaft entfalten. Sein Nahbereich soll geschützt sein, das ist der Gedanke der Subsidiarität: Die größere Gemeinschaft, der Staat, die europäischen Institutionen, soll nicht Aufgaben an sich ziehen, die im Nahbereich gelöst werden können. Nach Thomas Hobbes ist er aber auch ein von Furcht bestimmtes Wesen, was ihn zur Vergesellschaftung treibt; ein Wesen mit einer sozialen Haut, so Elisabeth Noelle-Neumann, das sehr sensibel soziale Akzeptanz und Ausgrenzung spürt und darauf reagiert. Arnold Gehlen fasste den Menschen als ein „unfertiges Mängelwesen" auf, das der Institutionen zu seinem Schutz und zu seiner Entlastung bedarf.

Der Mensch ist Gottes Ebenbild, aber nicht Gott. Demgemäß ist seine Erkenntnis, wie es bei Paulus heißt, begrenzt: „Denn Stückwerk ist unser Erkennen" (1 Kor 13,9). Der Mensch kann nicht wie Gott „tota simul" (Boethius, Consolatio Philosophiae, V, 6) die Wirklichkeit erfassen, er ist aber grundsätzlich zur Erkenntnis der Wahrheit zumindest annäherungsweise befähigt, auch wenn er an die Kategorien von Raum und Zeit, seine eigene menschliche Erkenntnisfähigkeit gebunden bleibt.

In der klassischen Erkenntnistheorie ging man von einer Adäquations- oder Korrespondenztheorie aus, demnach die Erkenntnis mit der erkannten Sache übereinstimmen muss und kann: „Veritas est adaequatio intellectus et rei" heißt es in Thomas von Aquins Summa Theologiae (I, q.21 a.2.). Bezeichnet wurde die Fortentwicklung dieses Ansatzes als kritischer Realismus, denn es handelte sich keineswegs um einen naiven Realismus, der das erkennende Subjekt und dessen Erkenntnisapparat außer Acht ließe. Natürlich spielen die Gattungseigenschaften, die Raum-Zeit-Dimension, der Sehapparat des Menschen, seine weiteren Sinne, die Verarbeitung der Sinneseindrücke durch das Gehirn – Thomas ging von einem *sensus communis* aus – eine wichtige Rolle. So heißt es auch bei Thomas: „Cognitum autem est in cognoscente secundum modum cognoscentis" (Summa Theologiae I, q. 12 a. 4 co).

Die Erkenntnistheorie hat Auswirkungen auf alle anderen Bereiche, nicht zuletzt auf Moral und Kunst. Wenn wir davon ausgehen, dass es die Wahrheit gibt und wir diese intersubjektiv erkennen können, so gilt das auch für das Schöne und Gute, das wir objektiv erkennen können. Diese Einschätzung ermöglichte erst eine allgemein verbindliche wissenschaftliche Erkenntnis und darauf aufbauend Leistungen, ebenso die großen Anstrengungen auf dem Gebiet der Kunst, Architektur sowie der Ordnung der Gemeinwesen.

Diese auf antiker, christlicher und neuzeitlicher Erkenntnistheorie, Anthropologie und Wissenschaft fußenden Leistungen reichen von der attischen Demokratie bis zum römischen Recht, von der griechischen Tragödie bis zur romantischen und dann modernen Oper, von der gries chischen Plastik bis zum Impressionismus, Expressionismus und zum Surrealismus, von den Sakral- und Profanbauten der Romanik, Gotik, Renaissance, des Barock und Rokoko bis zum Bauhaus, vom „Projekt des Westens" (Heinrich August Winkler) mit Menschenrechten, Rechtsstaat, bürgerlicher Freiheit und Individualismus bis zur Emanzipation von Minderheiten, vom hippokratischen Eid bis zur Patentierung des Penicillins, von der Erfindung des Rades über das Automobil bis zur Raumfahrt, die dann in die USA exportiert wurde, von der arbeitsteiligen Manufaktur bis zur technisierten Fabrik. Unklar ist, was an die Stelle dieser Leistungen treten soll, wenn jene leuchtende europäische Kultur abgeschafft ist.

2. Die Abschaffung der Wahrheit in der Postmoderne

Die moderne Erkenntnistheorie ist von einem Abschied von der Wahrheit und Wirklichkeit gekennzeichnet und einer stetigen Aufwertung des Subjekts.[4] Verschiebt man den Erkenntnisakt aber zu sehr oder gänzlich auf das Subjekt, verliert man die Korrespondenz zur Sache selbst, zum Objekt, zur Wirklichkeit. Von den vorsokratischen Skeptikern über Johannes Scottus Eriugena und Giambattista Vico bis hin zu Immanuel Kant kann man dies beobachten. Am Ende landet man beim radikalen Konstruktivismus, einer Radikalisierung des Kritizismus' Kants.[5] Waren es bei diesem die transzendentalen Anschauungsformen von Zeit und Raum und die Kategorien von Quantität, Qualität, Relation und Modalität, welche die „Dinge an sich selbst" nur als Erscheinungen erkennbar werden ließen, so wird die Perspektive der Erkenntnistheorie im Konst-

[4] Die Ausführungen an dieser Stelle folgen meinem Aufsatz „Perspektiven für eine postkonstruktivistische Geschichtswissenschaft", in: Historische Zeitschrift, 316 (2023), Heft 3, S. 603–628.

[5] Dementsprechend erspart Ernst von Glasersfeld auch Kant nicht den Vorwurf der fehlenden Konsequenz: „Doch selbst Kant, der in der ‚Kritik der reinen Vernunft' die Grundlage jeder Hoffnung auf unverfälschte rationale Erkenntnis einer vom Erleben unabhängigen Welt zerstörte, konnte sich dem jahrtausendalten Missverständnis des Wissensbegriffs nicht ganz entwinden." Ernst von Glasersfeld, Konstruktion der Wirklichkeit und des Begriffs der Objektivität, in: Heinz Gumin/Heinrich Meier (Hgg.), Einführung in den Konstruktivismus. Beiträge von Heinz von Foerster, Ernst von Glasersfeld, Peter M. Hejl, Siegfried J. Schmidt u. Paul Watzlawick, München 2008[10] (1992[1]), S. 9–39, Zitat S. 11.

ruktivismus vollständig auf den Beobachter verschoben. Das Objekt existiert nur als Beobachtetes, in einer Perspektive zweiter Ordnung. Wahrheit und Objektivität gibt es jenseits der Beobachterperspektive nicht.

Dem Doyen des radikalen Konstruktivismus Ernst von Glasersfeld geht es aber um weit mehr. Geradezu dogmatisch dekretiert er: „Der radikale Konstruktivismus ist also vor allem deswegen radikal, weil er mit der Konvention bricht und eine Erkenntnistheorie entwickelt, in der die Erkenntnis nicht mehr eine ‚objektive', ontologische Wirklichkeit betrifft, sondern ausschließlich die Ordnung und Organisation von Erfahrungen in der Welt unseres Erlebens."[6]

Entsprechend proklamiert von Glasersfeld den „Abschied von der Objektivität": „Wenn Zeit und Raum Koordinaten oder Ordnungsprinzipien unseres Erlebens sind, dann können wir uns Dinge jenseits der Erlebenswelt überhaupt nicht vorstellen, denn Form, Struktur, Ablauf von Vorgängen und Anordnungen irgendwelcher Art sind ohne dieses Koordinatensystem im wahrsten Sinne des Wortes undenkbar. Was wir Wissen nennen, kann demnach unmöglich Abbild oder Repräsentation einer vom Erleben unberührten ‚Realität' sein. Die Suche nach Wissen, das nur dann im herkömmlichen Sinn ‚wahr' sein kann, wenn es wahrheitsgetreu mit ‚an sich' existierenden Objekten übereinstimmt, ist dann illusorisch."[7]

Auch Fakten sind demnach etwas „Gemachtes und Hergestelltes"[8]. Wahrheit oder Richtigkeit liegen nicht in einer Adäquation einer Aussage oder Erkenntnis mit einer objektiven ontologischen Wirklichkeit oder auch nur in einer ikonischen Repräsentation oder Korrespondenz be-

---

6 Ernst von Glasersfeld, Einführung in den radikalen Konstruktivismus, in: Paul Watzlawick (Hrsg.), Die erfundene Wirklichkeit. Beiträge zum Konstruktivismus, München 1981, S. 16–38, hier S. 23.

7 Ernst von Glasersfeld, Abschied von der Objektivität, in: Paul Watzlawick/Peter Krieg (Hgg.), Das Auge des Betrachters. Beiträge zum Konstruktivismus, Heidelberg 2008², S. 17–30, hier S. 23.

8 Siegfried J. Schmidt, „Wir beginnen nie am Anfang", in: Bernhard Pörksen (Hrsg.), Die Gewissheit der Ungewissheit. Gespräche zum Konstruktivismus, Heidelberg 2008², S. 166–188, Zitat S. 183.

gründet; sie werden strikt funktional verstanden als passende Orientierung oder in der Erfahrungswelt stimmige Auffassung. Von Glasersfeld bemüht dafür Darwins Evolutionstheorie als Vorbild: Man kann nur sagen, was in der eigenen Erlebniswelt passt (*to fit*), dagegen nicht, was auf eine außerhalb liegende Wirklichkeit zutrifft (*to match*). Es findet hierbei nur eine negative Selektion statt, indem ausscheidet, was derzeit nicht (mehr) passt, nicht mehr funktional ist, keinen Erfolg hat. Das gilt auch und besonders für die Wissenschaft. Der Rohstoff dieser Welt kommt aus uns selbst, sie wird von uns selbst gebaut – eben konstruiert. Davon hängt auch die Erkenntnis ab, ein Blick über die Konstruktionen hinaus kann nicht gelingen. Allenfalls können wir ihre Grenzen spüren. Bestenfalls wissen wir also von der Wirklichkeit, was sie nicht ist.[9] Von Glasersfeld benutzt für sein „Wissen wie", das in der instrumentalistischen evolutionären Epistemologie anstelle des „Wissen was" tritt, den Begriff der Viabilität. Viabel ist eine Denkweise, die zum Ziel gelangt, die passt und erfolgreich ist. Mit der Erkenntnis einer externen Wirklichkeit, sofern es sie überhaupt geben sollte, hat das nichts zu tun.[10] Von Glasersfeld proklamiert damit also das Ende der Repräsentanz der Wirklichkeit im Erkenntnissubjekt: „Was immer wir unter ‚Erkenntnis' verstehen wollen, es kann nicht mehr die Abbildung oder Repräsentation einer vom Erlebenden unabhängigen Welt sein. Heinz von Foerster hat das mit beispielhafter Prägnanz gesagt: ‚Objektivität ist die Illusion, daß Beobachtungen ohne einen Beobachter gemacht werden können.'"[11] Damit kommt es bei der Wahrheitsfähigkeit einer Aussage vor allem auf den Konsens an, eine Folgerung, die Jürgen Habermas gezogen hat. Die intersubjektive Übereinstimmung kann argumentativ hergestellt werden, wobei die Referenz unklar bleibt, oder es ist die nackte proklamierte Betroffenheit.

---

[9] Von Glasersfeld, Einführung, S. 16–38.

[10] Von Glasersfeld, Konstruktion der Wirklichkeit und des Begriffs der Objektivität, S. 9–39, Zitate S. 13.

[11] Ernst von Glasersfeld, Abschied von der Objektivität, in: Paul Watzlawick/Peter Krieg (Hgg.), Das Auge des Betrachters. Beiträge zum Konstruktivismus, Heidelberg 2008², S. 17–30, hier S. 17.

3. Der Umschlag in gefühlte Gewissheiten

Der Paradigmenwechsel geht weit über Erkenntnistheorie hinaus. Der neuzeitliche universale Fortschrittsglaube des gesamten Menschheitsgeschlechts, Objektivität und Erkennbarkeit – das alles, jedes einzelne Glied davon, werden in der Post-Moderne selbst prekär, werden diese Ideen doch ihrerseits als zeitgebunden, kontextuell, westlich und illusionär wahrgenommen, als Erzählungen, Narrative unter anderen Narrativen. Wird diese postmoderne Weltsicht, die seit der zweiten Hälfte des 20. Jahrhunderts hegemonial wurde, radikalisiert – in dieser Phase befinden wir uns jetzt – so schlägt sie dialektisch um in neue, freilich partikulare Gewissheiten, die aber einen universalen Anspruch gebären. Teilgruppen der Gesellschaft lösen sich zunächst von einem allgemein geteilten Rationalitätsverständnis und Wertefundament ab und entwickeln ihre Weltdeutung allein aus ihrer Binnensicht heraus. Das sind die Identitätspolitiken von immer neuen Gruppen, angefangen bei den ethnischen und religiösen Minderheiten, den Frauen und Schwarzen, den Kommunisten und Linken, den Trans- und Intersexuellen, kurzum, den Opfern der Herrschaft des alten weißen Mannes. Dass sich auch Männergruppen von Maskulinisten bilden, zeigt, dass am Ende die Gesellschaft komplett in einen Pluralismus von staatliche Gleichstellungs- und Anerkennungspolitik fordernden Minderheiten zerfällt, der tendenziell die ganze Menschheit abbildet. Die Berücksichtigung der Partikularinteressen und freihändig konstruierten Opferidentitäten wird zu *dem* neuen allgemeinverbindlichen moralischen Postulat, das die Politik kolonisiert. Damit steigt auch der Bedarf an Tätern; er wird einerseits durch Abstracta (Geschichte, Staat, Nation, herrschende Klassen etc.) gestillt, benötigt andererseits aber auch einzelne Repräsentanten, aus denen gnadenlos und für die Postmoderne erschreckend unironisch ein Feindbild konstruiert werden kann.

Die Wahrheitsfähigkeit eines Anspruchs hängt damit nicht mehr an einer intersubjektiv geteilten Erkenntnis der Realität, an der Übereinstimmung mit einer Sache, sie ist allein funktionalistisch oder pragmatistisch ein Erfolgs- und damit ein Durchsetzungskriterium, eine Empfindung und Proklamation. Diese Durchsetzung der eigenen Wahrheit geschieht nicht als Recht des Stärkeren oder Überlegenen auf dem Schlachtfeld, vielmehr ist die größte Waffe die Moralität, das schlechte Gewissen, was die selbst ernannten Opfer den von ihnen ernannten Tätern einpflanzen. Diese Form der Moral ist, wie Nietzsche in der „Genealogie der Moral" ausführt, eine Erfindung des Ressentiments, um die Starken, Mutigen, Vornehmen zu brechen[12] und deren Werte umzuwerten - ein Vorgang, der derzeit *in actu* im Hinblick auf die alten weißen Männer und ihre ja doch sehr beachtlichen Leistungen zu beobachten ist. Die Trauben, die man nicht erreichen kann, werden nun nach der Fabel des Äsop als sauer bezeichnet, die große Leistung als machtgestütztes Verbrechen gewertet und einstmalige Helden werden wie in vielen zeitgenössischen Filmen und Fernsehserien der Lächerlichkeit preisgegeben.

Heute versuchen die postkolonialen Identitätspolitiker und woken Cancel-Aktivisten also, die gesamte europäische Kultur als weiße Herrschaft zu ächten, als Ausformungen von Kolonialismus und Rassismus. Die Frage stellt sich, wie man ohne die erbrachten Leistungen einen Zahnarztbesuch überstünde oder auch nur den Lichtschalter bedienen könnte. Die woken Kritiker verkennen ferner, dass der Mensch des Abendlandes auch die Fähigkeit zu Reflexion, Korrektur und Veränderung mitbrachte. Insofern sind der Abolitionismus - wie Egon Flaig gezeigt hat der einzige genuin abweichende Beitrag der Europäer zur welthistorischen Formation der Sklaverei[13] –, die Dekolonialisierung, die Emanzipation der Frau, die Wertschätzung von Behinderten, die Einrichtung von Sozialsystemen sowie die drastische Verbesserung von Arbeitsbedingungen Ausdruck einer Kultur, die ihre Grundlagen nicht verwirft, aber anpasst, und die zur Korrektur und Selbstkritik fähig ist. Offenkundig bringt sie periodisch auch solche Selbstzerstörungskräfte wie am Ende des römischen Reiches hervor.

[12] Friedrich Nietzsche: Jenseits von Gut und Böse/Zur Genealogie der Moral. Kritische Studienausgabe hrsg. v. Giorgio Colli u. Mazzino Montinari, München 2019[16] [1886/1887], S. 311.

[13] Egon Flaig: Weltgeschichte der Sklaverei, München 2009.

Die Hauptinstrumente der lautstarken woken Aktivisten sind Cancel Culture und Identitätspolitik. Beide Begriffe sind Neologismen, die nach der Jahrtausendwende (Identitätspolitik) bzw. erst in den letzten Jahren (Cancel Culture) aufgekommen sind. Es handelt sich um politische Begriffe. Das bedeutet, dass sie einen polemischen Sinn haben. Politische Begriffe werden wie die Cancel Culture instrumentalisiert. Das heißt aber nicht, dass sie dadurch ihren Sinn verlieren.

Der Begriff „Identität" lässt sich bis ins Mittelalter zurückverfolgen. Im 20. Jahrhundert wurde er von dem Psychoanalytiker Erik Erikson als Ich-Identität zum zentralen Bestandteil seiner Psychologie. Im politischen Sinne kann der Begriff für das *nation building* des modernen Nationalismus, die Arbeiterbewegung (Klassenbewusstsein), die Bürgerrechtsbewegung („black is beautiful"), den Feminismus und weitere politische Strömungen Verwendung finden. Die Suche nach kollektiver Identität galt lange Zeit als ein spezifisch konservatives Unterfangen und wurde in den 1980er Jahren bis zur Kritik am Begriff der Leitkultur von links kritisiert, etwa seitens des Historikers Lutz Niethammer, der von einem „Plastikwort" sprach.[14] Heute wird der Begriff sowohl von rechts, der Identitären Bewegung etwa, als auch von links in Anspruch genommen. Der Begriff „Identitätspolitik" findet dabei vorrangig für die linke Seite des Spektrums Verwendung, weniger für die klassische Linke, die Arbeiterklasse, sondern eher für die Politik ethnischer und sexueller, „queerer" Minderheiten. Identitätspolitik ist eine Politik für bestimmte Partikulargruppen. Sie geht von der Abwehr tatsächlicher und vermeintlicher Diskriminierung aus und gelangt dann schnell über Immunisierung vor und Abwehr von Kritik zum Angriff auf strukturelle Feinde, die über äußerliche Merkmale wie Geschlecht, Hautfarbe, Alter, Herkunft bestimmt und fixiert werden. Das Instrument zur Feindbekämpfung ist dabei die Cancel Culture. Was ist darunter zu verstehen?

---

[14] Lutz Niethammer: Kollektive Identität. Heimliche Quellen einer unheimlichen Konjunktur, Reinbek bei Hamburg 2000.

Den Ursprung des Begriffs „Canceln“ in Bezug auf Personen sehen manche Autoren in einer Szene des Films *New Jack City* (1991), die laut Drehbuchautor Barry Michael Cooper auf den Song *Your Love Is Cancelled* (1981) der Band *Chic* zurückgeht.[15] Eine allgemein akzeptierte Definition von Cancel Culture gibt es noch nicht. Mein Vorschlag lautet:

„Cancel Culture ist Diskursformation, welche auf Ausschluss von Positionen, Meinungen und Sprechern gerichtet ist, die von selbsternannten moralischen Instanzen als unangenehm, bedrohlich, störend, unzumutbar oder inakzeptabel empfunden werden. Die Sprecher der unliebsamen Sprechakte werden markiert, diskriminiert und vom Diskurs ausgeschlossen. Darüber hinaus wird ihre berufliche, akademische und soziale Position mit dem Ziel der Ächtung und Elimination angegriffen.“

Hinzuzufügen ist, dass Cancel Culture überwiegend nicht staatlich veranstaltet wird. Das unterscheidet sie von der klassischen Zensur, obgleich jetzt mit Steuermitteln unter Schwarz-Grün in Nordrhein-Westfalen eine von Lobbyvereinen getragene Meldestelle für Queerfeindlichkeit auch für Fälle unterhalb der Strafbarkeitsstelle eingerichtet wurde![16] Ferner geht sie häufig von Lobbyisten ethnischer, sexueller und anderer selbst erklärten Minderheiten oder Diskriminierter aus. Die Cancel-Aktivisten gehören nicht unbedingt zu den Minderheiten selbst, sie agieren teilweise gegen deren Willen.

Canceln kommt den betroffenen Minderheiten auch nicht unbedingt zugute. Anstelle von magischer Tabuisierung wie derzeit beim N-Wort erlebbar, ist die Enttabuisierung wie beim Begriff „Schwulen“ als Geusenwort geschehen, häufig erfolgreicher.

Die Cancel Culture macht vor niemandem halt. Dabei ist erstaunlich, wie sehr die Gender- und Queer-Ideologie heute die Cancel Culture gegen Frauen und Mütter richtet. Ihre Gattungsbezeichnung

---

[15] Clyde McGrady: The strange journey of 'cancel,' from a Black-culture punchline to a White-grievance watchword, in: The Washington Post vom 2.4.2021.

[16] Aufbau von vier Meldestellen zu queerfeindlichen und rassistischen Vorfällen, gestartet 1. Juli 2022, <https://www.land.nrw/pressemitteilung/aufbau-von-vier-meldestellen-zu-queerfeindlichen-und-rassistischen-vorfaellen> (19.7.2023).

sollte nicht mehr genannt werden, sondern hinter absurden Abstracta wie „gebärende Person“ oder FLINTA verschwinden. Letzteres Akronym, FLINTA, steht für Frauen, Lesben, intersexuelle, nicht-binäre, trans- und a-gender Personen. (Beim UniCup der Universität Würzburg sind wie vielerorts wörtlich zwei FLINTAS pro Fußballmannschaft obligatorisch vorgeschrieben.)[17] Die Frauenemanzipation endet also in einer Abschaffung oder Subsumierung der Frau unter anderen sexuellen Minoritäten. Diese Tendenz ist im Wortsinn diabolisch, sie verdreht und verwirrt die Geschlechter. Nicht umsonst heißt die einflussreiche, die Biologie ignorierende Grundschrift der Bewegung „Gender trouble“.[18]

Diese Queer-Bewegung zielt mitunter auch auf Kleinkinder. In der Münchener Stadtteilbibliothek wurde am 14. Juni 2023 eine „Draglesung“ der sich selbst so bezeichnenden „Post-Pornografie Darsteller*in“ „Big Clit“ (also große Klitoris) bzw. „Drag King Monster“ für vierjährige Kinder veranstaltet. Schaut man sich die im Übrigen auch antichristlichen Performances des horrormäßig und sexualisiert kostümierten Darstellers auf Instagram an, so werden auch die Versicherungen einer weiteren vorlesenden Dragqueen nicht beruhigen, dass „Freizügigkeit vermutlich keine Rolle spielen“ werde.[19] Selbiger Darsteller Vicky Voyage postete auf Instagram unter dem Titel „Eating hay and children since the 15th century” eine Verkleidung mit abgerissenen Plastik-Kinderarmen an der Brust und Kinderfiguren am Schritt.[20]

Aber der Münchener Oberbürgermeister Reiter (SPD) schreckte vor seiner eigenen vorsichtigen Kritik prompt zuruck und versicherte umgehend, er stehe an der Seite der Aktivisten-Community. Alle Miss-

[17] https://unicup23.de/info/turnier/, (16.8.2023).

[18] Judith Butler, Gender Trouble. Feminism and the Subversion of Identity, New York 1990.

[19] <https://www.merkur.de/lokales/muenchen/drag-lesung-stadtbibliothek-muenchen-eric-big-clit-vicky-voyage-aiwanger-92264896.html (Link nicht mehr abrufbar).

[20] Instagram-Seite von vicky.voyage, 1.11.2022, <https://www.instagram.com/p/Ckb-f6QSNj-K/> (19.7.2023).

brauchsdebatten und Aufarbeitungen sind vergessen. Die Kinder sollen mit Dingen konfrontiert werden, mit denen sie sich in diesem frühen Alter nicht beschäftigen wollen. Sie werden frühsexualisiert und auf Pride-Paraden laufen nicht nur Menschen in Fetisch-Kostümen mit Kindern an der Hand herum: Immer öfter sieht man auch das Schild „Minor Attracted Person“. Spätestens damit sollten alle aufwachen und sich nicht ängstlich wegducken, zumal jene sich als christlich verstehenden Politiker, die nun häufig als Schirmherren dieser Veranstaltungen fungieren.

Zum christlichen Menschenbild gehört dagegen die Zweigeschlechtlichkeit mit all ihren Konsequenzen. „Und Gott schuf den Menschen zu seinem Bild, zum Bild Gottes schuf er ihn; und schuf sie als Mann und Frau“ (Gen 1,27). Frau und Mann sind aufeinander bezogen, nur aus ihrer Verbindung entsteht neues Leben. Die Polarität der Geschlechter ist in vielerlei Hinsicht fruchtbringend, ihrer bedarf das Kind. Das bedeutet nicht die Ächtung anderer Lebensformen und Selbstzuschreibungen. Anthropologisch ist diese Grundtatsache aber weder aus Sicht der Evolutionsbiologie noch aus Sicht der klassischen Philosophie und Theologie hintergehbar.

4. Gegengifte

Als philosophischer Ausweg bleibt in der gegenwärtigen Lage erstens, den Konstruktivismus gegen sich selbst zu wenden. Zum einen in praktischer Absicht: Auf die Konstrukte Gender, soziale Ungleichheit, „rechts“ etc. lässt sich die konstruktivistische Dekonstruktion selbst leicht anwenden, hier bei diesen gesellschaftlich konstruierten politischen Epiphänomenen, hat er auch sein Recht. Denn man kann leicht zeigen, wie hoch der Anteil der interessengetriebenen Erfindungen beim Thema Gender ist (Beispiel „Gender Pay Gap“), wie Armut als Abweichung von Durchschnittseinkommen erfunden wurde, demnach man in Katar mit 100.000 Dollar arm wäre.

Beim Thema Geschlecht zeigt ein Blick auf Genetik und Biologie die Grundlagen sozialer und kultureller Tatsachen, nämlich die

Geschlechtschromosomen, die bei Säugetieren bestimmen, ob ein Individuum männlich oder weiblich ist. Dies trifft zu fast 100 Prozent zu, die wenigen Ausnahmen entstehen durch chromosomale oder genetische Aberrationen, wo dann der Phänotyp vom Genotyp abweichen kann oder zwischengeschlechtliche Ausprägungen von sekundären Geschlechtsmerkmalen hervorbringen kann. Aber die sexuelle Binarität ist bei Säugetieren und Menschen universell und schon bei der Geburt vorhanden.[21] Damit soll natürlich keinem biologistischen Determinismus das Wort geredet werden, der Mensch ist ein Kulturwesen, das aber eben spezifische, durchaus auch veränderbare biologische Grundlagen besitzt, die man nicht ausblenden kann.

Gesellschaftliche Konstruktionen wie die radikale Gendertheorie indizieren jedenfalls nicht, dass es keine Wahrheitsfähigkeit von Aussagen gibt: Ideologien verblenden und vernebeln und lassen Irrtümer mehrheitsfähig werden. Die Wahrheit bleibt davon unberührt, sie muss nur wieder entschleiert werden; ἀλήθεια (*Aletheia*) heißt ja das Un-Verborgene oder mit Heidegger die „Unverborgenheit".

Zum zweiten gibt es valide erkenntnistheoretische Argumente gegen den radikalen Konstruktivismus. So ist der Konstruktivismus mit seinen eigenen Annahmen nicht begründungsfähig, denn jede Begründung ist nicht stabil und kann relativiert werden, wie der Philosoph Paul Boghossian in seinem Buch „Angst vor der Wahrheit" eindringlich gezeigt hat:

„An jedem Punkt des drohenden Regresses muss der Relativist verneinen, dass die Behauptung an diesem Punkt einfach nur wahr sein kann, und wird darauf bestehen müssen, dass sie nur relativ zu einer Theorie wahr ist, die wir befürworten."[22]

---

[21] Axel Meyer, Adams Apfel und Evas Erbe. Wie die Gene unser Leben bestimmen und warum Frauen anders sind als Männer, München 2015.

[22] Paul Boghossian, Angst vor der Wahrheit. Ein Plädoyer gegen Relativismus und Konstruktivismus. Übers. aus d. Amerik. v. Jens Rometsch, Frankfurt am Main 2013, S. 61. Vgl. zu diesem Buch meine Rezension in: H-Soz-Kult, 20.3.2014, (www.hsozkult.de/publicationreview/id/reb-20807, 5.4.2020).

Ferner zeigt ein einfaches Beispiel, dass der radikale Konstruktivismus nicht aufgeht. Das demonstriert der Frankfurter Philosoph Marcus Willaschek:

„Den Begriff ‚Gold' kann es nur in einer Kultur geben, die eine gewisse technische und ökonomische Entwicklungsstufe erreicht hat. Doch daraus folgt natürlich nicht, daß Goldstücke selbst ‚mentale' oder ‚soziale Konstrukte' sind, also Hervorbringungen einer bestimmten Denkweise oder Gesellschaftsform. Gold ist ein chemisches Element, das es bereits gab, als unsere Vorfahren noch Kiemen hatten und die Meere bewohnten. Was sollte es da heißen, daß Gold ein bloßes Konstrukt unseres Geistes oder bestimmter sozialer Praktiken ist? Woraus sollten wir es konstruiert haben?"[23]

Ein anderes Extrem wäre freilich die Ignoranz neuer naturwissenschaftlicher und technologischer Erkenntnisse und Phänomene, das bloße starre Festhalten am Überkommenen, die Iteration auch dort, wo eine Erkenntnis dessen, was ist, eine realistische Lagebeurteilung zu Reformen, ja zur Haltung einer kritischen Historie im Sinne Nietzsches, also einem Abschneiden lebensfeindlicher Traditionen, führen müsste.[24] Das Laster des bloßen Beharrens besteht in der Ignoranz; Ignoranz dessen, was sich in Wissenschaft und Lebenswelt tut, Pauschalablehnung ohne Kenntnis der Phänomene. Damit kann eine Radikalisierung einhergehen, eine hyperbolische Ablehnung der Gegenwart und eine unkontrollierte Aggression, eine Art Allfeindschaft, auch gegen jede Theorie und Philosophie.

Aber wenn der Konservative von einer skeptischen, aber auch im Sinne Max Schelers auf die Sonderstellung des Menschen im Kosmos zielende Anthropologie ausgehen sollte,[25] dann bedarf es auf diesem Feld

[23] Marcus Willaschek, Realismus – die vermittelte Unmittelbarkeit unseres Zugangs zur Welt, in: Merkur 59 (2005), S. 762–772, hier S. 770.

[24] Friedrich Nietzsche, Unzeitgemäße Betrachtungen. 2. Stück: Vom Nutzen und Nachtheil der Historie für das Leben [1874], in: ders., Die Geburt der Tragödie, Unzeitgemäße Betrachtungen I–IV, Nachgelassene Schriften 1870–1873, Kritische Studienausg. 1, hrsg. v. Giorgio Colli u. Mazzino Montinari, München 1988², S. 243–334.

[25] Max Scheler, Die Stellung des Menschen im Kosmos, Bonn 1991 [1928].

der theoretischen Grundlegung. Das setzt sich fort über die Staats- und Gesellschaftstheorie, über die Wirtschaftsphilosophie und endet noch nicht bei der Rezeption der Naturwissenschaften. Wenn wir schließlich vom *homo religiosus* als einem auf die Transzendenz hin geöffneten Menschen ausgehen, dann ist hier gerade kein Eklektizismus gefordert, sondern eine stringente und ausdifferenzierte Auffassung von Religion.

Wir benötigen also einen trennscharfen Begriff von Wahrheit, wir brauchen eine entwicklungsfähige, auf die Veränderungen und Revolutionen reagierende Theorie – Revolutionen sind ja, siehe Burke, de Maistre oder de Bonald, Sternstunden des konservativen Denkens – und wir benötigen überhaupt eine Theorie des gegenwärtigen Zeitalters und eine Anthropologie, die auf die umstürzenden Erkenntnisse der Reproduktionsmedizin, Hirnforschung und Genetik reagiert und diese in eine soziologische Theorie des Digitalzeitalters und der Globalisierung integriert. Konservative sind nicht, wie der ehemalige Wirtschaftsminister Peter Altmaier meint, permanente Verlierer, sondern realistische Betrachter der Lage, aus der furchtlos Konsequenzen zu ziehen sind.

Neben der Klarheit über Wahrheit und Erkenntnis sollte – das wird Sie bei mir nicht überraschen – ein spezielles Verhältnis zur Geschichte hinzukommen und ausgearbeitet werden. Vornehm ist es, so Friedrich Nietzsche, ein Vorurteil für die Ahnen zu pflegen.[26] Während sich die Gegenwart, zumindest die westliche, diese nur mehr in Verbrecherporträts imaginieren kann, ist die Empathie und Wertschätzung für die Vorfahren, die freilich nicht blind werden darf und mit einer kritischen Historie einhergehen kann, als Gegengift umso mehr zu pflegen. Alles andere ist Selbstzerstörung.

So sind wir zum Widerstand aufgerufen gegen die allseitige Kriminalisierung der europäischen Geschichte, gegen die rassistische Hetze gegen die „alten weißen Männer", gegen die Zerstörung geistiger, religiöser und ästhetischer Traditionen. Diese Traditionsbestände reichen

[26] Nietzsche, Jenseits von Gut und Böse, S. 210.

im Fall Deutschlands von Bach bis Wagner, von Dürer bis Richter, von Eichendorff bis Walser, von Benz bis Zuse, von Albertus Magnus bis zur Reformation, vom Deutschen Idealismus bis zu Heidegger, vom Minnesang bis zur Klassik und Romantik, von den Kathedersozialisten bis zum Ordoliberalismus. In der Kirche reicht diese vom *vetus ordo* über die Gregorianik, die seltsam-wunderbare Institution des Papsttums und die prächtigen Sakralbauten bis zur Feier des Kirchenjahres, der Sozialethik und der *philosophia perennis*.

Diese kulturellen Großleistungen waren getragen von einem Glauben an Wahrheit und Schönheit. Ihre Zerstörer haben nur Hässlichkeit, Hass und Verwirrung zu bieten.

Die Tugend der Hoffnung und die Problematik der Utopie

Unterscheidungshilfen aus der Geschichte der Philosophie

Prof. Dr. Thomas Sören Hoffmann (Hagen)

1 Hinführung

Dem Thema „Utopie“ kann man sich von verschiedenen Seiten nähern; wir unterscheiden zu Beginn vier Grundbedeutungen, in denen der Terminus gebraucht werden kann.

1. Da ist *zum einen* die Verwendung des Kunstworts, an dessen Findung immerhin drei prominente, humanistisch geschulte Gelehrte – Thomas Morus, Erasmus von Rotterdam und Guillaume Budé – mitgewirkt haben[1] im Sinne der Benennung einer *literarischen Gattung*, die vor allem in der Neuzeit geblüht und dabei zahlreiche, oftmals in phantastische Reiseberichte eingekleidete „Staatsromane“ hervorgebracht hat[2]. Die durchaus üppige Liste der Autoren in dieser Gattung reicht, um nur wenige besonders prominente Beispiel zu nennen, von Thomas Morus’ namensgebendem Werk von 1516 über Tommaso Campanellas „Sonnenstaat“ (1623), Johann Valentin Andreaes „Christianopolis“ (1619), Francis Bacons „Nova Atlantis“ (1627), James Harringtons „Oceana“ (1656), Philipp Balthasar Sinold von Schützens „Land der

[1] Zur Wort- und auch Begriffsgeschichte vgl. Ulrich Dierse, Art. „Utopie“, in: Joachim Ritter / Karlfried Gründer / Gottfried Gabriel (Hrsg.), *Historisches Wörterbuch der Philosophie Bd. 11, Basel / Darmstadt 2001, 510-526.*

[2] Zur Einführung vgl. Thomas Schölderle, *Auf der Suche nach dem Nirgendwo. Genese, Geschichte und Grenzen der Utopie, Frankfurt am Main / New York 2022.*

Zufriedenheit“ (1723) oder Friedrich Leopold zu Stolberg-Stolbergs „Insel“ (1788) bis hin zu Samuel Butlers „Erewhon“ (1872) sowie schließlich zu Texten wie Gerhart Hauptmanns „Insel der großen Mutter“ (1924), Franz Werfels „Stern der Ungeborenen“ (1946) oder Ernst Jüngers „Heliopolis“ (1949), von weiteren Repräsentanten des Genres aus dem 20. Jahrhundert hier zu schweigen[3]. Es ist dabei schon eine für sich interessante Frage, was es mit dieser „Utopien-Explosion“ in der Neuzeit auf sich haben könnte, wie es ebenfalls die Untersuchung lohnt, inwieweit sich diese neueren mit den rückwirkend ebenfalls oft „Utopien“ genannten vergleichbaren antiken Texten vergleichen lassen. Dazu sei hier nur so viel bemerkt: Die Konjunktur der Utopien hat in jedem Fall damit zu tun, dass mit dem Umbruch zur Neuzeit weithin die Orientierung an einem naturrechtlichen Fundament der Staatlichkeit weggefallen und die Politik rein machterhaltungstechnisch (wie bei Machiavelli) oder an Zweckmäßigkeiten orientiert (wie bei Hobbes) aufgefasst werden konnte. Wir können auch sagen, dass sich zum einen zwischen der Antike und der neueren Zeit ein Perspektivenwechsel derart ereignet hat, dass man die Ideale nun nicht mehr – deszendenztheoretisch – in den mythischen Tiefen der Vergangenheit sucht, sondern – aszendenztheoretisch-fortschrittsgläubig – nach vorne schauend erblickt. Bei der Ausmalung dessen, was dann „vorne“ zu sehen ist, wirken die Dichter und Dichterphilosophen mit, die sich dabei auf die konstruktivistischen Methoden des neuzeitlichen Denkens stützen können, wie sie vor allem durch Descartes, aber auch andere Autoren gegenüber der älteren Logosphilosophie in ihren verschiedenen Spielarten etabliert worden sind. Im Unterschied zum Mittelalter wird eine theologisch-metaphysische Staatsbegründung hinfällig; abgelöst wird sie nicht zuletzt durch den Kontraktualismus, die Vertragstheorie als Form der Rekonstruktion des Staatsursprungs, die man immer auch als Einladung verstehen kann, sich über die Ausgestaltung des Gesellschaftsvertrags seine Gedanken

[3] Für weitere Beispiele vgl. Robert N. Bloch, *Bibliografie der utopischen und phantastischen Literatur 1750-1950, Gießen 1984.*

zu machen – auch dazu passen die neuen Utopien. Hinzu kommen schließlich – von Francis Bacon bis Jules Verne – ausdrückliche Bezüge auf das neue technisch-praktische Herrschaftswissen, das seinerseits Gegenstand so mancher Staats- und Sozialutopie wird. Weiter eingehen können wir hier auf diese Fragen allerdings nicht – und müssen es auch nicht, da unser Primärinteresse hier nicht der Literaturgeschichte, sondern dem *utopischen Gedanken und Denken* als solchen gelten soll.

2. In die Richtung auf das utopische Denken als solches führt dann, *zweitens*, die Erinnerung, dass das Stichwort „Utopie“ statt klassifikatorisch auch *evaluativ* gebraucht werden kann, nämlich im Sinne der *bewertenden Charakterisierung einer bislang unausgeführten Idee, eines Entwurfs oder eines Projekts*, dessen Ausführbarkeit, wenn nicht Sinnhaftigkeit noch problematisch erscheint, wenn sie nicht grundsätzlich bestritten wird. „Utopisch“ ist so das prinzipiell Unerreichbare, Weltfremde, letztlich in die Irre Führende. Der „Utopiker“, der entsprechend anzweifelbare Ideen oder Visionen in die Welt setzt, ist dann entweder ein seines Standes bewusster hartgesottener Idealist, eine aus Prinzip weltflüchtige „schöne Seele“ oder aber ein Traumtänzer, den das *Wünschen*, nicht aber das Vollbringen interessiert. Der Titel „Utopie“ artikuliert hier in jedem Fall einen begründeten *Vorbehalt*, der das subjektive Wünschen an seinem realen Gehalt bzw. seiner objektiven Wirklichkeitstauglichkeit misst. Was in diesem Sinne „Utopie“ heißt, ist, wenn nicht schon disqualifiziert, so doch bezüglich seiner Dignität noch nicht vertrauenswürdig. Schon im 16. Jahrhundert konnte der Ausdruck „res publica Platonis“ – also der Hinweis auf Platons *Staat* – so viel wie „Utopie“ bedeuten.

3. Auch in evaluativer Hinsicht wiederum anders gelagert ist, *drittens*, der Gebrauch, den der *Neomarxismus* von Terminus und Konzept der „Utopie“ gemacht hat, damit einen Sprachgebrauch begründend, der im 20. Jahrhundert auch über die im engeren Sinne marxistischen

Zirkel hinaus ausstrahlen konnte[4]. Während der klassische Marxismus sich mit Händen und Füßen dagegen gewehrt hatte, mit einer „Utopie" verwechselt zu werden – er verstand sich, wie man sich erinnert, als „Wissenschaft" mit exakter Einsicht in vergangene wie auch künftige Geschichtsverläufe –, entdeckte nach dem evidenten Scheitern des *klassischen* Marxismus der *Neomarxismus* im Utopischen Potentiale für die Ausformulierung einer revidierten Form von Gesellschaftskritik und Geschichtsphilosophie. Zumindest bei Ernst Bloch, dem bekannten und wichtigsten Vertreter des neomarxistischen Utopismus, kann diese Revision auch die Integration eines säkularisierten Messianismus meinen, jedenfalls aber ein Geschichtsdenken im Zeichen „konkret-utopischer" „Hoffnung" ermöglichen[5]. Bei Bloch wird dafür die ontologische Differenz von Möglichkeit und Wirklichkeit aufgerufen, wobei es die Aufgabe der Utopie ist, auf den realen Vorbehalt aufmerksam zu machen, der in den vergangenen und gegenwärtigen Möglichkeiten gegen die je gegebene Wirklichkeit immer schon liegt. Dieser Vorbehalt, der das Bestehende gegen das utopisch antizipierte „Noch-nicht-Sein" hält, erschließt sich dabei dem Bewusstsein keineswegs nur in theoretischen Begriffen, sondern genauso in Ahnungen, in „Tagträumen" oder auch in ästhetischen Erfahrungen, etwa im Umgang mit der Musik, die gegen ihre Zeit antönt. Die Utopie soll in diesem Sinne die Energien freisetzen, kraft derer das jeweilig Wirkliche nicht bei sich selbst stehenbleibt, sondern über sich auf einen vollkommeneren Grad seiner Entfaltung hindrängt. Typisch ist hier wie auch sonst im Neomarxismus eine Doppelfunktion der Utopie, die von Max Horkheimer, also einem der Begründer der „Frankfurter Schule", auf die Formel gebracht worden ist, die Utopie sei zugleich die „Kritik dessen, was ist", wie auch die „Darstellung dessen,

---

[4] Die Breitenwirkung kann z.B. an einem Popularautor wie Georg Picht abgelesen werden, der in seiner Vortragssammlung *Mut zur Utopie. Die großen Zukunftsaufgaben, München 1969 mit „Utopie" ebenfalls die Fackel meint, die uns den Weg in die Zukunft weisen soll.*

[5] Die erste Fassung von Blochs Erstling *Geist der Utopie ist 1918 erschienen, eine bearbeitete Version 1964.*

was sein soll"[6]. In der „Kritischen Theorie" handelt es sich insoweit bei der Utopie um eine Denkfigur, deren Funktion es ist, nicht nur die Gegenwart zu analysieren, sondern den gewünschten historischen Verlauf mitzugestalten und nach *Möglichkeit* auch zu beschleunigen. Wenn man so will, hält hier die Utopie ihrer Zeit einen Spiegel vor, in dem diese mehr als sich selbst, nämlich auch ihre Potentiale erkennen soll. Wir referieren diese Dinge hier nur und verzichten auf ihre Kritik.

4. Die *vierte* Bedeutung der Utopie oder des Utopischen schließlich ist die philosophisch fundamentalste und darum für uns wichtigste: Es geht um eine Bedeutung, die weder auf die Literaturgeschichte noch auf die kritische Prüfung nicht ausgeführter oder ausführbarer Ideen noch auf den Verlauf der Geschichte und dessen kritische Mitgestaltung zielt, sondern sehr grundsätzlich den *Begriff des Menschen und des menschlichen Selbstverhältnisses sowie damit die Struktur des menschlichen Selbstbewusstseins* ins Thema setzt. Wie ist das gemeint? Der Mensch ist - so nach dem bekannten Essayisten Ortega y Gasset - als solcher ein „utopisches Wesen"; das Thema „Utopie" führt uns damit weder primär in die politische noch in die Geschichtsphilosophie, auch nicht in die Gesellschaftskritik, sondern zuallererst in die *Anthropologie*[7]. Ortega selbst erinnert bei der leider eher knapp gehaltenen Entfaltung seiner These vor allem daran, dass sich der Mensch der Wirklichkeit gerade auch dann entgegenzustellen vermag, ja dies, jedenfalls in seinen besseren Exemplaren, auch tut, wenn er weiß, dass seine Wünsche an ihr zerbrechen werden. Der Mensch reflektiert sich nämlich aus der äußeren Wirklichkeit

---

[6] Max Horkheimer, *Anfänge der bürgerlichen Geschichtsphilosophie (1930), in: Gesammelte Schriften, Bd. 2, Frankfurt am Main 1987, S. 244.*

[7] Vgl. José Ortega y Gasset, *Vom Menschen als utopisches Wesen. Vier Essays, Stuttgart 1951. Der Titel stammt in dieser Form nicht von Ortega selbst; der Sache nach wird das Thema jedoch in mindestens zweien der dort abgedruckten Texte behandelt, so etwa in dem Essay „Miseria y splendor de la traducción" / „Glanz und Elend der Übersetzung" von 1937, der zwei Arten des Utopismus unterscheidet und auf den sich die hier im Text folgenden Hinweise beziehen (vgl. auch Ortega y Gasset, Gesammelte Werke, Bd. 4, Stuttgart 1978, S. 126-151, bes. S. 131-135).*

immer auch heraus – was er tun kann, weil bzw. insofern er in sich eine Innerlichkeit und in dieser einen Selbststand hat, über dessen Validität der äußere Erfolg niemals das letzte Wort spricht. Der Sache nach nimmt Ortega hier einen Topos auf, der in der philosophischen Anthropologie schon längst in verschiedenen Variationen aufgetreten war. Wir erinnern hier nur etwa an die ontologische Ortlosigkeit des Menschen, die nach Pico della Mirandola sowohl der Freiheit wie der exzeptionellen Würde des Menschen korrespondiert: Der Mensch ist nach Pico nicht auf die gleiche Weise Mensch, wie der Löwe ein Löwe und der Adler ein Adler ist, nämlich fraglos und im Vollzug seiner schöpfungsgemäßen Artbestimmtheit, seines biologischen „Programms". Der Mensch ist vielmehr erst darin Mensch, dass er als nicht schon an einen bestimmten Platz gewiesener Betrachter der ganzen Schöpfung, als „universi contemplator", wie Pico sagt, seinen Ort erst finden, sich ihn erst erobern muss. Ich zitiere nur einige der sehr bekannten Sätze, mit denen in Picos Oratio der Schöpfer Adam anredet, um ihn über seine ontologische Sonderstellung, aber ebenso über seine besondere ethische Aufgabe ins Bild zu setzen:

„Keinen bestimmten Platz habe ich dir zugewiesen, auch keine bestimmte äußere Erscheinung und auch nicht irgendeine besondere Gabe habe ich dir verliehen, Adam, damit du den Platz, das Aussehen und alle die Gaben, die du dir selber wünschst, nach deinem eigenen Willen und Entschluss erhalten und besitzen kannst. Die fest umrissene Natur (*definita natura*) der übrigen Geschöpfe entfaltet sich nur innerhalb der von mir vorgeschriebenen Gesetze. Du wirst von allen Einschränkungen frei nach deinem eigenen freien Willen … dir selbst deine Natur bestimmen. In die Mitte der Welt habe ich dich gestellt (*medium te mundi posui*), damit du von da aus alles bequemer ringsum betrachten kannst, was es auf der Welt gibt. … Du bist Former und Bildner (*plastes et fictor*) deiner selbst: Du kannst nach unten hin ins Tierische entarten, du kannst aus eigenem Willen wiedergeboren werden nach oben in das Göttliche."[8]

---

[8] Das Zitat folgt hier der Übersetzung von Gerd von der Gönna in seiner Ausgabe: Pico della Mirandola, *De hominis dignitate / Über die Würde des Menschen, Stuttgart*

Man muss, wenn man diese Sätze hört, sogleich festhalten, dass Picos sich hier aussprechendes entschiedenes Freiheitspathos gerade nicht nihilistisch gemeint ist, so dass es am Ende gleichgültig wäre, zu was sich der Mensch als sein eigener „Former und Bildner" machte – Pico ist gerade kein Vorläufer eines Sartre, er ist Platoniker, für den die Aufgabe des Menschen, wie in der Oratio selbst schon gezeigt wird, in der größtmöglichen Anähnlichung an Gott *(homóiosis theô)* besteht, nur dass sich eben der Mensch durch sich selbst dazu bestimmen muss, diese Aufgabe zu übernehmen und nach den Mitteln zu fragen, die ihn zum Ziel führen können. Aber der Mensch tut dies aus einer *anfänglichen Ortlosigkeit*, aus einer „Utopie" heraus, die er in eine „Eutopie" zu verwandeln hat. *Zusammengefasst*: Als „utopisches Wesen" existiert der Mensch aus einer Schwebe und Ungewissheit heraus, die in gelebte Seinsgewissheit zu überführen seine eigentlich ethische Aufgabe ist. Das „utopische Wesen" Mensch ist unterwegs nach einer „Ruhe", auf die hin es über sich selbst hinauswachsen muss. In genau diesem Sinne aber gehört das Utopische zum Wesen und zum Selbstverständnis des Menschen, der übrigens gerade aufgrund dieser seiner inneren Utopik auf keine äußere, verdinglichende Bestimmung, ob diese nun nach naturwissenschaftlichen oder soziologischen, ökonomischen oder kulturellen Maßstäben gewonnen sei, festgelegt werden kann.

Unsere bisherigen Überlegungen haben bereits aufzeigen können, dass die Frage nach der Utopie und dem Utopischen komplexer ist, als man zunächst meinen könnte. In den beiden folgenden Teilen dieses Beitrags werden wir schon aus Raumgründen nicht allen Aspekten nachgehen können, die unser facettenreiches Thema betreffen. Wir wollen stattdessen in dem folgenden zweiten Teil so verfahren, dass wir uns zunächst genauer mit der Frage beschäftigen, worin die Abwege bestehen können, auf die den Menschen sein eigenes „utopisches Wesen" führen kann – die Gefahr einer nihilistischen, in der Negation steckenbleibenden Utopik

---

2001, S. 9. Zu Pico insgesamt vgl. Thomas Sören Hoffmann, Philosophie in Italien. Eine Einführung in 20 Porträts, Wiesbaden 2007, S. 107-133.

haben wir schon angesprochen. Dabei sind die Problematiken, auf welche die Utopik führen kann, epochal durchaus verschiedene: So können wir beispielsweise sagen, dass Platons Lehre vom Idealstaat auf ganz andere Weise logosgebunden und von daher bei allen Problemen im Einzelnen auch fundamentalphilosophisch besser fundiert ist, als dies beispielsweise für Campanellas eher luftigen „Sonnenstaat“ gilt. Ebenso lässt sich Harringtons mit Emphase vorgestellte, echtes humanes Pathos bezeugende ideale Republik nicht mit den aktuellen technokratischen, trans- und posthumanistischen Phantasien vergleichen, die offenbar keinerlei ethische oder auch nur rechtsstaatliche Rückbindungen mehr anerkennen und nur noch den Imperativ der maximalen Umsetzung von Verfügungswissen gerade auch in Beziehung auf die Mitmenschen befolgen zu wollen scheinen. Es hat übrigens mit Entwicklungen wie der letztgenannten zu tun, wenn in der jüngeren Vergangenheit an die Stelle von sonst vorherrschenden „Eutopien“ vielfach Dystopien getreten sind, in denen die früheren Fortschritts- und Zukunftshoffnungen vielmehr durch Szenarien der Unfreiheit, wenn nicht einer Menschheitsdämmerung verdrängt werden. Der Mensch scheint sich insoweit darauf einzustellen, seinen Ort auch grundsätzlich verfehlen zu können, d.h. ohne Antwort auf die Frage nach seinem eigentlichen Ort, die in der Utopie steckt, zu bleiben.

2 Zur Phänomenologie der Utopie als Wesensausdruck des Menschen

Wir haben uns bereits ein Bild davon gemacht, was es heißt, wenn der Mensch als „utopisches Wesen“ bezeichnet und der Sitz des utopischen Denkens in seinem Selbstverhältnis gefunden werden kann. Bezug genommen haben wir dabei auf Ortega y Gasset und Pico della Mirandola, können dem aber für den Einstieg in die nähere Erörterung vor allem auch praktisch werdender Utopien noch eine kurze biblische Besinnung hinzufügen.

Die Bibel, in diesem Fall die Genesis, zeigt uns den Menschen in seinem Ursprung als an einen schlechthin vollkommenen Ort gestellt. Im

Garten Eden, dem vollkommenen Ort, der „Eutopie" des Ursprungs, ist nicht nur für den Menschen in jeder Hinsicht gesorgt, er kennt hier auch kein Leid, keinen Tod und keine Entfremdung, vor allem keine Entfremdung von seinem Schöpfer, vor den er frei hintreten und mit dem er ebenso frei kommunizieren kann. Man sollte meinen, wenn irgendwo, dann sollte im *Paradies* kein Platz für die Utopie sein. Dem ist aber nicht so. Die erste Stimme eines Utopikers, von der wir hören, ertönt mitten im Paradies, über das sie hinausweist, wenn sie sagt: „Ihr werdet sein wie Gott!" (Gen 3,4) Die Stimme stellt eine Steigerung des paradiesischen Zustandes in Aussicht, die freilich nur dadurch erkauft werden kann, dass gegen die Ordnung des vollkommenen Ortes, also die Ordnung des Paradieses, verstoßen wird. Die unmittelbare Folge des Verstoßes für den Menschen ist der Verlust der Eutopie und der Beginn einer Suche nach einem neuen und bleibenden Ort der Vollkommenheit, einer Suche, die uns die ganze Heilige Schrift hindurch von Abrahams Aufbruch aus Haran (Gen 12,1-2) bis zum Hebräerbrief mit der Ankündigung seiner endgültigen Ruhe (katápausis, Heb 4,1-13) oder dem neuen Himmel und der neuen Erde der Apokalypse (Apk 21,1) begegnet. Der für uns wichtige Punkt liegt hier nun gar nicht so sehr in der Frage, wie die Stimme der Utopie an einem vollkommenen Ort überhaupt laut werden konnte. Sie liegt vielmehr in der Frage, was es denn macht, dass diese Stimme ohne weiteres auf Resonanz beim Menschen rechnen konnte und diese Resonanz auch ohne weiteres findet. Die Antwort liegt grundsätzlich darin, dass die Vernunft- und Freiheitsnatur des Menschen ihm nicht nur die Möglichkeit gibt, sich von allem unmittelbar Gegebenen theoretisch wie praktisch zu distanzieren, sondern diese Vernunft- und Freiheitsnatur ebenso den fundamentalen Impuls enthält, über sich hinauszugehen, sich zu transzendieren. Die Schlange legt dem Menschen beides nahe: den status quo, die Ordnung des Paradieses, „kritisch" zu sehen bzw. ihn zu distanzieren, wie einen Schritt über sich hinaus, auf eine zumindest dem Versprechen nach höhere Vollendungsform hin zu tun. Gerade hier aber kommt das „utopische Wesen" des Menschen wieder ins Spiel, denn auf beides konnte die Schlange nur den Menschen, nicht das Tier ansprechen, das seinen Lebenskreis nicht nur nicht in Frage stellt, sondern ihn sich überhaupt nicht vorstellig zu machen vermag. Helmuth Plessner hat für diesen Zusammenhang von der „exzentrischen Positionalität" des Menschen gesprochen, von der Tatsache also, dass der Mensch – wie wir einmal kurz zusammenfassen – nur dann bei sich selbst ist, wenn er auch außer sich im Sinne von unterwegs zu seinem wahren Selbst ist[9]. In der älteren Philosophie hatte vor allem Platon den Gedanken vertreten, dass das wahre Sein des Menschen kein starres Etwas-Sein, sondern ein dynamisches Über-sich-Hinausgehen bis hin zu der bereits erwähnten Anähnlichung an Gott ist; auch die bekannte Eros-Lehre des *Symposions* gehört in diesen Zusammenhang einer Anthropologie der tätigen Selbsttranszendenz, wie sie der Platonismus vertritt. Wir nutzen die Gelegenheit, um an dieser Stelle noch etwas zu dem bereits angesprochenen Problem nachzutragen, inwieweit wir schon bei Platon ein im eigentlichen Sinne utopisches Denken antreffen – man hat dies im Blick auf die Staatsentwürfe der *Politeia* und der *Nomoi*, ebenso aber auch den *Kritias*, in dem die Atlantis-Sage aufgegriffen wird, immer wieder bejaht. Man tut jedoch gut daran, hier Vorsicht walten zu lassen: Denn im Unterschied zu den neuzeitlichen, *eigentlichen* Utopien (im Sinne literarischer Staatsentwürfe) ist Platons Staat nicht in einen leeren Vorstellungsraum hinein imaginiert oder konstruiert; vielmehr geht es darum, aus dem Begriff des Guten, welcher der innerste Kern der Staatlichkeit und aller Philosophie ist, den Staat und die richtige Lebensform des Menschen methodisch – und das heißt bei Platon: *dialektisch* und im Hören auf die „Homologien" des Logos – abzuleiten. Einer der entscheidenden Punkte dabei ist, dass nach Platon das Gute zugleich der *Seinsgrund* alles Existierenden, der *Erkenntnisgrund* aller Wahrheit und ebenso der *Motivationsgrund* allen Handelns ist. Platons Anspruch ist entsprechend nicht, nur eines unter vielen möglichen „Idealen" bezüglich des staatlichen Zusammenlebens aufzustellen, sondern den letzten

[9] Helmuth Plessner, *Die Stufen des Organischen und der Mensch. Einleitung in die philosophische Anthropologie, 3. Aufl., Berlin / New York 1975, bes. S. 324ff.*

Grund offenzulegen, aus dem heraus ein Staat, zumal ein wahrhaft guter und gerechter Staat, *überhaupt dasein* kann. Kurz: Es geht nicht um eine möglichst ansprechende Phantasie bezüglich eines gedeihlichen öffentlichen Lebens, es geht um die philosophische, vom Logos geleitete Erschließung der *Konstitutionsbedingungen* eines gelingenden gemeinschaftlichen menschlichen Lebens. Das heißt zusammengefasst: Platon entwirft nicht ein „Bild" idealer Staatlichkeit, sondern legt den Logos frei, der den Staat allein tragen kann; er fragt nicht „nach vorne" auf von uns in einer utopischen Zukunft zu treffende Einrichtungen hin, sondern *zurück* nach dem Grund eines sittlich-gerechten Lebens, von dem wir uns in aller Regel bereits abgetrennt haben, wovon nicht zuletzt die üblicherweise scheiternden Versuche in der Politik klares Zeugnis geben. Belassen wir es bei diesen wenigen Bemerkungen und kehren zu dem „utopischen Wesen" Mensch zurück, insofern sich dieses Wesen auf der Suche nach seinem Ort auch verlaufen kann!

Das Beispiel des Paradieses und seines Verlustes im Zuge unkorrigiert utopiegeleiteten Handelns hat uns bereits auf die Ambivalenz des „utopischen Wesens" des Menschen aufmerksam gemacht. Diese Ambivalenz gründet, wie wir bereits wissen, darin, dass der Mensch den Impuls, der in seinem utopischen Wesen liegt, nicht im Sinne einer ethischen Aufgabenstellung aufnimmt, wie Pico es gefordert hatte. Man kann utopisch „schwärmen", ohne damit eine ethische Zielbestimmung oder auch nur Mittelreflexion vorzunehmen: so wie Eva, als sie die Frucht nahm, weder das Ziel ihres Handelns ethisch definiert noch das Mittel, das sie wählte – die Übertretung des göttlichen Gebotes – auf seine Zulässigkeit und seine Folgen hin geprüft hat. Es war, wie wir im Anschluss an Kierkegaard sagen können, die „süße Angst" eines seine Möglichkeiten „träumenden Geistes", die der Anlass (nicht die nötigende Ursache) zur Übertretung des Gebotes wurde[10]; es war ein sich Hineinimaginieren

---

[10] Vgl. Sören Kierkegaard, *Der Begriff Angst, hrsg. u. übers. von Emanuel Hirsch, Düsseldorf 1965, S. 40. Kierkegaards existentiell-psychologische Deutung der Sündenfallsgeschichte gehört zu seinen auch philosophisch besten Leistungen.*

in eine vielleicht riskante, dadurch aber nur um so verlockendere Möglichkeit eines Selbstseins jenseits des Status quo. Wir können, wenn wir bei der Analyse Kierkegaards ansetzen, nicht nur überhaupt sagen, dass alles utopisch motivierte Handeln und auch Denken zu einem gewissen Teil immer aus jener „süßen Angst“ stammen wird, die sich aus der Spannung zwischen einem Anspruch des Gebotes oder auch der Wirklichkeit auf der einen, dem Erträumen neuer, eigener Möglichkeiten auf der anderen Seite speist. Utopisches Denken und Handeln ist immer auch selbstverliebtes, narzisstisches Handeln, und bleibt es auch, wenn es nicht durch ethische oder Vernunftgründe korrigiert und gereinigt wird. Dies vorausgesetzt, können wir drei Hauptformen der handlungsmotivierenden Utopie unterscheiden, die wir hier im Sinne einer kleinen „Phänomenologie der Utopie“ vorstellen, vor allem aber in ihrer jeweiligen Problematik besprechen möchten.

1. Die *erste* dieser Hauptformen möchte ich die *„Utopie der Aufwandslosigkeit“* nennen. Das utopische Schwärmen in *Möglichkeiten* ist schon deshalb mit nur geringem Aufwand verbunden, weil Möglichkeiten auf der formalen Ebene zunächst allein durch das Prinzip vom zu vermeidenden Widerspruch definiert sind, also weder wie z.B. die technische Realmöglichkeit oder Verwirklichung Wirklichkeitskenntnis voraussetzen noch irgendeinen Aufwand einer plan- und zweckmäßigen Mittelbeschaffung implizieren. Die „Utopie der Aufwandslosigkeit“ ist die Utopie des bloßen Phantasierens, des „Tagträumens“, wie Ernst Bloch es ausdrücklich bejahen wollte; ist in demselben Sinne aber noch kein wirkliches Wollen, kann jedoch wirkliches Wollen verhindern und damit jene Verfassung des Geistes begünstigen, die Aristoteles „Akrasie“, also Willensschwäche, oder die christliche Ethik „Azedie“ genannt hat. Übrigens lohnt es sich, darüber nachzudenken, ob wir die „Utopie der Aufwandslosigkeit“ heute nicht schon dadurch fahrlässig und geradezu uferlos verbreiten, dass wir schon den kleinsten Kindern Geräte in die Hand drücken, die ihnen der Suggestion nach allen Aufwand in der Überwindung physischer und intellektueller Barrieren abnehmen und

sie so auf der Stufe eines auf Dauer fatalen narzisstischen Genusses vermeintlicher Allmacht stehen lassen. Die entsprechenden Folgen einer Utopie der Aufwandslosigkeit haben inzwischen auch die Universitäten erreicht, die immer weniger echte Hochschulreife voraussetzen können, sich dafür aber mit „Ansprüchen" konfrontiert sehen wie dem, man möge einem die Lektüre dicker Bücher ersparen oder überhaupt gleich die Grundgedanken der Kantischen Erkenntnistheorie in Cartoon- oder Comic-Form präsentieren. Es ist schon jetzt absehbar, welche akademischen und auch realweltlichen Dystopien aus den entsprechenden Utopien der Aufwandslosigkeit noch erwachsen können; eine eigentliche Wissenschaftskultur wird unter den gegebenen Bedingungen auf Dauer kaum aufrechtzuerhalten sein[11].

2. Die *zweite* Hauptform einer problematischen Utopik im Handeln möchte ich die *Utopie der Verantwortungslosigkeit* nennen. Anders als bei der Utopie der Aufwandslosigkeit geht es hier um eine Haltung, die durchaus nicht nur wünscht, sondern tatsächlich will; es geht um reale Weltgestaltung, dies jedoch so, dass die komplette Rechtfertigung des utopisch begründeten Handelns in dem Gehalt der Utopie selber liegen soll, vor allem aber der einzelne Handelnde keine persönliche Verantwortung für sein Handeln zu übernehmen braucht, da dieses, wenn es der Utopie und ihrer Realisierung dient, ja kein Privathandeln war, sondern immer schon „dem Allgemeinwohl" diente. Man kann die Sache auch umkehren und sagen, dass es eine aus aller ideologischen Praxis nur allzu gut bekannte Tatsache ist, dass Ideologien insbesondere dort, wo sie utopisch werden, zu einer Entverantwortlichung der einzelnen Handelnden neigen, die persönliche Verantwortung eben ins „Nirgendwo", an den U-Topos, verlegt worden ist. Die Utopie der Verantwortungslosigkeit „entlastet" so zwar einerseits den Handelnden, anonymisiert ihn aber andererseits auch bis zum Verschwinden: Ernst

[11] Dazu exemplarisch Manfred Spitzer, *Die Smartphone-Epidemie. Gefahren für Gesundheit, Bildung und Gesellschaft, Stuttgart 2018.*

Bloch beispielsweise hat davon gesprochen, dass „der rote Held" auch die „restlose Opferung des Individuums an die künftige Klasse" zu erbringen bereit sein wird, also als Individuum vom Klassenallgemeinen aufgesogen werden will[12]. Ideologien fällt es immer leicht, mit entsprechenden Leitbildern wie dem roten, dem braunen oder sonstwie angemalten Helden die Einzelnen auf dem Altar utopischer Ziele zu opfern. Damit geht aber ein Problem einher, das unmittelbar mit der individuellen Entverantwortlichung zusammenhängt – das Problem nämlich, dass auch diese Ziele am Ende ganz abstrakt bleiben und mit dem Leben der Einzelnen, solange sie noch am Leben sind, nicht viel zu tun haben. Es geht um eine abstrakte *Gerechtigkeit*, die zugleich keine Tugend der Gerechtigkeit, d.h. kein gerechtes Individuum voraussetzt. Es geht um einen abstrakten *Frieden*, der sich nicht auf mit sich selbst und untereinander Versöhnte stützen kann, d.h. um einen Frieden ohne gelebte Tugend der Friedfertigkeit. Es geht um eine abstrakt-*vollkommene* Gesellschaft, deren Mitglieder keine korrespondierende Vollkommenheit darstellen müssen – damit aber um eine Gesellschaft, in der die alte platonische Einsicht vergessen ist, dass es eine gute Staatsverfassung ohne gute Seelenverfassung der Bürger (und umgekehrt) nicht geben kann. Die Utopie der Verantwortungslosigkeit ruft, wenn man so will, zu einer allgemeinen Mobilmachung auf, bei der nicht auf Tüchtigkeit oder Untüchtigkeit des Einzelnen geachtet wird, sondern alleine die Masse zählt. In der Folge davon aber verblasst nicht nur das Ideal, dem der Einsatz gilt, es kommt auch zu einem Handeln, das in sich genauso wenig einen ethischen Wert hat, wie es noch ein persönliches Gesicht zeigt. Erwähnt sei noch kurz, dass es selbstverständlich auch schon das *Entwerfen* von Utopien entlastet, wenn damit keine Rückkoppelung an die individuelle Tugend des Autors der jeweiligen Utopie verbunden ist. „Normative Ordnungen", wie man sie in Frankfurt so sehr schätzt, können genauso wie die Fahrpläne der Stadtbahn immer an Schreibtischen entstehen, die keinerlei ethische Nagelprobe auf ihre Urheber garantieren. Zwar kann

---

12 Vgl. Ernst Bloch, *Das Prinzip Hoffnung, Frankfurt am Main 1959, Bd. 3, S. 1378f.*

man immer sagen, dass richtige Gedanken entweder richtig oder falsch sind und zunächst allein daraufhin beurteilt werden müssen. Bei Utopien jedoch, deren Richtigkeit oder Falschheit naturgemäß niemals unmittelbar zu Tage liegt, macht es durchaus einen Unterschied, wer sie wie und mit welchem persönlichen Einsatz vorträgt. Kurz und bündig: Wer utopisch motiviert denkt und handelt (was im Sinne der exzentrischen Positionalität des Menschen durchaus am Platz sein kann), muss immer bereit sein, dafür als ganze Person geradezustehen. Eine Flucht in die Anonymität gilt hier nicht.

3. An *dritter* Stelle sei die *Utopie der Machenschaft* genannt, deren Bezeichnung wir zunächst näher erläutern müssen. Martin Heidegger hat von der Technik als „Machenschaft" gesprochen, so vor allem in den *Beiträgen zur Philosophie*, die ab 1936 zu Papier gebracht worden sind[13]. Die „Utopie der Machenschaft" ist eine Form des utopischen Denkens und Handelns, die sich auf rein technisch-praktisches Handeln, aristotelisch: auf das Herstellungshandeln, stützt und auch ihre Ziele bzw. Inhalte vom technisch Möglichen her bestimmt. In der Utopie der Machenschaft kommen grundsätzlich keine Zielsetzungen wie die sonst so wichtigen Motive der Gerechtigkeit, der Bildung oder der Humanität mehr vor. Die Utopie der Machenschaft mobilisiert vielmehr alle zu Gebote stehenden Mittel, um die Gesellschaft zwar nicht gerechter, dafür aber fungibler und in ihrer Organisation effizienter zu machen. Ebenso ist sie nicht mehr bestrebt, den Menschen zu bilden oder aufzuklären, sondern umgekehrt möglichst alle Informationen über die Individuen zu sammeln und diese technisch-praktisch für das Gesellschaftsmanagement zu nutzen. Schließlich geht es hier nicht mehr um einen Zuwachs an Humanität, sondern um technisch vermittelte – auch „moralische" – Verbesserung, Steigerung, ja Überwindung des Menschen, wie wir ihn kennen; die radikalsten Vertreter der Utopie der Machenschaft träumen

[13] Martin Heidegger, *Beiträge zur Philosophie (Vom Ereignis), in: Gesamtausgabe Bd. 65, Frankfurt am Main 1989, S. 126-128.*

von einem „posthumanen", ja überhaupt „postbiologischen" Zeitalter, in dem wir das Leben überhaupt, wie wir es kennen, hinter uns lassen und uns in bloße Datensätze auflösen[14]. Man muss selbstverständlich festhalten, dass eine ganze Reihe der Zielsetzungen, die hier verfolgt werden, eher dem Bereich der *Science fiction* als dem des technisch tatsächlich Realisierbaren angehören, wie man im Grunde die Gläubigen aus den diversen Sekten des Trans- und Posthumanismus für ihr extrem reduktionistisches Welt- und Selbstbild als Menschen auch nur bedauern kann. Das Problem ist dennoch, dass die Utopie der Machenschaft eine reale Macht und Gefahr für den Menschen ist, hinter der teils massive Interessen der IT-Branche, der Finanzindustrie und auch der einschlägigen globalistischen Zirkel stehen, für die der „verbesserte" Mensch der möglichst umfassend kontrollierbare Mensch ist. Wir nennen hier exemplarisch drei Stichworte, welche die Probleme aufzeigen, mit denen uns die Utopie der Machenschaft konfrontiert:

a. Da ist zum einen die Tatsache, dass die „Machenschaft", d.h. die Unfähigkeit, in anderen als technisch-praktischen Kategorien zu denken, unmittelbar einem weltanschaulichen *Nihilismus* entspricht, der – ganz im Sinne von Nietzsches Nihilismus-Analyse – eine Sinnstiftung nur noch im „Willen zur Macht" bzw. der Machterweiterung kennt. Der Utopismus der Machenschaft verfügt so denn auch einzig und allein über technisches Verfügungswissen; irgendein, wie die Philosophen hier sagen: genuines „Orientierungswissen", hat er so wenig, wie er über die Möglichkeit verfügt, sich die klassischen Quellen der Sinnstiftung – die Kunst, die Religion, die Wissenschaft und die Philosophie – unabhängig vom eigenen Willen zur Macht zu erschließen.

[14] Vgl. zum Thema Thomas Sören Hoffmann, „‚Human Enhancement', Transhumanismus und andere Kopfgeburten der Lebensverweigerung", in: Imago Hominis 30/2 (2023), S. 89-98.

b. Da ist zum anderen das Problem, dass die Utopie der Machenschaft entsprechend der Logik der Machenschaft einen klaren Unterschied zwischen den Machern und den Objekten ihrer Machenschaft setzt: Es gibt Handelnde und Behandelte, Planer und Beplante, Kontrolleure und Kontrollierte. Grundprinzipien der freien Gesellschaft wie das einer *Gleichheit vor dem Gesetz* gelten hier nicht mehr, wie es überhaupt kein Gesetz mehr gibt, das etwas anderes als ein Herrschaftsinstrument wäre. Dass eine Utopie, die über den Menschen hinausgehen will, dann auch mit dem in ihren Augen angestaubten Begriff „Menschenwürde" nichts mehr anfangen kann[15], versteht sich von selbst.

c. Die Utopie der Machenschaft versteht den Menschen von seinen eigenen Artefakten her. Sie hält den Menschen in einem bestimmten Sinne für einen Schöpfer seiner selbst, verdinglicht ihn aber zugleich wieder, indem sie ihn in das Gehege der menschlichen Hervorbringungen zwängt. An dieser Stelle endet freilich auch der Utopismus: Er endet im Begriff des durch sich selbst verdinglichten Menschen, dem alle freie Luft zum Atmen abgeht und alles Licht möglicher Selbsterkenntnis schon genommen ist. Die größte Gefahr des Utopismus der Machenschaft besteht dabei am Ende darin, dass das Modell der Machenschaft selbst heute geradezu omnipräsent ist und nicht auf bloß appellativem Wege unterlaufen werden kann. Unterlaufen werden kann es nur durch ganz anders gefasste Lebenspraxen, nur von der lebendigen Darstellung von Sinnressourcen her, gegen die sich die Machenschaft als der extreme Reduktionismus, ja als frontale Verleugnung des Wesens des Menschen, die er tatsächlich ist, erweist. Wir kommen damit zum abschließenden dritten Teil, in dem wir die Frage nach der Tugend der Hoffnung stellen.

---

[15] Statt anderer Beispiele nennen wir hier nur Franz-Josef Wetz, *Illusion Menschenwürde: Aufstieg und Fall eines Grundwerts, Stuttgart 2005, sowie Beatrix Vogel (Hrsg.), Umwertung der Menschenwürde, Freiburg im Breisgau 2014.*

3 Die Tugend der Hoffnung als gelebte Antwort auf das utopische Wesen des Menschen

Um die These dieses Teils vorwegzunehmen: Sie wird lauten, dass die eigentlich adäquate Antwort auf die Frage, die sich mit dem „utopischen Wesen" des Menschen notwendig stellt, *die Hoffnung*, und zwar diese nicht im Sinne eines abstrakten Hoffens, sondern im Sinne einer *gelebten Tugend der Hoffnung* ist. In gewisser Weise sagen wir damit bereits, dass eine Utopik im Sinne der drei Grundformen der Utopie, die wir näher betrachtet haben, hoffnungslos ist und bleiben muss – sie vermag dem Menschen den Weg zu seinem wahren Ort nicht zu weisen, sondern führt immer aufs Neue nur an den *Nicht*-Ort, in die „Mätopie", wie man auch gesagt hat, aber nicht an jenes Ziel, an dem jede Frage nach einem anderen Ziel verstummt. Wir vergegenwärtigen uns zuerst, warum wir hier auf den Begriff der Tugend zurückgreifen, und erläutern sodann, was Sinn und Inhalt der Hoffnung ist.

In der Philosophiegeschichte hat es eine ganze Reihe verschiedener Tugendbegriffe gegeben. Bei Kant etwa bemisst sich die Tugend an dem Aufwand, den wir zugunsten unserer Pflichterfüllung erbringen, so dass der eigentliche normative Gehalt der Tugend aus der Pflicht folgt. In der Stoa, aber auch bei den Epikuräern ist die Tugendübung Mittel zur Erreichung eines ethischen Ziels (etwa der Apathie), nicht in sich selber Zweck. Bei den Sokratikern, vor allem bei Platon und Aristoteles, wird in der Tugend die reelle, individuelle Teilhabe am Guten gefunden. Wenn wir uns hier an den *aristotelischen* Begriff der Tugend (*areté*) halten, so deshalb, weil Tugend hier für die dank der Teilhabe am Guten realisierte Bestform des Lebens, für eine maximale Zielerreichung, die sich in der mit dieser Zielerreichung einhergehenden Glückseligkeit auch selbst beglaubigt, steht.

Wichtig ist dabei *einerseits* der Gedanke, dass alle Tugend stets einen *immanenten Zielbezug* hat – eine Tugend des Utopischen, der Ortlosigkeit, gibt es nicht, auch wenn es ein Wachsen in der Tugend, eine Maximierung der Teilhabe an dem in ihr sich darstellenden Gut geben kann.

Tugend gründet in einer schon getroffenen Vorzugswahl, die auf das in der Tat und objektiv Vorzugswürdige gerichtet ist.

Wichtig ist *andererseits*, dass Tugend aristotelisch als *Lebensform* gedacht ist, die sich konstant auch im Auf und Ab des Lebens durchhält; Tugend ist situationsbedingt variabel und dauerhaft identitätsstiftend zugleich, so dass wir am Ende auch sagen können: Diejenigen, die wir wirklich sind, sind wir kraft unserer Tugenden.

Schließlich aber – und das ist unmittelbar für unser Thema relevant – mündet nach Aristoteles die tugendhafte Existenz in ein *wahrhaft menschliches Handeln* ein, dem es nicht um ein Herstellen von etwas (die *póiesis*) geht, sondern das in sich selbst Zweck und Ziel ist – die *práxis* im eigentlichen Sinne, in der sich das Vernunftwesen des Menschen zur Darstellung bringt. In der nur kraft der Tugend möglichen humanen *práxis* erfüllt sich so aber auch die menschliche Existenz, deren Sinn in letzter Instanz es eben nicht ist, etwas gegenständlich *zu produzieren*, sondern etwas zu sein. Wir sind im eigentlichen Sinne, wenn wir *wohnen*, nicht wenn wir ein Haus bauen; wir sind, wenn wir *erkennen*, nicht wenn wir Bücher kopieren; wir sind, wenn wir lieben, nicht wenn wir an der Börse spekulieren. Wir sehen schon daran, warum die Lebensform Tugend die Antwort auf die Utopien der Aufwandslosigkeit, der Verantwortungslosigkeit und der Machenschaft sein kann: sie kann es, weil sie die Übung im Leisten des richtigen Aufwands, in der Übernahme individueller Verantwortung und auch in der *práxis* statt in der Machenschaft ist. Der Tugendhafte, der *spoudáios*, wirft im Handeln seine Existenz in die Waagschale und ebenso ist er im Handeln bei sich und auch bei den anderen, keineswegs aber *nirgendwo*. Der Tugendhafte hat seinen Platz gefunden und er füllt diesen Platz zugleich in seinem Handeln stets neu aus.

Wir wissen nun freilich, dass die Hoffnung bei den Griechen und so auch bei Aristoteles noch nicht als Tugend auftritt; „Hoffnung" ist vielmehr griechisch eher nur ein Affekt oder auch eine problematische, weil leicht in die Irre führende Gabe der Götter. Die Dinge ändern sich mit dem Christentum und dabei vor allem mit Thomas von Aquin. Thomas hat die Hoffnung – zusammen mit dem Glauben und der Liebe, den anderen „theologischen Tugenden" – unter die Tugenden aufgenommen. Thomas macht dabei klar, dass es die Hoffnung weder bei den Verdammten noch bei den Seligen gibt, sondern „tantum in viatoribus", allein bei denen also, die noch unterwegs zu ihrem letzten Ziel sind[16]. Dieses Ziel ist aus der Perspektive der Hoffnung kein unbestimmtes und offenes, sondern ein höchst „eutopisches": Es ist die „beatitudo aeterna"[17], zu der hin die Hoffnung wandert und welcher der Hoffende auch jetzt schon seine eigentliche Identität verdankt. Wenn Thomas übrigens davon spricht, dass es auch eine „spes informis", also eine nicht schon durch die Liebe formierte Hoffnung gibt, die freilich nicht im eigentlichen Sinne Tugend sei[18], dann können wir vermuten, dass wir mit diesem Gedanken einer gleichsam ungeordneten Hoffnung das „utopische Wesen des Menschen" verbinden können, das uns in diesem Beitrag beschäftigt hat. Umso deutlicher wird dann aber, inwiefern die Tugend der Hoffnung im Sinne einer lebensförmigen Ausrichtung auf unsere ewige Bestimmung die Antwort auf die Irritationen ist, in die alle isolierte Utopie allein – als noch „ungeformtes", nicht auf ein wahres Ziel gerichtetes Hoffen – stets führen wird.

---

16 Thomas von Aquin, *Summa theologiae, II-II, q. 18, a. 3c.*

17 A.a.O., II-II, q. 17, a. 2c.

18 Vgl. a.a.O., I-II, q. 65, a. 4c; II-II, q. 18, a. 3 ob. 2.

Utopia im neuen Gewand

Dr. Winfried König

Das Internet-Portal des *World Economic Forum* verbreitete im November 2016 einen Essay der dänischen Theologin und Politikerin Ida Auken (* 1978) mit dem Titel „*Welcome to 2030. I own nothing, have no privacy. And life has never been better*"[1]. Es mag etwas schräg erscheinen – so die Autorin –, aber es ist Wirklichkeit für sie in ihrer Stadt Kopenhagen. Was früher eine Ware war, ist jetzt eine Dienstleistung. Sie haben freien Zugang zum Nahverkehr, freie Wohnung, kostenlose Ernährung und alle Sachen, die sie im Alltag brauchen. Eines nach dem anderen war für sie frei erhältlich und so machte es keinen Sinn mehr, etwas zu besitzen. Zuerst wurde die Kommunikation digitalisiert und es gab sie umsonst (englisch: *for free*). Als dann die saubere Energie kam, ging es ganz schnell. Die Fahrpreise purzelten.[2] In einer *Author's note* am Ende ihres Artikels räumt die Autorin allerdings ein, dass sie keine neue Weltordnung errichten wolle: „I wrote this piece to start a discussion about some of the pros and cons oft he current technological development. When we are dealing with the fun ture, it is not enough to work with reparts. We should start discussions in many new ways."[3]

Der Vorschlag von Ida Auken hat eine bemerkenswerte Parallele in dem 1516 erschienenen Buch *Utopia* des englischen Humanisten Thomas More (1478-1535), der unter seinem latinisierten Namen Thomas Morus als Märtyrer der katholischen Kirche verehrt wird.

1 www.weforum.org/agenda/2016/11/shopping-i-can-t-remember-what-that-is. (Abgerufen am 22.1.2024).

2 Vgl. *ebd.*

3 *Ebd.*

Während das Wort *Utopie* heute zum allgemeinen Sprachgebrauch gehört als ein Sachverhalt, der in der Vorstellung der Menschen als ein Modell existiert, das man aber letztlich nicht zu verwirklichen weiß, war der Begriff zu Mores Zeiten gänzlich unbekannt. Man konnte sich die Bedeutung nur aus dem Griechischen ableiten: *ou-topos* – Nirgendwo-Ort. Der vollständige Titel lautete: *„Ein wahrhaft goldenes Büchlein von der besten Staatsverfassung und von der neuen Insel Utopia, nicht minder heilsam und kurzweilig zu lesen, verfasst von dem hochberühmten Thomas Morus, der weltbekannten Stadt London Bürger und Vicecomes, mit Hilfe des Magisters Petrus Ägidius aus Antwerpen und dank der Kunst des Theodorus Martinus van Aelst, Druckers der Hohen Akademie zu Löwen, jetzt zum ersten Male aufs sorgfältigste herausgegeben. Mit Genehmigung und Privileg"*.[4]

Schon zwei Jahre später ließ More sein Werk bei der renommierten Basler Druckerei von Johannes Froben (ca. 1460-1527) neu auflegen, ein Indiz dafür, dass das Buch ein *Bestseller* war. Das Buch traf den Geschmack der Zeit, auch weil es das Thema der Entdeckung fremder Kontinente berührte. Dabei war das Werk nach der Form eines platonischen Dialogs aufgebaut und recht vielschichtig: auf den ersten Blick ein heiter-ironisches Gespräch zwischen Humanisten, bei näherem Hinsehen jedoch eine scharfe Gesellschaftskritik.

Inhalt des Werkes

Der Text, der aus zwei Teilen oder „Büchern" besteht, gibt zunächst ein Gespräch in einem Haus im flämischen Brügge wieder, wo More zeitweilig als Gesandter tätig war. Gesprächspartner sind der Verfasser, sein flämischer Freund Petrus Ägidius und der portugiesische Seefahrer Raphael Hythlodeus (d.h. „Vielredner", „Aufschneider"), der als früherer

[4] Original auf Latein. Übers. v. Gerhard Ritter: Thomas Morus, *Utopia*. Stuttgart [Reclam] 1964, S. 7.

Reisegefährte des Entdeckers Amerigo Vespucci vorgestellt wird. Der Portugiese ist der Hauptredner des Dialogs. Er berichtet davon, eine Zeitlang auf einer unbekannten Insel namens *Utopia* gelebt zu haben, die vor langer Zeit von einem weisen König namens Utopos besiedelt worden war. In dieser Republik ist der Besitz gemeinschaftlich. Führungskräfte werden für einen bestimmten Zeitraum aus der Gemeinschaft gewählt. Alle Bewohner haben sich in der Landwirtschaft zu betätigen, können daneben aber auch handwerklichen Berufen nachgehen oder sich des wissenschaftlichen Studiums widmen. Kriege werden, wenn es sie gibt, durch ausländische Söldner geführt.

Die Gesellschaftskritik richtete sich gegen die Verarmung der kleinen Landbauern im England des 16. Jahrhunderts, wie Erasmus von Rotterdam in einem Brief an Ulrich von Hutten deutlich machte: „Die ‚Utopia' gab er [Thomas More] in der Absicht heraus, die Gründe aufzuweisen, weswegen die Staaten in weniger gutem Zustand sich befänden. Den britischen aber hat er darin ganz besonders dargestellt, den er tief durchschaut und erkannt hat."[5] Konkret geht es um die Kritik an einer Form des Frühkapitalismus. Hythlodeus bringt es auf den Punkt: „... überall, wo es Privateigentum gibt und wo jedermann alles nach dem Geldwert bemisst, [kann] es kaum in einem Staatswesen gerecht zugehen und das Glück herrschen."[6]

Zur genaueren Erörterung dieses Problems wechselt More mitten im „Ersten Buch" die Rahmenhandlung: Er lässt seinen Protagonisten Hythlodeus nämlich von einem Streitgespräch mit Juristen über die sozialen Probleme im England des 15. Jahrhunderts berichten, das offenbar Jahre zuvor während eines Festmahls beim Lordkanzler Kardinal John Morton (1420-1500) stattgefunden hatte. More selbst hatte in seiner Jugend als Page am Hof des Kardinals gedient und gab mit dem Disput vielleicht ein tatsächliches Ereignis der damaligen Zeit wieder.

---

[5] Brief vom 23.7.1519. Hier zitiert nach: Karl Büchner, *Die Freundschaft zwischen Hutten und Erasmus*. München 1948, S. 53-55.

[6] *Utopia*, a.a.O., S. 55.

Die politische Situation um 1500 war folgende: England hatte im 15. Jahrhundert eine Reihe kriegerischer Auseinandersetzungen erlebt, die das Land in eine längerfristige Krise stürzten. Die Niederlage Englands im englisch-französischen Hundertjährigen Krieg hatte zudem viele arbeitslose Söldner nach England zurückgeführt. Die anschließenden Rosenkriege zwischen den Königsanwärtern der Dynastien Lancaster und York hatten den Adel innerlich zerrissen. Viele Mitglieder des Hofes zogen sich auf ihre Landsitze zurück.

Hinzu kam der wirtschaftliche Wandel vom Feudal- zum monetären System. Der über die Grenzen des Landes betriebene Handel mit auswärtigen Zahlungsmitteln konnte die Preise von Waren unabhängig vom Aufwand der Erzeuger festsetzen. Dieser Handel wurde im Nordeuropa des 15. Jahrhunderts zunehmend von der Hanse dominiert, die ihre Münzen – Weißpfennig (1474), Lübische Mark (1502) – zum maßgeblichen Zahlungsmittel machte. Die Hanse besaß in London das mächtige Handelskontor des Stalhofs, wo die Preise für Tuche und Stoffe mehr oder weniger von den deutschen Kaufleuten bestimmt wurden.

Die mit einem Geldwert nur schwer zu bemessende Arbeitsleistung in der Landwirtschaft hatte für die davon abhängige Bevölkerung drastische Folgen. Berufsgruppen wie Bauern, Schmiede, Fuhrleute oder Köhler, „ohne die überhaupt kein Staat bestehen könnte“[7], wurden mit Hungerlöhnen bezahlt. In England war zudem ein mittelalterliches Pachtsystem verbreitet, das auf die Zeit der Kreuzzüge zurückging, wo die für Jahre in den Krieg ziehenden Ritter ihr Land Kleinbauern zur Bewirtschaftung übertragen hatten. Die nun zunehmend in Geld (anstatt in Naturalien) eingeforderten Pachten führten dazu, zahlungsunfähige Bauern zu vertreiben und ins soziale Elend zu stürzen. Der Zunahme der Diebstahldelikte begegnete die Justiz mit Hinrichtungen und anderen drakonischen Maßnahmen.

Die Auflösung der fixen Bindung des Geldes an die Ware und die Arbeitsleistung brachte eine Proletarisierung der Landbevölkerung gegen-

---

[7] *Ebd.*, S. 151.

über den reichen Adligen, Kaufleuten und Klerikern mit sich. Die einen hatten zu wenig, die anderen zu viel Geld. Das führte auch zu einem verbreiteten Müßiggang früherer Eliten wie den Adligen, aber auch Mönchen und einfachen Klerikern. Die Ordensbrüder seien im Grunde nicht besser als Landstreicher, so tönt es beim Festmahl des Kardinals Morton; sie sollten eigentlich wie Tagediebe „mit Zwangsarbeit beschäftigt werden“[8].

Im Zweiten Buch von *Utopia* lässt More daher den Hythlodeus einen alternativen Staat vorstellen, der sich durch kollektiven Güterbesitz und eine einheitliche Arbeitsleistung auszeichnet. Der Klerus sollte sich auf die Erziehung der Jugend „zu sittlicher Tüchtigkeit“[9] beschränken.

Erasmus kommentierte eine gewisse Diskontinuität zwischen den beiden Büchern: „Das zweite Buch hatte er vorher in Muße geschrieben, bald fügte er bei Gelegenheit das erste aus dem Stehgreif an. Daher einige Unregelmäßigkeit des Stils.“[10] Nichtsdestoweniger verbindet beide Teile die Kritik an der Geldwirtschaft und das Plädoyer für eine vorwiegend agrarische Gesellschaft.

Antike Vorlagen

Das Zweite Buch trägt den Titel „*Rede des Raphael Hythlodeus über die beste Staatsverfassung*“. Hythlodeus erwähnt, dass die Hauptstadt *Amaurotum* noch von dem ersten Entdecker *Utopos* geplant worden war. Aufzeichnungen gäbe es seit 1760 Jahren[11], also etwa aus dem Jahr 250 v. Chr.

Der Verweis auf das dritte vorchristliche Jahrhundert als Entstehungszeit dieses Staatsentwurfs gibt einige Rätsel auf. Man hätte sich vorstellen können, dass More sich auf das staatstheoretische Werk

[8] *Ebd.*, S. 40.

[9] *Ebd.*, S. 142.

[10] Brief vom 23.7.1519, a.a.O., S. 55.

[11] *Utopia*, a.a.O., S. 66.

Politeia des griechischen Philosophen Platon (428/427-348) bezogen hätte. Diese Abhandlung wurde allerdings gut hundert Jahre früher (um 375) verfasst. Der Hinweis Mores, dass der Stadtgründer Utopus „die Ausschmückung und den weiteren Ausbau den Nachkommen [überließ], da sich voraussehen ließ, dass ein Menschenalter dazu nicht ausreichen würde“[12], lässt darauf schließen, dass der Autor hier nicht auf einen einzelnen Denker, sondern auf eine staatstheoretische Tradition anspielt. More war als Sohn eines Richters sicherlich mit den Grundzügen der Rechtsgeschichte vertraut und kannte auch durch sein Studium an der Rechtsschule *Lincoln's Inn* in London die Werke des großen römischen Juristen und Staatstheoretikers Marcus Tullius Cicero (106 v. Chr. - 43 v. Chr.). Cicero lässt in seinem Werk *De re publica* (*Vom Staat*) als Protagonisten den Staatsmann Publius Cornelius Scipio Aemilianus (Africanus Minor) (185 v. Chr. - 129 v. Chr.) auftreten, der vielfach auf den großen Feldherrn Publius Cornelius Scipio Africanus (235 v. Chr. - 183 v. Chr.) und auch auf den Ahnherrn der Scipionen-Dynastie Lucius Cornelius Scipio Barbatus (+ um 280 n. Chr.) verweist. Durch die Bezugnahme auf solche berühmten Staatslenker wollte Cicero die Werte der altrömischen Republik in Erinnerung rufen.

Der Vorzug, den More Ciceros Staatsidee gegenüber der Platons gegeben hat, ist wohl die größere Praxisnähe der Argumentation des Römers. Cicero definiert den Staat schlicht als die Sache des Volkes. Das Volk ist aber nicht jede beliebig zusammengewürfelte Anhäufung von Menschen, sondern ein willentlicher Zusammenschluss von Personen, die einvernehmlich eine Rechtsgemeinschaft bilden und durch gemeinsamen Nutzen verbunden sind.[13]

Für Cicero ist der Staat ein Gemeinwesen, das sich mit der Zeit verändert wegen der Seele der Menschen, die stets in Bewegung ist.

In Anlehnung an die Philosophie des Platon und des Pythagoras ver-

---

[12] *Ebd.*

[13] De *re publica* I, 25(39). Dt.: *Vom Staat*. Übers. u. hrsg. v. Michael von Albrecht. Stuttgart [Reclam] 2013, S. 55.

steht Cicero die Seele als ein allgemeines, ewiges Lebensprinzip in jedem Menschen, das auch die Gemeinschaft der Menschen in Bewegung hält. Der Staat selbst ist als etwas Zusammengesetztes unbeseelt. „Unbeseelt ist alles, was durch äußeren Anstoß angetrieben wird. Was aber ein Lee bewesen ist, das wird durch inneren, eigenen Antrieb erregt. Denn das ist die eigentliche Natur und Kraft der Seele.“[14]

Die allen Menschen gemeinsame Seele ist das eigentlich Menschliche, nicht die individuell verschiedenen Körper. „Denn du bist nicht der, den diese Gestalt [des Körpers] offenbart, sondern das Bewusstsein eines jeden [*mens cuiusque*] – das ist sein Selbst, nicht die Erscheinung, auf die man mit dem Finger zeigen kann.“[15] Die Seele bewegt den sterblichen Körper für eine gewisse Zeit und gibt ihm Leben.

Die Seele ist sozusagen der übernatürliche Beweger der sichtbaren Welt: „Wisse also, dass du ein Gott bist“, lässt Cicero den Scipio Africanus ausrufen, der dem Scipio Aemilianus im Traum erscheint, „so wahr es Gott ist, der Kraft hat, der empfindet, sich erinnert, voraussieht, der diesen Körper, über den er gesetzt ist, so lenkt, beherrscht, bewegt wie jener oberste Gott dieses Weltall.“[16]

Dem allgemeinen Prinzip des Bewusstseins steht im Körper die *voluptas*, das Vergnügen[17] oder die Lust[18], als Grundantrieb menschlichen Handelns gegenüber. Cicero führt den Begriff in einem anderen Werk ein[19], wo er sich auf stoische Quellen beruft. Durch sein Bewusstsein vermag der Mensch seine Lust zu steuern.

Hythlodeus behauptet nun, dass diese *voluptas* die Leistungsfähigkeit und den Gemeinschaftsgeist der Bewohner von Utopia bestimmt. „Vergnügen [im lat. Original *voluptas*] nennen die Utopier jede Bewegung

---

[14] *Ebd.*, VI, 26(28); S. 283.

[15] *Ebd.*, VI, 24(26); S. 281.

[16] *Ebd.*

[17] Übers. v. Gerhard Ritter (Reclam).

[18] Übers. v. Klaus J. Heinisch (Rowohlts Klassiker der Literatur und Wissenschaft).

[19] *De finibus bonorum*, I, IX, 30.

und jeden Zustand des Leibes und der Seele, in denen die Natur uns mit Behagen verweilen heißt".[20] „Die Natur selbst habe uns (…) ein angenehmes Leben, das heißt eben das Vergnügen als Ziel aller unserer Handlungen vorgezeichnet."[21] Diese Haltung soll auch auf die Mitmenschen ausstrahlen. Die Natur fordert die Menschen auf, sich gegenseitig zu einem fröhlichen Leben zu verhelfen. Es sei das „oberste Gebot der Menschlichkeit (und keine Tugend ist dem Menschen mehr zu eigen), den Kummer der Mitmenschen zu lindern, ihre Traurigkeit aufzuheitern und ihrem Leben die Freudigkeit, mit anderen Worten, das Vergnügen, wiederzuschenken".[22]

Die „echte" Lust sucht die Gemeinschaft mit den Mitmenschen; ein egoistisches Vergnügen ist dagegen immer ein „unechtes Vergnügen". Es richtet sich auf Dinge, die ihrer eigentlichen Natur nach durchaus nichts Verlockendes an sich haben, aber durch die Stimulation eitler und nutzloser Begierden höchste Lüste erwecken, die nicht selten Mühe und Verdruss zur Folge haben[23]. Ein Vergnügen gemäß der Natur muss also auf andere Menschen ausstrahlen. Es bildet gewissermaßen eine Art „Mannschaftsgeist" aus.

More selbst verkörperte als Richter und hoher Staatsbeamter diese Art von *voluptas*, die sich als „gewinnende und wohlwollende Munterkeit"[24] äußerte, „indem er sich in wunderbarer Gewandtheit in jedermanns Verfassung schickte"[25]. Auch König Heinrich VIII. wird in jungen Jahren eine ähnliche Gesinnung nachgesagt.[26] Es ist anzunehmen, dass viele führende Persönlichkeiten diese Art von Volksnähe nachahmten und damit ein neues Gemeinschaftsgefühl in der Bevölkerung Englands wecken konnten.

[20] *Utopia*, a.a.O., S. 96.

[21] *Ebd.*, S. 95.

[22] *Ebd.*, S. 94.

[23] Vgl. *ebd.*, S. 95f.

[24] Brief vom 23.7.1519, a.a.O., S. 33.

[25] *Ebd.*, S. 41.

[26] Vgl. *ebd.*, S. 37.

Das modifizierte Utopia von Francis Bacon

Etwa hundert Jahre nach Mores *Utopia* wurde das Thema der unbekannten Insel mit einer hochentwickelten Zivilisation erneut aufgegriffen, und zwar in dem 1627 (posthum) erschienenen Fragment *Neu-Atlantis* von Francis Bacon (1561-1626), der wie Thomas More zeitweise das Amt des Lordkanzlers bekleidete.

Das Anliegen Bacons war weniger eine soziale als eine politische Fragestellung. Der Autor sorgte sich um die Stellung Englands gegenüber den anderen großen Seefahrer- und Handelsnationen. Zu diesem Zweck griff er auf ein Argument Platons zurück, den sog. *Atlantis-Mythos*. Bacon zitierte den griechischen Philosophen – ohne dessen Namen zu nennen – als „den weisen König", der vor „neunzehnhundert Jahren" eine Stadt auf der Insel gründete. Er hatte „ein *großes Herz*, unerforschlich in seiner Güte; sein ganzes Streben ging dahin, sein Reich und sein Volk zu beglücken. Das Land litt keinerlei Mangel und konnte sich sozusagen ganz aus eigener Kraft erhalten, ohne auf ausländische Hilfe und Zufuhr „So sind denn auch die Utopier dank ihrer wissenschaftlichen Schulung merkwürdig begabt für technische Erfindungen, die zur Erleichterung einer behaglichen Lebensführung praktischen Nutzen bilden" (S. 108).

Platon hatte im Dialog *Kritias* das archaische Athen als einen fruchtbaren Landstrich fernab von Häfen vorgestellt, „imstande, ein großes Heer von den Geschäften des Ackerbaues Befreiter zu unterhalten"[27]. Die mächtige Seemacht Atlantis griff in ihrem Expansionsdrang das kleine Athen an, unterlag aber letzten Endes den Verteidigern. Atlantis ging zwar letztlich infolge eines Erdbebens unter, konnte aber im Grunde wegen seiner „Gier nach Macht und Reichtum"[28] nicht auf Dauer bestehen.

Wie die alten Athener vermochten sich die Bewohner von Neu-Atlantis gegenüber fremder Einflussnahme zu behaupten, so Bacon, und zwar vor allem durch den Schutz eines eigenen *know how* im Bereich

---

[27] *Kritias*, 110 e -111 d.

[28] *Ebd.*, 121 a-c.

von Ackerbau und Viehzucht, das dem rohstoffarmen Land Wohlstand und Entwicklung versprach. In der Tat hatte Bacon die wirtschaftliche Situation Englands vor Augen, die sich gegenüber Mores Zeiten wesentlich verbessert hatte. Eine von More in *Utopia* empfohlene Option für die Handelspolitik – „ihre eigenen Ausfuhrartikel dagegen glauben sie [die Utopier] mit gutem Grunde besser selbst zu exportieren, als von anderen abholen zu lassen“[29] – schien zu greifen: unter anderem durch die Gründung eigener Handelsgesellschaften (z.B. der 1600 errichteten *East India Company*) und der Schließung des Stalhofs der Hanse im Jahr 1598 mit der Aufhebung der hansischen Handelsprivilegien.

Eine wesentliche Institution der Insel *Neu-Atlantis* stellte das sogenannte „Haus Salomons“ dar. Bacon hebt in diesem Zusammenhang hervor, dass die Inselbewohner durch jüdische Immigranten Kenntnis verborgener biblischer Quellen hätten. Sie besäßen mehr Schriften als die Christen, so z.B. einige Teile der Werke des Salomon, „die euch [Christen] verloren gegangen sind, und zwar eine Naturgeschichte, in der er alles beschreibt, was da lebt und webt …“[30].

Im Haus Salomons träfe sich in regelmäßigen Abständen ein Rat von Experten, um die Kenntnisse über die Natur zu vertiefen und neue Entdeckungen und Erfindungen zu prüfen und anzuwenden. Dieser Rat, der auch das „Kollegium der Werke der sechs Tage“ genannt wird, sammele das geheime Wissen des Landes und entwickelt es weiter, „um auf diese Weise das Werk des göttlichen Schöpfers zu verherrlichen und es fruchtbarer und nutzbringender für die Menschen zu gestalten“.[31]

Die Elite würde jeweils entscheiden, ob eine neue Erkenntnis der Öffentlichkeit zugänglich gemacht werden soll. „Wir haben die Gewohnheit, uns genau zu überlegen, ob sich ein von uns angestellter Versuch oder eine von uns herausgebrachte Entdeckung zur allgemeinen

[29] *Utopia*, a.a.O., S. 109.

[30] *Neu-Atlantis*, a.a.O., S. 28.

[31] *Ebd.*, S. 28.

Bekanntgabe eignet oder nicht."[32] Selbst der König würde über die Erkenntnisse nur gelegentlich unterrichtet. „Wissen ist Macht"[33] sagt Bacon an anderer Stelle. Jede Wissenschaft würde letztlich den Menschen zum Herrn über die Natur machen. Im Grunde gehe es darum, im konkreten Leben „die Ursachen des Naturgeschehens zu ergründen, die geheimen Bewegungen in den Dingen und die inneren Kräfte der Natur zu erforschen und die Grenzen der menschlichen Macht so weit auszudehnen, um alle möglichen Dinge zu bewirken".[34]

In seinem Werk *Novum Organum Scientiarum* entwickelt Bacon auch eine eigene wissenschaftliche Methode zur Überprüfung seiner Naturbeobachtungen. Er sieht hier die Gefahr einer *anticipatio*, einer voreiligen Verallgemeinerung der alltäglichen Erfahrung, die durch eine „kundige Auslegung des wahren Sinnes der Natur"[35] ersetzt werden müsse. Hierzu versucht er durch eine Serie von Experimenten mit modifizierten Randbedingungen auf dem Wege eines Ausschließungsverfahrens schrittweise zur Formulierung einer natürlichen Gesetzmäßigkeit zu gelangen.[36] Er übersieht dabei allerdings, dass er mit verschiedenen Experimenten immer andere physikalische Systeme misst, da er mit jedem Eingriff in das System dessen Randbedingungen verändert.

Bemerkenswert an der kleinen Abhandlung Bacons ist immerhin, dass sie die Idee einer von staatlichen und wirtschaftlichen Mächten unabhängigen Institution zur Förderung von Wissenschaft und Forschung vorwegnahm, die im Jahr 1660 mit der Gründung der *Royal Society* ihre Verwirklichung fand.

---

32 *Ebd.*, S. 56.

33 *Novum Organum Scientiarum* [1620], Buch I, Aphorismus 3.

34 *Neu-Atlantis*, a.a.O.

35 *Novum Organum Scientiarum*, a.a.O., I, 26ff.

36 *Ebd.*, I, 22.

Jenseits des Humanismus

Doch zurück zu *Utopia*. Nachdem Hythlodeus seine Ausführungen beendet hatte, fügte More noch einen eigenen nachdenklichen Kommentar an: „Als Raphael so erzählt hatte, kam mir vielerlei in den Sinn, was mir an den Sitten und Gesetzen jenes Volkes überaus sonderbar erschienen war."[37] Dies betraf vor allem „das, was die eigentliche Grundlage ihrer ganzen Verfassung [d.h. der von *Utopia*] bildet, nämlich an ihrem gemeinschaftlichen [kommunistischen] Leben und der Lebensweise ohne jeden Geldumlauf; denn allein schon dadurch wird aller Adel, alle Erhabenheit, aller Glanz, alle Würde, alles, was nach allgemeiner Ansicht den wahren Schmuck und die wahre Zierde eines Staatswesens ausmacht, vollständig ausgeschaltet"[38].

More verweist hier auf ein weiteres Prinzip für das soziale Leben, welf ches über die Lust und die Fähigkeit zu genießen weit hinausgeht.

Die Lust kommt aus dem konkreten Willen des Menschen. Der Wille sucht einen Genuss, der „Ausfluss des durch den Verstand erworbenen Besitzes des Seienden ist"[39]. Alles, was ich erkenne, ist Objekt meines Willens. Ich will es gewissermaßen „vereinnahmen" und mein Tun wird sozusagen in Gang gebracht durch das Streben, es zu genießen.

Aber es gibt noch eine weitere Form der Beziehung, wie das Seiende mit dem Willen des Menschen zusammenkommt. Es gibt die Möglichkeit eines Seienden, das den Menschen geradezu anzieht und anlockt; etwas, was er sich in seine Lebenswelt zu holen wünscht, nicht indem er es seinem Willen unterzuordnen verlangt, sondern indem er ihm zu entsprechen versucht. Und er wächst in diesem Streben – wie ein Liebender – nicht selten über sich selbst hinaus.

---

[37] *Utopia*, a.a.O., S. 154.

[38] *Utopia*, hier zitiert in der Übers. v. Heinisch (vgl. Joachim Starbatty (Hrsg.) *Über Thomas Morus' Utopia*. Mit einleitenden Essays von O. Höffe u. J. Starbatty u. d. Übers. v. Klaus J. Heinisch. Hildesheim [Olms] 2016, S. 127.

[39] Vgl. Fernand van Steenberghen, *Ontologie*. Philosophia Lovaniensis, Bd. 4, Einsiedeln 1952, S. 117.

Das Objekt dieses Strebens ist das Schöne, das *pulchrum*, das noch mehr als die Lust zu einem grundlegenden Prinzip für die Übereinstimmung eines Seienden mit dem Willen des Menschen werden kann. Es ist eine tiefe Erkenntnis der Griechen und anderer Kulturvölker, dass der Welt eine bleibende Ordnung innewohnt, mit welcher der Mensch in Einklang stehen müsse, wenn er glücklich leben wolle. Deshalb liebt der Mensch das Schöne in der Welt. Das Schöne vermittelt eine Harmonie. Alles Körperliche habe letztlich etwas Schönes an sich; denn es hat einen Ursprung im Ewigen, das vollkommen und schön ist. Nicht von ungefähr hat das griechische Wort für Welt, *Kosmos*, zugleich die Bedeutung von Schmuck und Zierde.

Die Menschen müssen sich auch im Hinblick auf ein glückliches Zusammenleben nach einer Harmonie mit diesem Kosmos ausrichten. Deshalb hat auch die Gerechtigkeit unter den Menschen ihren Ursprung im Schönen, meint Platon. Sie gehört „zu dem Schönsten, was sowohl um seiner selbst willen als auch wegen dessen, was daraus folgt, dem, der glückselig sein will, wünschenswert ist“[40]. Um glücklich zu sein, suchen die Menschen gerade in ihren engsten Beziehungen - wie Ehe und Familie - die Werte der Treue, der Wahrheit und der Gerechtigkeit zu schützen und zu fördern.

***

Im Jahr 1504 verließ der 26-jährige More vorzeitig das Noviziat in der Kartause zu London.[41] Einige Biografen halten dafür, dass er dem Drängen seines Vaters, eines bekannten Londoner Anwalts, nachgegeben hätte, um ebenfalls die juristische Laufbahn zu ergreifen. Sein Alter spricht jedoch eher für den freien Entschluss des jungen Mannes, als Laienchrist in der Welt zu wirken.

---

[40] *Politeia*, II. Buch, 358a-b.

[41] Stanford E. Lehmberg, *Sir Thomas More's Life of Pico della Mirandola.* Studies in the Renaissance, Vol. 3, Cambridge, Mass. 1956, S. 61-74, hier S. 61.

In Giovanni Pico della Mirandola (1463-1494) sah er ein Vorbild, aus der Zusammenschau der Philosophien und des Wissens seiner Zeit ein Leben als gläubiger Christ zu führen sowie für Gerechtigkeit und Frieden in der Gesellschaft einzutreten.

Vielleicht um seine Entscheidung zu rechtfertigen, übersetzte er 1504 die Biografie des Gianfrancesco Pico della Mirandola (1469-1533), *Ioannis Pici Mirandulae Vita*, ins Englische und widmete sie der Ordensfrau Joyce Leigh, der Schwester seines Freundes Edward Leigh (um 1482-1544), des späteren Erzbischofs von York.[42]

Mores Übersetzung zeichnet sich durch einige Auslassungen und einige Ergänzungen am Originaltext aus. So streicht er aus dem Original einen Hinweis auf die Kabbala in Picos Werk, die Beschreibung der vermeintlichen Göttlichkeit des Philosophen sowie dessen enge Beziehung zu Savonarola,[43] dies alles offenbar, um die fromme Klosterschwester nicht zu verwirren. Daneben ergänzt More an einigen Stellen den Originaltext. Hier dürfen wir davon ausgehen, dass er bewusst seine eigene Überzeugung gegenüber den italienischen Humanisten zum Ausdruck bringen will. Dies betrifft zum Beispiel die Beschreibung der außergewöhnlichen Fähigkeit Picos zu einer „Gesamtschau" der Natur. Dies sei *veritatis amore*, der Liebe zur Wahrheit geschuldet, meint Gianfrancesco. More formuliert hier ganz konkret: „durch Gottes Liebe und die Verdienste der Kirche"[44].

In diesem Sinne wollte More auch mit dem kurzen nachdenklichen Schlusssatz von *Utopia* etwas Wesentliches aussagen: Es gibt etwas Großes, das nicht an einen Zweck gebunden ist. Nach diesem Etwas haben wir Menschen ein großes Verlangen.

„Alles Schöne muss zur Freiheit gelangen"[45], hat der französische Komponist Olivier Messiaen (1908-1992) einmal gesagt und er sah ein

---

42 *Ebd.*, S. 70.

43 *Ebd.*

44 "... for the loue of God and profit of his church". *Ebd.*, S. 73.

45 Zit. nach: P. Hill, N. Simione, *Messiaen*. Mainz 2007, S. 332.

Sinnbild dafür in den Singvögeln, die nach dem Gesang in die Weite fliegen. Der Mensch ist auf der Suche nach Freiheit, die er aber selbst nicht machen kann; denn sie liegt jenseits seiner selbst.

Unstillbares Heimweh nach Transzendenz

Freiheit – Individualität – Unendlichkeit

Prof. Dr. Thomas Möllenbeck

Es geht im Folgenden darum, einen Denkweg mit unterschiedlich schwierigen Etappen zu beschreiten: Zunächst möchte ich mit Blick auf das Oberthema dieser Akademie an die Botschaft der Bibel erinnern und fragen, was es mit dem „Unstillbaren Heimweh nach Transzendenz" auf sich hat, von dem die Theologen im 20. Jahrhundert so viel gesprochen haben. Das sogenannte *desiderium naturale*, das natürliche Verlangen nach dem Übernatürlichen galt als *fundamentum inconcussum*, als unerschütterlicher Fels, auf den die neue Fundamentaltheologie gebaut werden könnte. Sie wollte jene klassische Apologetik aktualisieren, die ihre Überzeugungsarbeit für das Christentum durch den Beweis der Existenz Gottes und der historischen Wahrheit seiner Selbstoffenbarung in Jesus Christus leistete – beides Fundamente, denen die Aufklärungsdenker schon 200 Jahre zuvor die Sicherheit abgesprochen hatten. Der neue Beweis aus dem Inneren des Menschen sollte daher neben den alten Beweis von außen treten oder ihn ersetzen.[1] Die neue Methode nannte sich Immanenzapologetik, weil sie die Transzendenz vom Inneren des Menschen her denken wollte. Das kam dem modernen Autonomiedenken entgegen.[2] Als zweite Etappe lohnt der Blick in ein

1 Eine vorsichtige und ausgewogene Darstellung lässt sich bei Wolfgang Klausnitzer (Christliche Offenbarungslehre. Lehrbuch der Fundamentaltheologie für Studierende, Religionslehrer und Religionslehrerinnen, Heiligenkreuz 2016, 407-450) finden. Für eine kurze Geschichte der Apologetik vgl. Avery Dulles: A History of Apologetics, San Francisco 2005.

2 Vgl. zu den geschichtlichen Ursprüngen der heutigen Situation Carl Trueman: The Rise and Triumph of the Modern Self, Wheaton 2020; dt. Der Siegeszug des modernen Selbst, Bad Oeynhausen 2022.

Kinder- und Jugendbuch, das uns im dritten Schritt zu einem Gedankenexperiment führt, mit dem das Verborgen- und das Offenbarsein des *desiderium naturale* im Sinne eines unstillbaren Heimwehs nach Transzendenz thematisiert werden soll.

1. Was hat es mit dem „unstillbaren Heimweh nach Transzendenz" auf sich?

Unsere Tagung beschäftigte sich mit dem Thema „Utopie – Ideologie – Eschatologie" und die Verbindung dieser verschiedenen Themen gibt der Untertitel an: „Woher kommen und wohin gehen wir?" Diese Menschheitsfragen können richtige oder falsche Antworten evozieren. Die christliche Eschatologie, die Lehre von den Letzten Dingen, d.h. von der ewigen Zukunft der Menschheit, von der „Hoffnung, die uns erfüllt", formuliert die wahre Antwort und kann dies, weil sie die Selbstoffenbarung Gottes, des Schöpfers, Erlösers und Vollenders als wahres Fundament der theologischen Wissenschaft anerkennt. Gleichzeitig ist die christliche Eschatologie mit der Einsicht verbunden: Nur vom Omega her lässt sich das Alpha unserer Existenz richtig beurteilen – von Anfang an sind wir Menschen auf das Ende hin angelegt, das Gott für uns immer schon *in petto* hatte, weil er unwandelbar ist. Er zwingt keinen Menschen zu dem Glück, für das er ihn erschaffen und zu dem er ihn erlöst hat, aber: „Das Wort ist glaubwürdig: Wenn wir mit Christus gestorben sind, werden wir auch mit ihm leben; wenn wir standhaft bleiben, werden wir auch mit ihm herrschen; wenn wir ihn verleugnen, wird auch er uns verleugnen. Wenn wir untreu sind, bleibt er doch treu, denn er kann sich selbst nicht verleugnen" (1 Tim 2,11ff). Das Wort Gottes ist der Sohn, in dem der Vater sich auf uns hin ausspricht, als das Wort Fleisch geworden ist in Jesus Christus, dem Alpha und Omega der Schöpfung: „Siehe, ich komme bald und mit mir bringe ich den Lohn und ich werde jedem geben, was seinem Werk entspricht. Ich bin das Alpha und das Omega, der Erste und der Letzte, der Anfang und das Ende" (Offb 22,12f).

Mit dem Urbeginn dieser Selbstoffenbarung beschäftigt sich die jüdisch-christliche Protologie, die Lehre von den Ersten Dingen, von Schöpfung und Sündenfall der Menschheit. Ihre richtige Antwort auf die Frage „Woher kommen wir?" ist zugleich eine Absage an die gängigen antiken Vorstellungswelten außerhalb des Judentums: Der Kosmos oder die Materie, aus der er gebildet ist, waren nicht immer schon da, wie antike Philosophen meinten; wir sind nicht das Produkt blinden Zufalls, wie die Naturalisten (auch schon vor dem Evolutionismus des 19. und 20. Jahrhunderts behaupteten); noch sind wir ein Nebenprodukt vom Kampf der urzeitlichen Chaosmächte, wie orientalische Mythen das denken; noch ein Spielball der Vielzahl griechisch-römischer Götter, die selbst hervorgebracht und dem Schicksal unterstellt sind, wenngleich man sie sich mit *Superpower* ausgestattet dachte, der sie gefährlich macht, weil sie fehlbar und reizbar seien wie Menschen. Wenn unser Ursprung und unsere Welt dort nicht zu finden ist – woher kommen wir dann?

Die jüdisch-christliche Protologie belehrt uns in zwei „wahren Mythen" über den Anfang aller Dinge: über die Erschaffung der Welt, alles Lebendigen und des Menschen. Schon zur jüdischen Protologie gehört auch der „wahre Mythos" vom Sündenfall, der erklärt, wie nach dem guten Anfang aller Dinge eine Unheilsgeschichte beginnen konnte – nicht durch des guten Schöpfers Handeln, der alles sehr gut gemacht hat, sondern durch das des Menschen. Die beiden Schöpfungsmythen in den ersten Kapiteln der Bibel, im Buch Genesis, dem Buch der Ursprünge, erklären auf je eigene Weise dies: Gott ist nicht Teil dieser Welt – er war immer schon, bevor überhaupt der Anfang der Welt gesetzt wurde, denn Gott steht über der Zeit; Gott ist nicht auf etwas Vorhandenes angewiesen, wenn er einem Seienden Gestalt verleihen will gemäß seiner Weisheit. Das meint: Seine Existenz, seine Freiheit, sein Erkennen sind unabhängig von allem, was ist – Gott ist der Welt nicht immanent, sondern transzendent. Daher schafft er alles durch sein Wort, d.h. er ruft alles, was ist, ins Sein; aus dem Nichts ruft er alles, was ist, ins Sein; den Menschen aber erschafft er nach seinem Bild, ihm ähnlich, da er den Menschen Gemeinschaft untereinander und Gemeinschaft mit ihm selbst, seinem Schöpfer, gewähren will; dann haucht er ihm seinen Odem ein und beauftragt den Menschen, Stellvertreter Gottes in der Schöpfung zu sein und in der fruchtbaren Gemeinschaft von Mann und Frau Gottes Schöpfungswerk mit ihm zusammen fortzusetzen. Soweit die jüdische Ahnung vom Anfang aller Dinge und des Menschen – die Antwort auf die Frage „Woher kommen wir?", wie sie in „wahren Mythen" erzählt wird, die vom Heiligen Geist inspiriert sind. Und „Wohin gehen wir?", was ist nach einem solchen Anfang das Ziel des Menschen?

Dass Gott mit uns weitergehen und den Menschen teilhaben lassen will an der Gemeinschaft von göttlichen Personen, die er selbst ist, das hat er vollendet und vollendend offenbart durch sein Wort, das der Sohn ist: Das Wort hat Fleisch angenommen – und zwar in einem individuellen Menschen, der auch am Kreuz seine Freiheit ganz in des Vaters Hände gelegt hat und so in seiner Auferstehung von den Toten allen Menschen, aller endlichen Freiheit, die Tür geöffnet hat zum ewigen Leben in der Gemeinschaft der Heiligen. Allerdings handelt es sich angesichts der Unheilsgeschichte der Menschheit um eine Neuschöpfung, die ebenfalls Gottes Transzendenz voraussetzt: seine absolute Freiheit, seiner eigenen Weisheit noch tieferen Ausdruck zu verleihen – im Wort, das der Sohn ist, das Fleisch angenommen hat im Menschen Jesus von Nazareth, auf dass in diesem Menschen sein individueller freier Wille ganz und in vollkommener Weise mit dem Willen Gottes übereinstimme. Der Hebräerbrief sieht darin die Vollendung der Selbstoffenbarung Gottes und der Opfer des Alten Bundes zusammengefasst: „Einen Leib hast du mir geschaffen; […] um deinen Willen, Gott, zu tun" (Hebr 10,5-7).

Diese Möglichkeit musste offenbart werden, denn die Auskunft über unsere Zukunft lag im Hell-Dunkel der Menschheitsgeschichte und der jüdischen Heilsgeschichte verborgen, seit die Menschheit die lebendige Gemeinschaft mit Gott verloren hatte und das bewusste Leben der Menschen – wie der „wahre Mythos" vom Sündenfall erzählt – fortan nicht auf die Verklärung, sondern auf den Tod vorauslief. Seither prägt das Bewusstsein vom Ende der Zeit, die wir in unserer Welt zur Verfügung haben, das Dasein des Menschen so sehr, dass viele Religionen in Mythen und Riten der Ahnung Ausdruck verleihen: Mit dem Tod kann nicht alles aus sein! Auch die alten Griechen haben den Tod als fundamentales Problem (griechisch: *próblema* = Stolperstein) aufgefasst, als Stein also, der dem Philosophen, dem Freund der Weisheit zum Anstoß wird nachzudenken; der ihn also im Blick auf den Tod anregt zum Streben nach Weisheit, weshalb man auch gesagt hat, „philosophieren" bedeute im Grunde: „Sterben lernen" (Platon bzw. Montaigne). Im gleich folgenden Intermezzo wird es um den Stein der Weisen gehen, aber lassen Sie uns zuvor den ersten Gedankengang gemeinsam abschließen.

Wie sollten uns die Weisheitsliebenden der Antike über das Sterben belehren können, wenn keiner von ihnen den Tod auf das Leben danach hin durchschritten hatte, um zurückkehrend uns Kunde zu bringen? Was die Religionen und Philosophien von unserer Herkunft und Zukunft erahnten, das deuten christliche Theologen, nicht erst seit Augustinus, als Gnadengabe, die Gott uns eingeschaffen hat, *desiderium naturale*. Manche sprechen vorsichtig von einem natürlichen Verlangen nach dem Unendlichen; durch die Selbstoffenbarung Gottes können christliche Theologen es das *desiderium naturale ad visionem Dei* nennen, ein natürliches Verlangen nach der Schau Gottes.

Eine vieldiskutierte Frage in der Theologiegeschichte ist, wie deutlich sich dieses *desiderium naturale* im Menschen bemerkbar macht und ob man es auch innerhalb der Reichweite der bloßen Vernunft als *desiderium naturale ad visionem Dei* erkennen kann – aufgrund der Selbstoffenbarung Gottes in Jesus Christus oder auch von ihr absehend, *remoto Christo*.[3] Von der Antwort auf diese Frage hängt offensichtlich

[3] Mit dem Ausdruck „desiderium" wird in der Scholastik nicht zwingend ein aktives Verlangen nach einer bestimmten Gnade gemeint. Es kann auch, z.B. bei Johannes Duns Scotus eine „inclinatio" gemeint sein, im Sinne der natürlichen Begabung mit der Fähigkeit, eine bestimmte Gnade zu empfangen, wenn sie geschenkt wird. Vgl. Rupert Johannes Mayer: Zum desiderium naturale visionis Dei nach Johannes Duns Scotus und Thomas de Vio Cajetan: Eine Anmerkung zum Denken Henri De Lubacs, in: Angelicum, Bd. 85, Nr. 3 (2008), S. 737-763.

ab, ob man die Gnadengabe des *desiderium naturale* als einen Stachel im Fleisch des Menschen betrachtet. Oder ist es nur der Tod in seiner dunklen Übermacht, der zum Widerstand reizt oder zur Ergebung – als „Schrein des Seins“ (Heidegger) oder als Schwelle zum Unendlichen, das der Mensch durch die Freiheit seines Willens als das ihm Zukommende erahnen könne? Ambivalent wäre das, wie in Nietzsches berühmtem Gedicht „Nach neuen Meeren“, das in die Ausfahrt des Christophorus Columbus, aus dem bekannten Lebensraum hinaus ins unbekannte Weite, die Existenz des Menschen ausgespannt darstellt zwischen dem Ich, das will, und dem Auge, das ihn anblickt:

„Dorthin – will ich; und ich traue
Mir fortan und meinem Griff.
Offen liegt das Meer, ins Blaue
Treibt mein Genueser Schiff.
Alles glänzt mir neu und neuer,
Mittag schläft auf Raum und Zeit –:
Nur dein Auge – ungeheuer
Blickt michs an, Unendlichkeit!“[4]

Ist das Auge, das endliche Freiheit anblickt, das Auge unendlicher Freiheit, die Alpha und Omega des Menschen sein will, oder haben wir es mit einer Unendlichkeit zu tun, im Vergleich zu der alles Endliche, auch die Menschheit, ihre Freiheitsgeschichte, nichts ist? Der wahre Christ geht auf den Tod zu als ein wahrer *Christophoros* (griech. Christusträger) – in sich selbst mit dem unendlichen Gott versöhnt, in einer Freiheit, die dort ist, wo der Geist des Herrn ist (2 Kor 3,17). Aber auch *remoto Christo* haben viele Religionen zum Ausdruck gebracht: Das hier, was wir in unserer begrenzten irdischen Zeit erleben, das kann doch nicht alles sein! Soll der Sinn menschlichen Lebens, der endlichen Frei-

[4] Friedrich Nietzsche: Werke in drei Bänden. München 1954, Bd. 2, 271. Permalink: http://www.zeno.org/nid/2000925448X.

heit des Individuums, etwa nur darin bestehen, Exemplar einer Gattung zu sein, die fortbesteht bis zum bio-logischen Ende bzw. zum kosmo-logischen Ende der Welt? Was der individuelle Mensch mit seiner endlichen Freiheit tut oder lässt, kann doch nicht bedeutungslos sein, sobald er stirbt – und die anderen Individuen gestorben sind, deren Leben er in seiner endlichen Freiheit mitgestaltet hat. Sokrates gibt sich nicht mit dem Trost der Beweise für die Unsterblichkeit der Seele, für die Gottähnlichkeit des Menschen zufrieden, er setzt auf den „wahren Mythos" vom Seelengericht, in dem Gut und Böse, das er getan hat, ihr gerechtes Gewicht haben werden, und nennt diese Option, angesichts seiner bevorstehenden Hinrichtung, der er sich nicht durch Flucht entziehen will, ein „schönes Wagnis", da sein Fundament nicht Beweise sind, die innerhalb der Reichweite der bloßen Vernunft liegen:

„Welche nun unter diesen durch Weisheitsliebe sich schon gehörig gereinigt haben, diese leben für alle künftigen Zeiten gänzlich ohne Leiber und kommen in noch schönere Wohnungen als diese, welche weder leicht wären zu beschreiben, noch würde die Zeit für diesmal zureichen. Aber schon um deswillen, was wir jetzt auseinandergesetzt haben, o Simmias, muß man ja wohl alles tun, um der Tugend und Vernunft im Leben teilhaftig zu werden. Denn schön ist der Preis und die Hoffnung groß.

Daß sich nun dies alles gerade so verhalte, wie ich es auseinandergesetzt, das ziemt wohl einem vernünftigen Mann nicht zu behaupten: daß es jedoch entweder diese oder eine ähnliche Bewandtnis haben muß mit unsern Seelen und ihren Wohnungen, wenn doch die Seele offenbar etwas Unsterbliches ist, dies, dünkt mich, zieme sich gar wohl und lohne auch, es darauf zu wagen, daß man glaube, es verhalte sich so. Denn es ist ein schönes Wagnis, und man muß mit solcherlei gleichsam sich selbst besprechen. Darum spinne ich auch schon so lange an der Erzählung. Also um deswillen muß ein Mann guten Mutes sein seiner Seele wegen, der im Leben die andern Lüste, die es mit dem Leibe zu tun haben, und dessen Schmuck und Pflege hat fahren lassen als etwas ihn selbst nicht Angehendes, und wodurch er nur Übel ärger zu machen befürchtete, jener Lust hingegen an der Forschung nachgestrebt und seine Seele geschmückt hat nicht mit fremdem, sondern mit dem ihr eigentümlichen Schmuck, mit Besonnenheit, Gerechtigkeit, Tapferkeit, Edelmut und Wahrheit, so seine Fahrt nach der Unterwelt erwartend, um sie anzutreten, sobald das Schicksal rufen wird."[5]

Die Ausfahrt nach der Unterwelt tritt Sokrates an in der Hoffnung auf Gerechtigkeit im Jenseits dieser Welt, in der Hoffnung, das man dort ein Auge für die Freiheitsgeschichte des individuellen Menschen haben wird. In christlicher Perspektive ist der ruhige Hafen erreicht, wenn endliche Freiheit ihren Schöpfer und Erlöser gefunden hat, den unendlichen Gott. Weshalb Augustinus auf der ersten Seite seiner *Confessiones* bekennt: „Auf Dich hin hast Du uns erschaffen, Herr, und unruhig ist unser Herz, bis es ruht in Dir!" Dieses Streben jeder individuellen endlichen Freiheit nach vollendeter und nicht endender Gemeinschaft mit anderer Freiheit, die nicht auf sie reduzierbar ist, muss aber richtig erkannt und gedeutet werden. Es erfährt immer dann eine Fehldeutung in Utopien und Ideologien, wenn die „Endliche Freiheit, unendlich zu sein"[6] gedacht werden soll, ohne sie von Gottes Transzendenz her zu denken.

Der Zusammenhang dieser Überlegungen mit den anderen Themen unserer Akademie wird hier schon deutlich. Hier ist vom unstillbaren Heimweh nach Transzendenz die Rede, weil es um Herkunft und Zukunft des Menschen geht, die sich in einer Sehnsucht, einem *desiderium naturale* äußert. Natürlich ist beim Sprechen von unstillbarem Heimweh nach Transzendenz nicht eine irgendwie platonisierend gedachte Präexistenz menschlicher Seelen gemeint, die bei der Wiedergeburt ihre Heimat, den Himmel der Ideen, verlassen müssen, um in einen Körper eingeschlossen zu werden, bis der Tod sie davon befreit, damit bei der Wiedergeburt alles von Neuem anfangen kann. Schon Augustinus lehnte diese Vorstellung ab, weil der individuelle Mensch dann gerade nicht mehr zu denken wäre, wenn die Seele nach ihrer irdischen Lebensge-

[5] Phaidon, in: Platon: Sämtliche Werke, Berlin: Lambert Schneider, [1940], Bd. 1, 805.

[6] Vgl. Thomas Möllenbeck: Endliche Freiheit, unendlich zu sein. Zum metaphysischen Anknüpfungspunkt der Theologie mit Karl Rahner, Hans Urs von Balthasar und Johannes Duns Scotus, Paderborn-Leiden-Boston: Schöningh 2007.

schichte wieder zur *tabula rasa* würde – annihiliert würde dann ja das Individuum mit seiner Freiheitsgeschichte, um der apersonalen Seele Unendlichkeit zu verschaffen.

In diesem Rahmen kann ich dem nicht eigens nachgehen, aber in meiner Dissertation habe ich ausgeführt, wie es sich, wenn man Hans Urs von Balthasar folgt, um Heimweh nach Transzendenz handeln kann im Menschen, obwohl wir nicht vor unserer Geburt in paradiesischer Gemeinschaft mit Gott darauf warteten, das Licht einer Welt zu erblicken.[7] Letzteres zu denken, wäre allerdings ein Abstieg, wie Paulus im Ersten Korintherbrief in eschatologischer Perspektive klarstellt. Dabei muss man zum Verständnis seiner Bildsprache die mangelhafte Qualität antiker Metallspiegel vor Augen haben: „Jetzt schauen wir in einen Spiegel und sehen nur rätselhafte Umrisse, dann aber schauen wir von Angesicht zu Angesicht. Jetzt erkenne ich unvollkommen, dann aber werde ich durch und durch erkennen, so wie ich auch durch und durch erkannt worden bin" (1 Kor 13,2).

Hier ist wieder ein unendliches Auge im Spiel, in dem allein der Mensch sich als individuelle endliche Freiheit vollendet ernst genommen erscheinen kann, indem es ihn vollendet und vollendend anblickt. Paulus nimmt demgegenüber die doppelte Einschränkung unserer aktuellen Erkenntnis wahr: Den unbegreiflichen Gott und seine Vorsehung können wir hier und jetzt nicht durch und durch erkennen; und auch das „Erkenne dich selbst", zu dem die berühmte Inschrift in Delphi den Besucher des Orakels ermutigte, hat seine Grenzen. Das Durch-und-durch-erkannt-Werden individueller Freiheit ist nicht Selbsterkenntnis, da diese nicht durch eine Selbsttranszendenz zu erreichen ist. Selbstüberschreitung käme nicht weit, wenn sie allein ihre eigenen natürlichen Fähigkeiten – Intellekt und freien Willen – bemühte. Unsere Selbsttranszendenz, Selbstüberschreitung muss von der Transzendenz Gottes her ermächtigt werden, das individuelle Selbst endlicher Freiheit vollkommen zu erkennen. Das ist mit der *ultima solitudo*, der letzten Einsamkeit des menschlichen Individuums, gemeint. Guardini wählt den Titel „Den

[7] Ebd.

Menschen erkennt nur, wer von Gott weiß“[8], um dies von der Natur des Menschen und vom Individuum auszusagen. Schon das im Einander-Erkennen von Ich und Du gesteigerte oder gar erst eröffnete menschliche Selbsterkennen lässt erahnen, wie mir aus der vollendeten Beziehung mit Gott die Augen aufgehen werden.

Eindrücklich fragt Dietrich Bonhoeffer angesichts der unterschiedlichen Gefühle und Stimmungen, die er in im Laufe seiner Gefangenschaft durchleidet:

„Wer bin ich?
Bin ich das wirklich, was andere von mir sagen?
oder bin ich nur das, was ich selber von mir weiß?
unruhig, sehnsüchtig, krank wie ein Vogel im Käfig,
ringend nach Lebensatem, als würgte mir einer die Kehle,
hungernd nach Farben, nach Blumen,
nach Vogelstimmen,
dürstend nach guten Worten, nach menschlicher Nähe,
zitternd vor Zorn über Willkür und kleinlichste Kränkung,
umgetrieben vom Warten auf große Dinge,
ohnmächtig bangend um Freunde in endloser Ferne,
müde und leer zum Beten, zum Denken, zum Schaffen,
matt und bereit, von allem Abschied zu nehmen.
Wer bin ich? Der oder jener?
Bin ich denn heute dieser und morgen ein andrer?
Bin ich beides zugleich? Vor Menschen ein Heuchler
und vor mir selbst ein verächtlich
wehleidiger Schwächling?
Oder gleicht, was in mir noch ist,
dem geschlagenen Heer,
das in Unordnung weicht vor schon gewonnenem Sieg?
Wer bin ich? Einsames Fragen treibt mit mir Spott.

[8] Romano Guardini: Den Menschen erkennt nur, wer von Gott weiss, Würzburg 1965.

Wer ich auch bin, Du kennst mich, Dein bin ich,
o Gott!"[9]

Bonhoeffer meint die unterschiedlichen Bilder, die er in den Augen anderer Menschen und so in seinen eigenen Augen abgibt, je nach dem, wann, wo und wie er ihnen begegnet. Während sich in ihren Blicken ihre Wahrnehmung seiner Person widerspiegelt, nimmt er sich selbst bisweilen ganz anders wahr. Gott hingegen, so hat es schon Augustinus formuliert, ist uns innerlicher als wir uns selbst, nicht weil er in pantheistischer Weise der Welt immanent wäre, sondern weil er transzendent ist, da er in unendlicher Freiheit alles, was ist, durch sein Wort ins Dasein ruft und im Dasein hält – in Zeit und Ewigkeit.

Wenn uns aufgegangen ist, wie schwer es sein kann, das zu erkennen, was wir auf dem Grunde unserer Seele in Freiheit wollen und wer wir im Tiefsten unseres Herzens als Individuum sind, dann ist ein *desiderium naturale*, ein natürliches Verlangen nach der Schau Gottes, in der wir uns selbst auch vollkommen erkannt wissen, mithin kein leicht ergründbares *fundamentum inconcussum*[10], kein unerschütterliches Fundament, sondern eine heikle Basis für die Fundamentaltheologie. Auf jeden Fall erscheint es umso deutlicher als Desiderat je offenbarer uns das Ziel erscheint, auf das wir von Anfang an unterwegs sind, wenn wir also Christus als Alpha erst vom Omega her erkennen, als das Gott sich selbst offenbart hat im Wort, das der Sohn ist.

Das bleibt auch dann so, wenn man den Analysen von Maurice Blondel in seiner folgenreichen Dissertation zustimmt und es für philosophisch nachweisbar hält, dass auf dem Grunde menschlichen Willens und

---

[9] Dietrich Bonhoeffer: Briefe und Aufzeichnungen aus der Haft, hrsg. von Chr. Gremmels u.a., in der Gesamtausgabe: Dietrich Bonhoeffer Werke, hrsg. von E. Bethge u. a., 8. Bd., Gütersloh, 1998, S. 513f.

[10] Vgl. die am Anfang des modernen Autonomiedenkens und der sogenannten „Anthropologischen Wende" der Fundamentaltheologie stehende Überzeugung René Descartes', er habe im cogito ergo sum ein Fundament des Philosophierens gefunden, das keine Skepsis erschüttern kann. Vgl. René Descartes, Philosophische Schriften in einem Band, Felix Meiner Verlag, Hamburg 1996 (franz. und dt. Text parallel), „Discours de la methode", Teil 4, Abschnitt 3, 55.

Wollens bei genauem Hinsehen ein Streben zu finden ist, das nur von einer Unendlichkeit her sinnvoll gedacht werden kann, die der Menschen sich nicht selbst sein kann. Blondels tiefschürfende Analysen werden ja nur wenige, philosophisch besonders Begabte und Geschulte nachvollziehen können.[11] Und als gescheitert muss wohl, wenn man dem aktuell zu beobachtenden Glaubensschwund in Mitteleuropa ins Auge blickt, der pastoraltheologische Versuch gelten, die ursprünglich fundamentaltheologische Immanenzapologetik durch Übersetzung in die sogenannte Korrelationsdidaktik zum Anknüpfungspunkt der Verkündigung zu machen.

Der Rekurs auf die irdisch-natürliche Erfahrung der Menschen sollte als Anknüpfungspunkt christlichen Glaubens dienen, sollte das *desiderium naturale* aufdecken, um das Evangelium als wünschenswerte Botschaft auszuweisen. Die in die Korrelationsdidaktik gesetzte Hoffnung hat sich offensichtlich nicht bewährt. Hier kann nicht untersucht werden, ob es daran lag, dass gleichzeitig die eigentliche Katechese ausgefallen ist, weil man den sogenannten „Extrinsezismus“ einer von außen kommenden, den Menschen „bevormundenden“ Lehre vermeiden wollte; oder ob die fortschreitende Säkularisierung im Sinne eines Weltgeistentfaltungsprozesses unaufhaltbar ist; oder ob tatsächlich die sogenannte Korrelationsdidaktik in ihrer konkreten Ausführung nicht das irdisch-natürliche Erfahren des Menschen zum Ausgangspunkt einer Hinführung zum himmlisch-übernatürlichen Ziel des *desiderium naturale*, sondern umgekehrt die Reduzierung seiner göttlichen Berufung auf das Allzumenschliche, die aktuellen Lebenssituationen der Menschen war.

Wie dem auch sei, Fakt ist, dass die Zahl der „Apatheisten“ in Mitteleuropa zunimmt. Tomáš Halík nennt so die Menschen, die weder (die Existenz einer Gottheit leugnende) Atheisten sind noch (die Existenz Gottes für ungewiss haltende) Agnostiker noch auch Antitheisten, welche die Anerkennung der Existenz Gottes ablehnen und verhindern wollen, weil sie ihn als Konkurrenten des Menschen bzw. als antihumanis-

[11] Vgl. Maurice Blondel, Die Aktion (1893). Versuch einer Kritik des Lebens und einer Wissenschaft der Praktik, übers. von Robert Scherer, München 1965.

tische Idee verstehen. Im Gegensatz zu diesen althergebrachten Typen der Gottesfremdheit hält Halík einen großen Teil unserer Zeitgenossen für Apatheisten, weil ihnen die Existenz Gottes gleichgültig erscheint; sie verhalten sich daher apathisch, leidenschaftslos gegenüber der Frage, ob es Gott gibt oder nicht. Er bedeutet ihnen nichts. Martin Walser mag da konstatieren: „Wer sagt, es gebe Gott nicht, und nicht dazusagen kann, dass Gott fehlt und wie er fehlt, der hat keine Ahnung."[12] Es bleibt aber das Faktum, dass viele, eine immer größere Zahl von Menschen – den Analysen der verschiedenen Immanenzapologetiker zum Trotz – schlicht dagegenhalten: „Es gibt keinen Gott!" Und: „Mir fehlt nichts!"

Wie es ausgerechnet in Europa, das durch den christlichen Glauben zu dem geworden ist, was es ist, zu diesem Apatheismus kommen konnte, müssen wir hier nicht beantworten. Es gibt unterschiedliche plausible Erklärungen dazu.[13] Auf jeden Fall hängt die Möglichkeit dieser

---

[12] Martin Walser: Über Rechtfertigung, eine Versuchung, Hamburg 2012, 33.

[13] Chantal Delsol (La Fin de la Chrétienté, Paris 2023) meint, die Christenheit (nicht die christliche Religion) befinde sich seit Jahrhunderten in Agonie, da die im vierten Jahrhundert durch das Christentum initiierte normative und ontologische Wende nun ihrerseits eine doppelte Inversion erlebe – ein Prozess, der im 18. Jahrhundert begonnen habe. C. S. Lewis (The Empty Universe, in: Ders.: Essay Collection and other Short Pieces, ed. Lesley Walmsley, London 2000, 633-637) sieht einen Prozess der „Entgeistigung" der Welt am Werk, der schon in der Antike begonnen hat und durch die christliche Religion gefördert wurde; dessen Inversion zwar nicht zu wünschen ist, weil im Animismus nur ein Teil der Wahrheit geahnt wird; hingegen wäre es wünschenswert, wenn der wahre Aspekt vom jüdisch-christlichen Schöpfungsglauben her vertieft und dem common sense künftiger Jahrhunderte vermittelt werden könnte: Der Schöpfer spricht zu seinen vernunftbegabten Geschöpfen auch in der und durch die Natur, die er als jene Welt geschaffen hat, in der er ihnen begegnen will. Bernd Witte (Moses und Homer. Griechen, Juden, Deutsche: eine andere Geschichte der deutschen Kultur, Berlin-Boston 2018) sieht in der Abwendung von der jüdischen Kultur zugunsten einer Hinwendung zum „Griechentum" den entscheidenden Wendepunkt der Philosophie im deutschen Sprachraum, der zur Begründung einer säkularen Religiosität führt, die „gegen den ‚Einen Gott' [gerichtet war], an dessen Stelle unter der Maske des antiken Polytheismus die Vielzahl der als göttlich verstandenen kosmischen Kräfte, die ‚Natur', und als deren Krönung der autonome Mensch gesetzt werden sollten." (10) An der den Zeitgenossen gar nicht mehr bewussten „Vergriechung" möchte der Autor „Destruktionsarbeit leisten in der schwachen Hoffnung, der ‚Entjudung' der neuzeitlichen Kultur, die nicht erst mit dem nationalsolzialistischen Genozid an den Juden einsetzte, aber in ihm ihren mörderischen Höhepunkt erreichte, entgegenwirken zu können.

Entwicklung mit einem weiteren Aspekt des *desiderium naturale* zusammen.

Es drängt sich mir in dieser Hinsicht nichts unausweichlich auf – ich muss mir allererst selbst die Frage stellen: Wer soll ich sein? Ich muss mich für ein „bewusstes Leben" entscheiden. Ich kann dem Imperativ *gnṓthi seautón*, dem „Erkenne dich selbst!" des Delphischen Orakels folgen wie die Philosophen in der Nachfolge des Sokrates, oder ich kann es sein lassen. Und darüber hinaus: Welche Rolle spielt diese meine Freiheit, mit der ich mich zum Fragen entscheide, für meine Erkenntnis der richtigen und wahren Antwort? Führt sie mich nur zur Anerkennung des sokratischen „Daimon" bzw. des religiösen Gewissens, oder bekomme ich es – wie John Henry Newman meinte[14] – dann schon mit Gott zu tun? Und wenn ja, werde ich erkennen, wer ich in den Augen Gottes bin und wer ich sein soll, ohne das explizit zu wollen? Als Katholik glaube ich, dass meine Freiheit mit der Gnade Gottes zusammenwirken soll – ich habe also Anteil daran, der zu werden, der ich sein soll; ich habe Anteil daran, das zu empfinden, was ich empfinden soll. Gerade dann aber stellt sich die Frage: Welche Durchschlagskraft hat ein *desiderium naturale*, das zu der Natur gehört, die ich mit allen Menschen gemeinsam habe? Welche Kräfte, die auf die Person wirken, kann ich in den Menschen voraussetzen, die Gott noch nicht kennen oder sein Wort, das der Sohn ist?

2. Der Stein der Weisen im magischen Spiegel

Die bislang genannten Punkte (die Bedeutung des Todes, das *desiderium naturale* und die Unfassbarkeit des Individuums) lassen sich – nicht nur im Sinne eines unterhaltsamen Intermezzos – mit Blick auf den ers-

[14] Vgl. Thomas Möllenbeck: Gerechtfertigt durch Erfahrung? Newmans conversions narratives und die Rolle von Luther und Augustinus in seiner Rechtfertigungslehre, Paderborn: Schöningh-Brill 2017.

ten Band einer Kinder- und Jugendbuchreihe illustrieren, das den Titel „Harry Potter and the Philosopher's Stone" trägt – zu deutsch „Harry Potter und der Stein der Weisen". Darin kämpfen Protagonisten und Antagonisten um den Stein der Weisen. An der unterschiedlichen Haltung, die sie zum Tod einnehmen, wird klar, mit was für einem Menschen wir es zu tun haben. Es kommt in der Geschichte auch die – in ihrer Unbegreiflichkeit unberechenbare – Wirklichkeit zum Tragen, dass die Liebe stark ist wie der Tod (Hld 8,6). Außerdem wird dem jugendlichen Leser durch die glücklichen Fügungen der Geschichte, in der die Bösen am Ende durch ihre schlechten Taten selbst zu Fall kommen, nahegelegt: Wie der einzelne Mensch durch seine Natur, durch seine eigenen Entscheidungen und auch durch die Taten anderer Menschen bestimmt wird, das macht viel aus, aber nicht alles – hinter der Geschichte steckt mehr. Entsprechend komplex sind die Charaktere: Die tiefsten Sehnsüchte der Personen werden von verschiedenen Seiten beeinflusst – wie sich in einem magischen Spiegel zeigt, der in dem Jugendbuch eine wichtige Rolle spielt. Dieser Spiegel lädt zu einem Gedankenexperiment ein, das hier der Darstellung folgen wird.

Der besagte Spiegel, um den es im Folgenden geht, trägt den Namen „Erised", was ein Anagramm von „Desire" ist, daher die deutsche Übersetzung „Nerhegeb" – „Begehren". Denn die besondere Fähigkeit des magischen Spiegels besteht darin, dem, der vor ihm steht, den tiefsten Wunsch seines Herzens zu offenbaren; und so auch zu zeigen, was für ein Mensch er ist. Das erfährt der Erstklässler Harry, als er auf seinen Touren durch das Internat zufällig auf diesen Spiegel stößt. Dieser Junge muss nach und nach herausfinden, wer er wirklich ist, denn die Familie, in der er groß wurde, hat ihm seine wahre Herkunft verschwiegen; außerdem ist er gezeichnet durch den Versuch, ihn zu ermorden, dessen Motiv, dessen Scheitern und dessen Spuren sowie zukünftige Folgen er erst im Laufe der sieben Bände der Reihe erfahren und bewältigen muss – die Heptalogie stellt einen Bildungsroman dar, der auch erwachsenen Lesern zu denken gibt.

In diesem Jugendbuch-Bildungsroman mit fantastischen Elementen dient der Spiegel am Ende auch zur Unterscheidung der Geister, wenn die Protagonisten und Antagonisten vor dem Problem des Todes stehen. An der Haltung zum Sterben, an der Bereitschaft, sein Leben aus gutem Grund sogar für andere zu opfern, scheiden sich in der ganzen Buchreihe die Geister – gute und böse. Das ist das zentrale menschliche Thema, das die Autorin zum Vorschein bringt, indem sie das neuzeitliche Machbarkeitsdenken und die Unterwerfung der Natur durch Technik und Naturwissenschaften problematisiert. Das tut sie interessanterweise im Bild bzw. mit der Allegorie der Magie.[15] Den wesentlichen Unterschied in dieser Allegorie stellt nicht der Aspekt dar, ob etwas künstlich, also mit Mitteln der (magischen) Technik gemacht, oder natürlich hervorgegangen ist. Vielmehr ist entscheidend, wozu (magische) Technik und Wissenschaft eingesetzt werden: Dienen sie guten oder bösen Zwecken? Außerdem heiligt in dieser Allegorie der Zweck nicht die Mittel. Denn in ihr ist auch von magischen Techniken die Rede, die immer verboten sind, weil ihr Einsatz gegen die Würde des Menschen verstieße.

Schon im ersten Band der Reihe, mit dem Titel „Der Stein der Weisen“, ist Magie das Bild für die moderne Technik, die gut eingesetzt werden kann, aber auch böse. Harry Potter, die zentrale Figur der Geschichte, muss erst noch lernen, sich in dieser ihm fremden Welt zuhause zu fühlen: Die Orientierung am Guten hat er von seinen verstorbenen Eltern mitbekommen; das Gute auch zu tun mithilfe magischer Techniken sowie deren Größe und Grenzen zu erkennen, fällt schwerer – im ganzen ersten Band der Reihe zaubert Harry gar nicht mit.

---

[15] Eine erste theologische Auseinandersetzung mit der Harry-Potter-Reihe, die damals noch nicht abgeschlossen war, findet sich im Themenheft „Harry Potter“ von Theologie und Glaube (3/2002, 92. Jahrgang), mit Aufsätzen von Hansjürgen Verweyen (Tod – Liebe – Eros. Archetypische Symbole bei J. K. Rowling), Markus Tomberg (Mythos? Transzendentale Propädeutik? – In Rowlings Romanen findet sich beides), Magnus Striet (Anweisung zum seligen Leben? Ein nüchterner Blick (nicht nur) auf Harry Potter), Thomas Möllenbeck (Ikone der Kontingenz) und Axel Schmidt, der sich besonders mit der allegorischen Dimension der Romane beschäftigt (Die Suche nach dem rechten Lebens-Mittel. Harry Potter als Beispiel einer modernen praeparatio Evangelii).

Es mag auf den ersten Blick paradox erscheinen, Magie als Allegorie für die neuzeitliche Technik einzusetzen, weil die Entzauberung unserer Welt ja durch Naturwissenschaft und Technik vorangetrieben wurde – weg von der animistischen Vorstellungswelt eines durchgeisteten Kosmos, hin zu einer materialistisch-funktionalen Sicht aller Natur und der Ursachen in ihr. Schon der Blick in die Wissenschaftsgeschichte zeigt allerdings: Historisch betrachtet ist die Trennung von Magie und Naturwissenschaften nicht so eindeutig gewesen. Durch die gesamte Neuzeit hindurch lässt sich beobachten, dass namhafte Naturwissenschaftler und Geistesgrößen alchemistischen Theorien anhingen und entsprechende Experimente durchgeführt haben. Auch jenseits magischer Vorstellungen wurde die Trennung zwischen Schöpfung und Schöpfer lange nicht radikal vollzogen. Newtons metaphysische Interpretation des Raumes als *sensorium Dei*, in dem der Schöpfer durch seine Präsenz den regelmäßigen Verlauf des Planetensystems immer wieder zustande bringt, ist vielleicht das beste Beispiel. Nun scheinen wir aber am Ende des seit Jahrhunderten fortlaufenden Prozesses der Entzauberung unserer Welt angekommen zu sein; vielleicht macht gerade dies die fantastischen Elemente im Jugendbuch so verlockend, da sie an eine verlorengegangene Wahrheit der Schöpfung erinnern: *creatio continua* des Schöpfergeistes, dessen Sinn man in ihrem Reichtum und ihrer Schönheit begegnen kann.

Die Legende um den „Stein der Weisen“, der angeblich unedle Metalle in edle Metalle (wie Gold und Silber) verwandeln hilft und der angeblich erlaubt, ein Elixier ewiger Jugend zu brauen, ist dem Leser längst bekannt, den jugendlichen Protagonisten zunächst jedoch nicht. Die Legende schreibt *Hermes Trismegistos* die Niederschrift eines alchemistischen Rezepts zur Herstellung des Steines zu, da er seit der Renaissance als Begründer der alchemistischen Wissenschaft galt. Hunderte Jahre vor Christus habe er ihre Grundlagen in Smaragd geritzt. Die Faszination, die vom Stein der Weisen ausging, hat noch im 20. Jahrhundert gegriffen: So hat z.B. C. G. Jung alchemistische Studien betrieben; noch 1930 wurde ein Truggold-Alchemistenprozess geführt, in dem sich ein Hochstapler verantworten musste, der viele einflussreiche und bedeutende Zeitgenossen betört hatte.

In der Allegorie des fantastischen Jugendbuches funktioniert der Stein der Weisen natürlich einwandfrei, wie ja auch die Technik ihren Siegeszug in unserer entzauberten, nicht-fantastischen Welt nur fortsetzen kann, solange sie einwandfrei funktioniert. Der Stein der Weisen dient im Jugendbuch-Bildungsroman dazu, unterschiedliche Haltungen ans Licht zu bringen, die man dem Tod gegenüber einnehmen kann: Man kann den Tod als *próblema*, als Stein des (Denk-)Anstoßes, verstehen: Aufgrund der Unumgänglichkeit des Todes muss sich der Philosoph, der ‚Freund der Weisheit', mit ihm beschäftigen. Im Buch ist der Stein der Weisen der reale Stein des Anstoßes: Im Umgang mit dem Stein gilt es, weise zu werden, wie Prof. Dumbledore, der Direktor der Schule, und Nicholas Flamel, der Besitzer des Steins der Weisen, der schon seit sechs Jahrhunderten mit seiner Frau lebt. Sie entscheiden am Ende des Romans, den Stein der Weisen zu vernichten, damit er nicht den Falschen in die Hände fallen kann, die Böses mit ihm anfangen wollen. Die Philosophen, die Freunde der Weisheit, scheuen eben nicht davor zurück, das Sterben zu lernen.

Man kann den Tod aber auch als inakzeptable Grenze betrachten, die man – koste es, was es wolle – beseitigen muss, will man sich selbst als Individuum und die eigene Freiheit retten. Der Name des Bösen in diesem Buch heißt übersetzt „Raub des Todes" oder „Flug des Todes", je nachdem, wie man Voldemort übersetzt. Wenn nötig geht er bei dem Versuch, das eigene Leben unbegrenzt zu machen, auch über Leichen und auf den Weg des Transhumanismus. Die Lebens- bzw. Todesphilosophie dieser Gestalt fasst einer seiner treuen Diener zusammen, als er die eigene „Bekehrung" zu einem Nachfolger Voldemorts beschreibt. Wir und auch die jungen Leser sollen diese „Bekehrung" jedoch als das verstehen, was sie in Wirklichkeit war: eine Gehirnwäsche, die Umwertung aller Werte, jenseits von Gut und Böse. Der Diener formuliert es so: „Damals war ich noch ein einfältiger junger Mann, mit dem Kopf voll lächerlicher Vorstellungen über Gut und Böse. Lord Voldemort hat mir gezeigt, wie falsch ich dachte. Es gibt kein Gut und Böse, es gibt nur

Macht, und jene, die zu schwach sind, um nach ihr zu streben …"[16]
Die Hauptrollen in diesem Kinder- und Jugendbuch spielen natürlich nicht die Erwachsenen, sondern die Kinder, welche die verschiedenen Haltungen der Menschen kennenlernen und sich entscheiden müssen, wieviel sie bereit sind zu riskieren, um die Wahrheit, das Gute und das Schöne gegen die bloße Macht zu verteidigen.

Der grundböse Mensch, der sich Lord nennt und durch alchemistische Selbstversuche mittlerweile eine transhumane Gestalt angenommen hat, die immer mehr einer Schlange ähnelt, will den Stein der Weisen für sich gewinnen, um seine Macht wiederzuerlangen. Die Guten im Buch, der Direktor der Internatsschule, einige Lehrer und drei Erstklässler, wollen das verhindern und es kommt zum Entscheidungskampf in einem Gewölbe unterhalb der Schule. In diesem Gewölbe steht nun der besagte magische Spiegel. In diesem Spiegel, von dessen besonderer Fähigkeit schon die Rede war, hat der weise Schuldirektor den Stein der Weisen versteckt: Der Stein verlässt den Spiegel und fällt in die Hände des Menschen, der vor dem Spiegel steht und den Stein der Weisen aus ganzem Herzen zu haben wünscht, aber nicht, um ihn für sich zu benutzen. Der junge Harry weiß, dass der Spiegel dem Betrachter den tiefsten Wunsch seines Herzens offenbart. Aber es ist wie gesagt nicht dieses Wissen, das auch Lord Voldemort besitzt, was Harry hilft, den Stein zu gewinnen. Lord Voldemorts Wissen zusammen mit all seinen überragenden magisch-technischen Fähigkeiten hilft ihm hingegen nicht, den Stein der Weisen aus dem Spiegel zu holen. Denn er hat die falsche Haltung zum Tod, so dass sein tiefster Herzenswunsch und Wille auf den Besitz des Steines geht, da er vorhat, mit dem Stein sein individuelles Leben unendlich zu verlängern. Harry hingegen kommt in den Besitz des Steines, weil er die richtige Haltung zum Stein der Weisen einnimmt: Damit dieser vor Voldemort sicher ist, will er den Stein der Weisen haben; nicht für sich selbst will er ihn haben, nicht für sich selbst will er ihn benutzen.

---

[16] J. K. Rowling: Harry Potter und der Stein der Weisen, übers. v. Klaus Fritz, Hamburg 2018, 315. Die Seitenzahlen in Klammern beziehen sich auf diese Ausgabe.

Vor dem Spiegel und durch den Spiegel kommt es also zu einer Art Gericht über das Individuum: In wem der Spiegel nicht die Gier nach Unsterblichkeit, sondern die gute Haltung und Neigung, das *desiderium boni*, die Sehnsucht nach dem Guten, wahrnimmt, der erhält den Lohn; wessen Herz ein böses Verlangen beherbergt, geht leer aus. Wer sein Leben gewinnen will, wird den Stein der Weisen nicht gewinnen; wer bereit ist, um des Guten willen, sein Leben zu verlieren, wird ihn gewinnen. Es gibt zwar ein glückliches Ende – Harry entgeht knapp dem Tod. Aber der vom Menschen so sehnsuchtsvoll erhoffte Tun-Ergehen-Zusammenhang, dass es den Guten gut gehen wird auf Erden und den Bösen schlecht, ist nicht die zentrale Botschaft dieses Teils der Geschichte – zumal der Erzschurke erst am Ende des siebten Bandes der Jugendbuchreihe sein Ende findet. Die Moral von der Geschichte ist an dieser Stelle vielmehr: Es gibt den objektiven Unterschied zwischen Gut und Böse, der bis ins Innerste des Menschen wirkt – und jeder einzelne Mensch muss sich entscheiden, den Verlockungen des Bösen um des Guten willen zu widerstehen, auch wenn das Tapferkeit verlangt angesichts drohenden Leidens und Tod.

Der magische Spiegel ist also eine Metapher für eine Herzenskenntnis, die in Wirklichkeit nur Gott besitzt, die uns kein normaler Spiegel bieten kann – selbst der Gewissensspiegel vor der Beichte nicht. Denn seine Effektivität hängt von der begrenzten Ehrlichkeit und der Fähigkeit eines Menschen ab, sich selbst zu erkennen, sowie von der Gnade, die Gott zur Gewissenserforschung verleiht.

Die Idee des magischen Spiegels dient im fantastischen Roman dazu, zwei Spielarten des modernen oder postmodernen Subjektivismus herauszuarbeiten und als unwahr zu erweisen. Am Ende des Buches wird, wie wir gesehen haben, die moderne Auffassung zurückgewiesen, alle moralischen Bewertungen seien subjektiver Natur, es gebe keinen objektiven Unterschied zwischen Gut und Böse, sondern nur die Macht, eine Ansicht, einen Willen, einen Wert festzulegen und durchzusetzen. Mithilfe des magischen Spiegels entzaubert die Autorin darüber hinaus noch eine andere, für die Gegenwart zentrale Kategorie menschlichen

Selbstverständnisses: Harrys erste Erfahrungen mit dem magischen Spiegel führen ihn auch zu der Einsicht, dass die eigenen Gefühle, die eigenen Sehnsüchte noch nicht die Wahrheit über die Wirklichkeit sind.

Man mag vielleicht entgegnen, Letzteres sei doch jedem Menschen von vornherein klar: Nicht was oder wer ich sein möchte, entscheidet darüber, wer ich bin. Ein Spitzensportler werde ich vielleicht, wenn ich das wünsche; aber nur dann wirklich, wenn die Voraussetzungen dafür gegeben sind: Begabung und Training! Fehlt eines, wird nichts daraus, ganz gleich wie intensiv und tiefsitzend meine diesbezüglichen Gefühle sind oder wie intensiv ich sie einübe. Das stimmt natürlich. Aber in der modernen und postmodernen Vorstellungswelt, in der wir zurechtkommen müssen, wird die Wahrheit über die Wirklichkeit anders vorgestellt. Man denke nur an die gegenwärtigen auf allen Ebenen der Gesellschaft, z. T. sogar in der Kirche, angestrengten Bemühungen, eine bestimmte Spielart der Gendertheorie umzusetzen. Wenn jemand sich als Frau fühlt, obwohl sein biologisches Geschlecht männlich ist, soll er auch das Recht haben, in den Augen der anderen eine Frau zu sein; zumindest sollen die anderen verpflichtet werden, die gemeinsame Sprache so zu benutzen, als hielten sie es für wahr, dass dieser Mann in Wirklichkeit eine Frau ist.

Harrys Erfahrungen mit dem magischen Spiegel führen hier zu einer Einsicht, welche Rolle Wirklichkeitssinn und Gefühl, *sense and sensibility*, im Leben zu spielen haben. Bei der ersten Begegnung zeigt ihm der Spiegel seinen tiefsten Herzenswunsch. Was sieht Harry, der seine Eltern sehr früh verloren hat und als Vollwaise bei der Familie einer Tante unterkommt, die ihn ablehnt und wahlweise schikaniert oder ignoriert? Harry sieht seine geliebten Eltern, die ihn in ihre Mitte nehmen, ihm zulächeln und die Hand auf seine Schulter legen. Er kann sich nicht sattsehen daran und kommt immer wieder zum Spiegel, obwohl er weiß, dass der Spiegel nicht die aktuelle irdische Wirklichkeit zeigt, sondern seine Wünsche und Gefühle. Das weiß er nicht nur, weil seine Eltern gestorben sind. Das wird auch klar, als sein Freund Ron in den magischen Spiegel schaut. Ron, der aus einer armen, aber liebenden und kinderreichen

Familie kommt, sich jedoch klein und unbedeutend fühlt neben seinen fünf älteren Brüdern, die schon viel erreicht haben, – Ron sieht nicht Harrys Eltern, sondern etwas anderes: Er sieht sich allein, endlich – keiner stiehlt ihm die Show! Er ist älter, größer, gutaussehend und überhäuft mit Ehrungen und Trophäen seiner Errungenschaften! Ob der Spiegel die Zukunft zeigt? So seine Frage an Harry. Wohl kaum die echte Zukunft, denn Harrys Eltern sind verstorben – das verortet sie in der Vergangenheit, die man nicht verändern kann. Und doch erscheinen sie im Spiegel als Lebendige – warum sollte dann das, was Ron als seine Zukunft sieht, realistischer sein? Trotzdem kommt Harry Nacht für Nacht, um sich mit seinen Eltern zu sehen. Er suhlt sich in seinen Gefühlen und verliert das Interesse an allem anderen, bis der weise Direktor der Schule dem ein Ende macht und ihm erklärt, was der Spiegel Erised tut:

„Er zeigt uns nicht mehr und nicht weniger als unseren tiefsten, verzweifelten Herzenswunsch … Allerdings gibt uns dieser Spiegel weder Wissen noch Wahrheit. Es gab Menschen, die vor dem Spiegel dahingeschmolzen sind, verzückt von dem, was sie sahen, und andere sind wahnsinnig geworden …“ (232)

Für unser Thema, das unstillbare Heimweh nach Transzendenz und das gleich folgende Gedankenexperiment, ist der Anfang der Erklärung, die der weise Schuldirektor gibt, genauso wichtig, wenn er sagt: „Der glücklichste Mensch auf der Erde könnte den Spiegel Nerhegeb wie einen ganz normalen Spiegel verwenden, das heißt, er würde in den Spiegel schauen und sich genau so sehen, wie er ist.“

Es entsteht an dieser Stelle der Eindruck, die Autorin denke den Spiegel Nerhegeb in rein natürlicher Immanenz, während die Transzendenz in diesem Jugendbuch ausgeklammert wäre, weil das unstillbare Heimweh des Menschen nach Transzendenz nicht im Spiegel sichtbar wird. Wenn Korrelationsdidaktiker dieses *desiderium naturale* nicht erfolgreich zum Vorschein bringen können, müsste der magische Spiegel dies nicht können? Vielleicht zeigt der Spiegel nur die tiefste Sehnsucht eines Menschen, die sich auf irdisch mögliche Wirklichkeit bezieht, weil ein Jugendbuch eben keine theologische Abhandlung sein will. Oder soll man argwöhnen, in den Augen der Autorin stimme die fundamentaltheologische Rede vom *desiderium naturale* gar nicht mit der Wirklichkeit der Menschen überein? Das *desiderium naturale* wird ja als das universale, jedem Menschen zukommende Heimweh nach der Transzendenz verstanden, so dass jedem Menschen eine Sehnsucht immanent ist, die alles rein Natürliche, alle irdisch mögliche Wirklichkeit übersteigt.

In einem Bildungsroman ist die Verstandes- und Herzensbildung für gewöhnlich nicht im ersten Teil abgeschlossen, so dass man sich eigentlich nicht wundern muss, wenn die tiefste Sehnsucht im Herzen eines Elfjährigen für ihn selbst noch nicht in der Gottesbeziehung Gestalt annimmt. Wenn die Autorin theologische Ambitionen hat, könnte an der Stelle, an welcher der Spiegel Nerhegeb im Jugendbuch eingeführt wird, der später zu weitende geistige Horizont fürs Erste noch so verengt sein, als könne man vollkommenes Glück auf dieser Erde erlangen. Wir stellen natürlich die Frage: Geht das? Kann sich unser Herz beruhigen bei dem Gedanken, der zu sein, der wir selbst sein wollen, und dort zu sein, wo wir selbst sein wollen?

„Wie ich der wurde, den ich mag“ – lautet der Titel des jüngst erschienen Buches von Pierre Stutz. Es wird als die „bewegende Autobiografie eines der gefragtesten spirituellen Lehrer unserer Zeit“ angekündigt. Geht das in eine rein immanente Richtung?[17] Oder ist bei einem klugen Menschen davon auszugehen, dass er, auch wenn er sich selbst mag, er noch lange nicht vollkommen glücklich mit sich selbst sein muss? Die für jeden einzelnen Christen Frohe Botschaft unserer Religion besteht doch darin, gar nicht glücklich mit sich selbst werden zu müssen, um der glücklichste Mensch zu sein, der ich sein kann: Die höchste Vollendung des Menschen liegt nicht darin, allein er selbst zu sein; und erst recht nicht allein darin, sich selbst zu mögen.

[17] https://buchhandlunghofbauer.buchkatalog.at/wie-ich-der-wurde-den-ich-mag-9783963402456.

3. Ein Gedankenexperiment mit dem magischen Spiegel

Dies ist eine Einsicht, die Paulus im Zweiten Brief an die Korinther entfaltet. Um sich dieser Einsicht anzunähern, könnte jeder zunächst sich selbst fragen: Was würde ich denn sehen, wenn ich in einen solchen magischen Spiegel schauen könnte? Nehmen wir einmal an, alle Herzenswünsche, die ich für mein Leben auf dieser Erde habe, wären erfüllt – würde ich dann allein mich selbst sehen, wie ich jetzt bin, weil ich dann ja der glücklichste Mensch auf Erden bin, der keine offenen Herzenswünsche kennt, sondern rundum zufrieden (mit sich) ist? Oder ist das gar nicht möglich – bleibt da eine Unerfülltheit, eine Sehnsucht, die nichts auf Erden Mögliches stillen könnte, weil es sich um eine unstillbare Sehnsucht nach dem Himmel handelt?

Was ich dann im Spiegel sehen würde – den glücklichsten Menschen oder einen bei allem irdischen Glück letztlich doch unerfüllten – hinge von der Fähigkeit des Spiegels ab, lediglich die *natura pura* des Menschen zu zeigen und von der himmlischen Berufung des Menschen zu abstrahieren.

Papst Pius XII. hat in seiner Enzyklika *Humani Generis* darauf bestanden, man müsse dem Schöpfer dies zugestehen: Gott hätte die Menschen mit einem anderen Ziel erschaffen können, mit einer Natur, die nicht auf die himmlische Seligkeit hingeordnet gewesen wäre. Mithilfe dieser hypothetischen Abstraktion lässt sich der Gnadencharakter der himmlischen Berufung und der Erlösung von der Gnade der Erschaffung des Menschen klar unterscheiden. Gleichwohl gehört die darüber hinaus gehende Behauptung, es existiere real eine menschliche *natura pura*, eine reine Natur ohne himmlische Berufung und ohne entsprechendes *desiderium naturale*, nicht zur kirchlichen Glaubenslehre.[18] Für gewöhnlich hat die

[18] Vgl. Humani Generis: „Alii veram « gratuitatem » ordinis supernaturalis corrumpunt, cum autument Deum entia intellectu praedita condere non posse, quin eadem ad beatificam visionem ordinet et vocet. Nec satis; nam peccati originalis notio, definitionibus tridentinis posthabitis, pervertitur, unaque simul peccati in universum, prout est Dei offensa, itemque satisfactionis a Christo pro nobis exhibitae. (Andere

Immanenzapologetik der hypothetischen Annahme einer *natura pura* kein Gewicht beigemessen, weil aus ihrer Sicht das tatsächlich gegebene *desiderium naturale ad visionem Dei* so eng mit dem spezifisch menschlichen Wesen freier Vernunft verwoben ist, dass nichts Sinnvolles bzw. echt Menschliches übrigbliebe, wenn man das *desiderium naturale* wegdächte.

Was nun, wenn auch der magische Spiegel nicht beschränkt wäre auf die tiefste Sehnsucht einer *natura pura*, nicht auf jene menschlichen Wunschvorstellungen, die sich auf eine rein natürliche Seligkeit auf der Basis irdisch möglicher Wirklichkeiten beziehen? Was würde ich dann im Spiegel sehen? Die Frage ist schwer zu beantworten und sie illustriert, wie heikel das Fundament der Immanenzapologetik ist. Würde im Spiegel das *desiderium naturale* in einer Weise sichtbar, dass ich gar nicht mehr an meiner himmlischen Berufung zweifeln kann, weil alle Herzenswünsche, die sich auf nur irdisch Mögliches beziehen und sich an der Oberfläche meines Bewusstseins tummeln, verdrängt würden vom Tiefenbewusstsein dessen, was mich im Innersten meiner Natur wirklich ausmacht: Gottessehnsucht?

Oder soll man annehmen, die Natur sei nicht so übermächtig; es könne der Mensch in seiner Freiheit selbst bestimmen, ob er dem *desiderium naturale* in sich Raum gibt oder nicht? Es wäre dann dem Menschen natürlich, das *desiderium naturale* zu besitzen und zu entfalten, aber es wäre dann dem Menschen möglich, auf dem Grund seiner Seele widernatürlich zu empfinden. Christliche Theologie kann diesen Zustand dann allerdings nicht mehr als „Freiheit“ verstehen, weil der Mensch seinen Willen darin so gegen seine Natur richtet, dass ihre Vollendung unmöglich wird. Ob man es „Sünde wider den Heiligen Geist“ oder

verwerfen es, dass die übernatürliche Ordnung ein freies Geschenk Gottes sei, mit der Behauptung, Gott könne keine vernunftbegabten Wesen schaffen, ohne sie auf die Anschauung der Seligen hinzuordnen und sie dazu zu berufen. Damit nicht genug: Der Begriff der Erbsünde wird, unter Außerachtlassung der Entscheidungen des Konzils von Trient, ebenso wie dieser der Sünde im allgemeinen als Beleidigung Gottes vernichtet, wie auch der Begriff der Genugtuung, die Christus für uns leistete.)“

„Sünde, die zum Tod führt", nennt, ist unerheblich für die Feststellung, dass der, welcher den Himmel nicht (ersehnen) will, sich in der Hölle einschließt.[19]

Wenn das nicht der Fall ist – in welchen Bildern würde die Sehnsucht nach dem Himmel dann im Spiegel erscheinen? Das kommt offensichtlich darauf an, mit welchen Bildern und Vorstellungen wir die Seligkeit im Himmel, die *visio Dei* zu verbinden gelernt haben. Wer will, mag sich die Frage stellen: Würde ich mich im Spiegel zusammen mit der Heiligsten Dreifaltigkeit im Kreis der Heiligen sehen? Oder vielleicht die himmlische Gemeinschaft und mich selbst etwas bescheidener am Rand und kleiner: wie die Stifterfiguren auf mittelalterlichen Gemälden? Dann erschiene die himmlische Wirklichkeit in Bildern und Gestalten, die unserer irdischen Erfahrung entlehnt und mithilfe von Glaubenslehren kombiniert werden. Wie sonst soll man sich auch vorstellen, was „kein Auge gesehen und kein Ohr gehört hat" (1 Kor 2,9)? Kommt man da viel über das hinaus, was der Junge wollte, der Kardinal Volk fragte, ob man im Himmel noch Fußball spielen könne? Der weise Dogmatiker antwortete: „Wenn Du dann noch Fußball spielen willst, kannst Du das im Himmel tun!" Sähen wir also im magischen Spiegel, weil unsere Vorstellungsmöglichkeiten bezüglich der Anschauung Gottes so beschränkt sind, doch nur irdisches Glück, dem wir einen neuen Ort im Himmel zuschreiben?

Wie wir uns den Himmel vorstellen, ist offensichtlich von der menschlichen Reife und der Geschichte jedes einzelnen Menschen abhängig. So wie im Jugendbuch-Bildungsroman Harry lernen musste, von seinem verständlichen, aber irrealen Verlangen nach seinen verstorbenen Eltern abzulassen, und dadurch fähig wurde, das Richtige zu wünschen, als er wieder vor dem Spiegel steht und den Stein der Weisen findet, so streifen wir im Laufe des Lebens Wünsche und Vorstellungen von uns ab, von denen wir in den besten Momenten unseres Gebetslebens ahnen, wie falsch sie sind. In unseren besten Momenten würde uns der Spiegel

[19] C. S. Lewis, Die große Scheidung, Einsiedeln 2018.

vielleicht das Verlangen zeigen, das uns eigentlich natürlich sein sollte, nämlich das Verlangen nach der Gottesschau.

In welchen Bildern das geschehen könnte, hängt von Reife, Lebensalter und -erfahrung ab, so dass man dann im Spiegel andere Bilder dessen sehen würde, was uns Menschen glücklich machen kann; zuhöchst wohl gelungene, erfüllende Beziehung. Dass man sich dann als in der Gottesbeziehung erfüllten Menschen sähe, weil das allen Menschen gleichermaßen gegebene *desiderium ad visionem Dei* im Spiegel ansichtig wird, lässt also die Frage offen, wie die auf dem Grund der eigenen Seele wirkende Sehnsucht mithilfe der subjektiven Erfahrungen und Vorstellungsmöglichkeiten Ausdruck finden würde. Das Grundproblem der Korrelationsdidaktik liegt hier: Wie kann die bloß menschliche Erfahrung überstiegen werden daraufhin, wie Gott sich selbst in Jesus Christus offenbart hat und was das für unser allgemeines und individuelles Menschsein bedeutet? Meidet man die Reduzierung auf das nur Menschliche, lauert die Gefahr, ins rein Abstrakte zu geraten. Wie viele Leser halten Dantes Schilderung der Hölle für erschreckend, können sich aber an der Vision des Himmels in seiner *Divina commedia* nicht recht erfreuen, weil er zurecht vermieden hat, die endlich vollendete Beziehung zu Beatrice als das höchste Glück zu beschreiben!

Unser Gedankenexperiment kann in anderer Richtung fortgesetzt werden, um zu sehen, wie weit die Apologetik, die vom inneren Selbst des Menschen ausgeht, kommen kann bzw. wohin sie nicht gelangen kann: Gäbe es einen solchen Spiegel, der vor Augen führt, was die Immanenzapologetik als ihren fundamentalen Anknüpfungspunkt aufzeigen will, und gäbe es das *desiderium naturale ad visionem Dei*, die natürliche Sehnsucht nach der Gottesschau – was würde es denn beweisen, wenn ich im Spiegel meine tiefste Sehnsucht darin sähe, jemand zu sein, der Gott schaut von Angesicht zu Angesicht? Auch wenn dies in einer alle meine im Laufe des Lebens subjektiv erworbenen Vorstellungsmöglichkeiten sprengenden Weise geschähe, es wären immer noch Widerspiegelungen meiner Subjektivität. Der Spiegel würde mir nicht meine zukünftige Wirklichkeit zeigen, sondern nur meine Innerlichkeit.

Ob es Gott in Wirklichkeit gibt, ob er die Menschen liebt und in die himmlische Gemeinschaft mit ihm und allen Heiligen beruft, wäre mit der Erkenntnis der Wirklichkeit meines Heimwehs nach Transzendenz ja noch nicht entschieden. Auch die Unstillbarkeit dieses Heimwehs wäre damit noch nicht bewiesen: Wer kann mir versichern, dass ich niemals der Gottesfinsternis Raum in meiner Seele geben werde? Daher müsste, um aus dem aktuellen Zustand meiner Innerlichkeit auf die Realität der himmlischen *communio sanctorum* mit Gott schließen zu können, zum Blick in den Spiegel eine zentrale dogmatische Feststellung hinzukommen, die noch nicht in der Feststellung der Wirklichkeit des Heimwehs enthalten ist. Denn die Wirklichkeit Gottes, die Realität seiner Erwählung des Menschen zu „Mit-Liebenden" (Johannes Duns Scotus) und die Tatsächlichkeit der Beharrlichkeit der Erwählten, in alle Ewigkeit mit Gott „mit-lieben" zu wollen, könnte nur dann aus dem erschlossen werden, was ich im Spiegel sehe, wenn zuvor dogmatisch dies feststünde: Kein Mensch kann eine solche Sehnsucht in seinem Inneren tragen, wenn nicht Gott selbst, der sich treu bleibt und zu seinem Werk steht, dem Menschen dieses *desiderium naturale* eingeschaffen hat. Die ewige Beharrlichkeit, in Freiheit bei der einmal geschehenen Annahme der göttlichen Erwählung zu bleiben, die aus der Augenblicksaufnahme im Spiegel nicht hervorgehen kann, wäre dann allerdings immer noch fraglich. Damit sind zwei weitere Schwierigkeiten benannt.

Es soll jedoch nicht bestritten werden, dass der Glaube an Gott die Christen befähigt, auf dem Grund der eigenen Seele ein *desiderium ad visionem Dei* auszumachen, d.h. die Freiheit des Menschen, Gott zu wollen, wie er sich selbst für uns offenbart hat, wenn er dazu durch den Heiligen Geist ermächtigt wird:

„Nein, wir verkündigen, wie es in der Schrift heißt, was kein Auge gesehen und kein Ohr gehört hat, was keinem Menschen in den Sinn gekommen ist: das Große, das Gott denen bereitet hat, die ihn lieben. Denn uns hat es Gott enthüllt durch den Geist. Der Geist ergründet nämlich alles, auch die Tiefen Gottes. Wer von den Menschen kennt den Menschen, wenn nicht der Geist des Menschen, der in ihm ist? So erkennt auch keiner Gott - nur der Geist Gottes. Wir aber haben nicht den Geist der Welt empfangen, sondern den Geist, der aus Gott stammt, damit wir das erkennen, was uns von Gott geschenkt worden ist“ (1 Kor 2,9-12).[20] In der Verkündigung wird der Erkenntnisweg umgedreht, weil nicht vom *desiderium naturale* auf Gott, seine Eigenschaften und seine Pläne für den Menschen geschlossen wird. Ein analoges Verhältnis zwischen Glauben an eine dogmatische Tatsache und der Entdeckung ihrer Konsequenzen und Voraussetzungen sieht John Henry Newman bei anderen Beweisen für die Existenz Gottes gegeben. Newman hat einmal seine Kritik an dem im 18. und 19. Jahrhundert sehr beliebten Beweis der Existenz des guten Schöpfers aus dem vollkommenen *Intelligent Design* der Schöpfung so ausgedrückt: „Ich glaube an Design, weil ich an Gott glaube; nicht an Gott, weil ich Design sehe.“[21] Newman war sich der Existenz Gottes völlig gewiss, aber trotz dieser Gewissheit hätte ihn der Blick in Gottes Schöpfung verwirrt. Aus seiner Sicht hilft die Erklärungskraft der historisch ergangenen Offenbarung nicht nur bei der Klärung der inneren Evidenz der Beziehung von Gott und Geschöpf im Gewissen. Sie wird auch in der Begegnung mit der Welt benötigt. Newmans Glaube würde zutiefst erschüttert, wenn er nicht zugleich um die Ursünde wüsste, die erklärt, dass der tatsächliche katastrophale Zustand der Welt nicht auf den Schöpfer, sondern auf das Geschöpf zurückzuführen ist:

---

[20] Was Paulus dort schreibt, ist kein Widerspruch zur oben bedachten Einschränkung unseres Vorstellungsvermögens. Denn er bezieht sich nicht auf die Vorstellungsbilder, sondern auf die Selbstoffenbarung Gottes in Jesus Christus – dessen Gottheit eben auch nicht in der menschlichen Erscheinung Jesu, sondern in seinen Worten und Werken, nicht zuletzt in seiner Verklärung, Auferstehung und Himmelfahrt deutlich wurde – allesamt gut bezeugt, aber menschliches Vorstellungsvermögen übersteigend.

[21] J. H. Newman, Letter to William Robert Brownlow, April 13, 1870, in: Newman, John Henry, The Letters and Diaries of John Henry Newman, hrsg. v. Charles Stephen Dessain u. Thomas Gornall. 31 Bde., Oxford: Clarendon Press, 1963-2006, Bd. 25, 97: „I believe in design because I believe in God; not in God because I see design.“

„Ich gehe also von der Existenz eines Gottes aus, die mir, wie gesagt, so feststeht wie die Gewissheit meiner eigenen Existenz, obwohl ich bei dem Versuch, den Gründen für diese Gewissheit nach Maß und Zahl eine logische Form zu geben, die mir genügt, auf Schwierigkeiten stoße. Sehe ich von mir aus auf die Welt der Menschen, so bietet sich mir ein Anblick, der mich mit unsäglicher Trauer erfüllt. Die Welt scheint einfach die große Wahrheit Lügen zu strafen, von der mein ganzes Wesen erfüllt ist, und die Wirkung auf mich ist notwendig nicht weniger verwirrend, als wenn diese Welt meine eigene Existenz leugnen würde. Wenn ich in einen Spiegel blickte und darin mein Gesicht nicht sähe, so hätte ich ungefähr dasselbe Gefühl, das mich jetzt überkommt, wenn ich die lebendige, geschäftige Welt betrachte und das Spiegelbild ihres Schöpfers nicht in ihr finde. Das ist für mich eine der großen Schwierigkeiten dieser unbedingten, ersten Wahrheit [...] Der Anblick der Welt ist, wie die Rolle des Propheten, voll von Klagen, Trauerliedern und Wehe."[22]

Die Fundamentaltheologie sieht ihre Aufgabe schon im Ersten Petrusbrief beschrieben: „Seid stets bereit, jedem Rede und Antwort zu stehen, der nach der Hoffnung fragt, die euch erfüllt; aber antwortet bescheiden und ehrfürchtig, denn ihr habt ein reines Gewissen" (1 Petr 3,15f). Dafür scheint das *desiderium naturale ad visionem Dei* ein heikles Fundament zu sein, selbst dann, wenn es in einem magischen Spiegel ansichtig werden könnte. Denn in unserem Gedankenexperiment wird deutlich, wie die immanenzapologetische Argumentation dem Versuch ähnelt, die Existenz Gottes philosophisch aus der Idee Gottes zu beweisen: Der Mensch könne die Gottesidee nicht aus sich

[22] John Henry Newman: Apologia pro vita sua, 333f. Die Seitenzahlen beziehen sich auf die im Internet zugängliche englische Ausgabe der Apologia in der Uniform Edition von Newmans Werken, Longmans, Green & Co., London u.a. 1900-1910, die auch im Internet eingesehen werden unter: https://www.newmanreader.org/works/index.html. Die Übersetzung verantwortet der Autor, unter Verwendung der von Dieter Hattrup vorgenommenen, unveröffentlichten Überarbeitung der vorhandenen deutschen Übersetzungen, z.B. die von Maria Knoepfler: Apologia pro vita sua. Geschichte meiner religiösen Überzeugungen (Ausgabe von 1865), Mainz 1951.

selbst heraus formen, so dass es jenes höchste Wesen, das der Mensch denkt, tatsächlich geben muss, da er es *de facto* denkt, ohne von selbst auf den Gottesgedanken kommen zu können. Anders als im magischen Spiegel und in der Immanenzapologetik geht es dabei zunächst nur um eine intellektuelle Idee, einen theologisch-philosophischen Begriff, noch nicht um eine innere Haltung, die den ganzen Menschen existenziell prägt.

Noch ähnlicher wäre vielleicht und daher der bessere Vergleich, was der theologische Seitenblick auf die evangelische Lehre vom Fiduzialglauben und der Heilsgewissheit in den Blick rücken will: Allein der Glaube, so sagen einige, allein das feste, unerschütterliche Vertrauen darauf, dass Jesus Christus mich gerettet hat und dass ich – trotz meiner Sündigkeit – zur ewigen Gemeinschaft mit Gott auserwählt bin, kann mich rechtfertigen. Daher bin ich gerechtfertigt, solange ich den Fiduzialglauben (*sola fide*), den Vertrauensglauben, in meinem inneren Selbst trage. Das wäre Selbsterlösung, die der einzelne Gläubige allein im Blick auf die historisch sich ereignet habende Erlösung des Menschen am Kreuz (*solo Christo*) bewerkstelligte, wenn nicht zugleich an der Voraussetzung festgehalten würde, dass der Mensch den Fiduzialglauben überhaupt nicht hegen könnte, wäre er nicht durch die Gnade (*sola gratia*) gegeben. Wenn letztere dogmatische Feststellung stimmt, dann kann der einzelne Mensch, solange er sich im Fiduzialglauben weiß, an diesem Zustand seines Inneren zugleich dies erkennen: Es gibt den barmherzigen Gott wirklich und ich werde der ewigen Gemeinschaft mit Gott teilhaftig werden.

Zwei Einwände können hier gegen eine Immanenzapologetik erhoben werden, die von den Möglichkeiten des inneren Selbst des Menschen ausgehen wollte, um die Transzendenz zu beweisen: ein religionskritischer Einwand und ein theologisch-historischer. Von der Projektionstheorie Feuerbachs und seiner antiken Vorläufer herkommend könnte man darauf hinweisen, dass der eindeutig feststellbare Durst noch nicht die Existenz von trinkbarem Wasser beweist. Walter Kasper erwidert in seiner Gotteslehre zurecht, dass durch diesen Einwand noch nicht das

Gegenteil bewiesen ist, nämlich dass der Durst ein absurdes Phänomen ist, oder – wie Feuerbach meinte – ein falsch interpretiertes.[23] Feuerbachs Vorwurf war, die Religionen hätten die Unendlichkeit, die der Mensch in sich selbst trage, nach außen projiziert, auf jenseitige Götter bzw. die Transzendenz.[24] Könnte man das *desiderium naturale* in einem magischen Spiegel sichtbar machen, würde Feuerbach darin einen Beweis der Unendlichkeit des Menschen sehen, dessen subjektive Interpretation des Spiegelbildes jedoch objektiv falsch sei, solange die Aufklärung die Vorstellungsbilder der imaginären Transzendenz nicht in die Immanenz zurückgeholt habe.

Der theologisch-historische Einwand dreht sich um die Ursünde, die zur Folge hat, dass die Menschheit – gleichwohl ihr ein *desiderium naturale ad visionem Dei* geblieben ist – sich in einem Zustand der Gottesferne und Gottesverfinsterung befindet, der in jedem einzelnen Menschen überwunden werden muss, indem er ermächtigt wird, in vernünftiger Freiheit den Weg in die Freundschaft mit Gott zu beschreiten, die für ihn das wahre, alles nur menschlich Mögliche transzendierende Leben ist. Dieser Weg, die Wahrheit und das Leben ist nicht, wie die Aufklä-

[23] Walter Kasper, Der Gott Jesu Christi, Mainz 1982, 46: „Zur Projektionstheorie Feuerbachs im Besonderen ist zu sagen, daß das menschliche Bewußtsein zwar intentional unendlich ist, daß ihm aber gerade im Horizont dieser intentionalen Unendlichkeit seine eigene Endlichkeit aufgeht. Aufgrund seiner konstitutiven Endlichkeit kann der Mensch seine formale Unendlichkeit material gar nie ausfüllen. Deshalb hält es der Mensch letztlich nicht bei sich aus; man macht ihn nicht unbedingt glücklich, wenn man ihn zu sich selbst zurückführt. Darum kann der Mensch dem Menschen auch niemals Gott sein. […] Aus der intentionalen Unendlichkeit des Menschen folgt freilich noch nicht, daß dem Transzendieren des Menschen eine reale Transzendenz entspricht; aber ebensowenig folgt daraus etwas für die Nichtexistenz Gottes und für die Reduktion der Gottesvorstellung auf den Menschen."

[24] Henri de Lubac (Über Gott hinaus. Tragödie des atheistischen Humanismus, Einsiedeln 1984, 9) unterscheidet Feuerbachs Atheismus von jenem „Vulgär-Atheismus, den es fast zu allen Zeiten gab und der daher als Symptom so gut wie bedeutungslos ist", und von „einem bloß kritischen Atheismus, der heute immer noch weithin fortwirkt, aber keine lebendige Kraft ist, weil er sich unfähig zeigt, das, was er zerstört, zu ersetzen". Feuerbach (und sein Schüler Marx) intendieren aber genau dies; und – in anderer Weise – Auguste Comte und Friedrich Nietzsche auch.

rungsphilosophen meinten, eine theoretische Einsicht oder Lehre, die nur praktisch umgesetzt werden müsste, um realisiert zu werden. Der Weg, die Wahrheit und das Leben ist eine Person: Das Wort Gottes, das der Sohn ist und im Menschen Jesus von Nazareth Fleisch angenommen hat. Daher kann man – selbst wenn dieses durch einen magischen Spiegel sichtbar gemacht und bewiesen werden könnte – nicht voreilig vom subjektiven oder kollektiven menschlichen Bewusstsein eines *desiderium naturale* auf die reale Zukunft des Menschen in Gottesfreundschaft schließen. Dieses *desiderium naturale* zeigt nur an, was hätte sein können, wenn die Menschheit sich nicht gegen den Willen ihres Schöpfers gestemmt hätte und dies immer noch tun würde, aus dem Verdacht heraus, die eigene Autonomie und das mit ihr verbundene Glück zu verlieren, wenn sie Gott unbedingt gehorsam wäre. Jesus Christus hat diese Haltung der misstrauischen Gehorsamsverweigerung unter Berufung auf die Autonomie der Freiheit des Menschen in sich – d.h. in seinem Leben, Lehren, Wirken, Leiden, Sterben und Auferstehen bis zu seiner Auffahrt in den Himmel –überwunden; er hat diesen Mangel an Freundschaft mit Gott für alle Menschen überwunden, die ihn in ihm, mit ihm und durch ihn überwinden wollen. Daher erläutert das historische Christusereignis nicht nur unsere individuelle oder kollektive Innerlichkeit. Vielmehr schafft es eine neue Realität, aus der heraus diese Innerlichkeit freier Vernunft, erneuert und ermächtigt werden kann, durch Christus, mit ihm und in ihm wieder in die Gottesfreundschaft einzutreten und dem Gottmenschen so ähnlich zu werden, dass der Mensch Gott schauen kann:

„Seht, wie groß die Liebe ist, die der Vater uns geschenkt hat: Wir heißen Kinder Gottes und wir sind es. Die Welt erkennt uns nicht, weil sie ihn nicht erkannt hat. Liebe Brüder, jetzt sind wir Kinder Gottes. Aber was wir sein werden, ist noch nicht offenbar geworden. Wir wissen, dass wir ihm ähnlich sein werden, wenn er offenbar wird; denn wir werden ihn sehen, wie er ist. Jeder, der dies von ihm erhofft, heiligt sich, so wie Er heilig ist. […] Ihr wisst, dass er erschienen ist, um die Sünde wegzunehmen, und er selbst ist ohne Sünde. Jeder, der in ihm bleibt, sündigt nicht. Jeder, der sündigt, hat ihn nicht gesehen und ihn nicht erkannt" (1 Joh 3,1ff.5f).

Die Welt erkennt die Kinder Gottes nicht, die jetzt schon in Christus leben und in denen Christus lebt, nach dem Wort des Paulus: „nicht mehr ich lebe, sondern Christus lebt in mir!" (Gal 2,20) Die Kinder Gottes können sich jetzt noch nicht vorstellen, wie sie sein werden, wenn sie in der Anschauung Gottes leben, auf die sie hingeordnet sind durch das *desiderium naturale ad visionem Dei.* Aber diese „noch nicht" vollendete Ähnlichkeit schließt eine „schon" begonnene Ähnlichkeit nicht aus. Daher können wir in einem letzten Schritt vermuten, was zu sehen wäre, wenn ein vollkommener Christ in einen Spiegel schauen würde, der ihm die tiefste Sehnsucht seines Herzens zeigen würde, so wie sie hier auf Erden ansichtig werden kann. Denn Paulus bringt im Zweiten Brief an die Korinther den Prozess der Wandlung ins Wort, in dem der individuelle Christ, der durch den Heiligen Geist ermächtigt wird, sein ganzes Leben in die Hände Gottes zu legen, wie Christus wird, von Herrlichkeit zu Herrlichkeit: „Der Herr aber ist der Geist, und wo der Geist des Herrn wirkt, da ist Freiheit. Wir alle spiegeln mit enthülltem Angesicht die Herrlichkeit des Herrn wider und werden so in sein eigenes Bild verwandelt, von Herrlichkeit zu Herrlichkeit, durch den Geist des Herrn" (2 Kor 3,17f).[25]

Die höchste Vollendung des Menschen liegt nicht darin, allein er selbst zu sein; und erst recht nicht allein darin, sich selbst zu mögen. Dennoch im Spiegel würde er, wenn er in diesem Leben die Wandlung durchgemacht hat, die ihn, soweit das auf Erden möglich ist, für die Erfüllung seines *desiderium naturale ad visionem Dei* vorbereitet, wohl nur sich

[25] Gerhard Hotze, Aufsätze zum Transformationsprozess nach 1 Kor 3: Bilder der Herrlichkeit. Christus und die Christen als Ikonen nach 2 Kor 3-4, in: Thomas Möllenbeck / Ludger Schulte (Hrsg.): Zeugnis. Zum spirituellen Ursprung und zur Präsenz des Christlichen, Münster: Aschendorff 2017, 31-50; Verwandlung in das Bild Christi. Transformationsprozesse in der Bibel, in: Thomas Möllenbeck / Ludger Schulte (Hrsg.): Transformation. Von der Dynamik christlicher Spiritualität, Münster: Aschendorff 2024, 27-46.

selbst sehen, wie der „glücklichste Mensch“, von dem im Jugendbuch die Rede war. Denn, das stellt C. S. Lewis in seiner eschatologischen Erzählung „Die große Scheidung“ klar, wer im Himmel irdische Wünsche erfüllt sehen will, wem es nicht zuerst darum geht, Gott zu schauen, der kann nicht hineingelangen, weil er gar nicht will. Die mir auf Erden lieb sind, werden mir in Christus lieb sein können auf ewig, wenn sie das wollen. Im Spiegel würde der vollendete Christ als seinen tiefsten Herzenswunsch sich sehen, wie er, soweit das der Heilige Geist zusammen mit dieser individuellen Person in endlicher Freiheit realisieren kann, Christus widerspiegelt, der von sich sagt „Wer mich sieht, sieht den Vater!“ (Joh 14,9)

Dein Reich komme!

Apokalypse und Revolution zwischen Antike und Neuzeit

Dr. Dirk Weisbrod

1 Prolog

Dein Reich komme! Mit dem Titel dieses Beitrags ist nicht die zweite Vater-Unser-Bitte gemeint. Der Begriff Reich bezieht sich hier vor allem auf einen eschatologischen Aspekt dieser Bitte, der in der Offenbarung des Johannes angedeutet wird. Tausend Jahre – so Kapitel 20, 1-6 der Offenbarung – soll der Messias vor dem Weltende mit den auferstandenen Märtyrern herrschen.

Die Geschichte als solche ist demnach mit der Erlösungstat Christi nicht abgeschlossen, sondern schreitet fort zu einem ganz konkreten irdischen Reich des Friedens und der Fülle. Wie im Übrigen auch die Apokalypsen, ob Daniel, Johannes oder die apokryphen Schriften, einen Fortschritt zu etwas ganz Neuem, Besseren prophezeien.

Die Realisierung des Reiches hat allerdings eine Bedingung: Die Fesselung des Satans und mithin des Bösen und Falschen, das überwunden werden muss. Zum apokalyptischen Ablauf gehört somit auch eine Revolution oder doch zumindest ein Aktivismus gegen die bestehenden Verhältnisse – jedenfalls dann, wenn man die Offenbarung entgegen dem kirchlichen Dogma und als religiös ungebundene Utopie liest, zu der die „Realisierung des

Himmels auf Erden“ zwingend gehört. Diese Perspektive soll hier untersucht werden. Denn die Argumentationsstruktur, die eine Kritik der bestehenden Verhältnisse mit apokalyptischen Motiven verbindet, ist höchst modern!

Sie ist zum Beispiel in einer Rede zu finden, die am 23. September 2019 bei den Vereinten Nationen in New York gehalten wurde:

> *Das ist alles nicht in Ordnung. (…) Wie können Sie es wagen! Sie haben meine Träume und meine Kindheit mit Ihren leeren Worten gestohlen. Und doch bin ich eine der Glücklichen. Die Menschen leiden. Menschen sterben. Ganze Ökosysteme kollabieren. Wir stehen am Anfang eines Massenaussterbens. Und alles, worüber Sie reden können, sind Geld und Märchen vom ewigen Wirtschaftswachstum. Wie können Sie es wagen!*
>
> *Seit mehr als 30 Jahren ist die Wissenschaft kristallklar. (…) Bei den heutigen Emissionswerten wird unser verbleibendes CO_2-Budget in weniger als achteinhalb Jahren aufgebraucht sein. Sie sagen, dass Sie uns „hören" und dass Sie die Dringlichkeit verstehen. Aber egal wie traurig und wütend ich bin, ich will das nicht glauben.*[11]

Es ist leicht zu erraten: Greta Thunberg hat diese Worte vor über 60 Staats- und Regierungschefs gesprochen. Nicht zu überhören ist, dass sie wie eine apokalyptische Seherin mit den Anführern einer Menschheit hadert, die offenbar vom rechten Weg abgekommen ist: Der Weltuntergang ist nahe, denn das grenzenlose Wachstum des Kapitalismus ist ein Irrweg. Er ist eine Versuchung, die sich als falsch erwiesen hat. Das ist alles nicht in Ordnung! Die bisherigen Verhältnisse müssen überwunden werden, um ein Massensterben zu verhindern. Nur eine Revolution gegen die bestehenden Verhältnisse kann das Heil – d.h. den Fortschritt in das Reich der Klimaneutralität – bringen.

Greta Thunberg ist nicht die einzige Aktivistin, die eschatologisch argumentiert. International inszeniert die „Extinction Rebellion", eine

---

[1] Übersetzt vom Verfasser nach Thunberg, 2019b.

„Rebellion gegen das Aussterben"; im deutschsprachigen Raum erhält derzeit die „Last Generation" große Aufmerksamkeit – als letzte Generation, die noch eine Chance hat, den Weltuntergang abzuwenden.

Doch auch Vertreter der Kirche bemühen die Eschatologie. So konstatierte der Vorsitzende der Deutschen Bischofskonferenz, der Limburger Bischof Georg Bätzing, dass das Lebensgefühl der „Last Generation" dem der frühen Christen in der Urkirche ähnele, die sich als letzte Generation vor dem Anbruch des Reiches Gottes verstanden hätten.[2] Und zu Ostern 2023 postete die evangelische Kirche Bayerns unter der Überschrift „Judas küsst Jesus" auf Instagram eine Fotografie von Gretas vorübergehender Festnahme bei den Demonstrationen im rheinischen Lützerath.[3] Greta Thunberg, so legt die Beschriftung nahe, ist der Messias und die Polizisten fungieren als ihre Verräter.

Da muss man schon fragen: Ist es nicht seltsam, dass der Klimaaktivismus, der sich auf wissenschaftliche Erkenntnisse berufen will, religiöse Bilder heraufbeschwört? Wie kann jemand, der an die wissenschaftliche Vernunft appelliert, gerade in diesen Duktus verfallen? Woher also kommt der religiöse Impetus und was haben Fortschritt, Revolution und DIE Wissenschaft mit der Apokalypse zu tun?

Eine Antwort soll in drei Schritten versucht werden. Der erste Teil beschäftigt sich mit der Frage, inwieweit die Rhetorik des Klimaaktivismus überhaupt an die Bibel anknüpft. Der zweite Teil widmet sich Joachim von Fiore und der Ideologisierung seines aus der Apokalypse abgeleiteten Fortschritts- und Wissensbegriff durch die Franziskaner-Spiritualen. Der dritte Teil erörtert, wie sich im Zuge der Aufklärung dieser Ideologisierungsprozess auf rationaler Ebene wiederholt und dabei immer wieder auf das „Reich" zurückgegriffen wird. Dabei wird auch dem aus der Apokalypse stammenden Motiv des „Ewigen Evangeliums" als Chiffre für „DAS Wissen" oder „DIE Wissenschaft" im Sinne einer Ideologie besondere Bedeutung zukommen.

---

[2] Vgl. Katholisch.de 2022.

[3] Post des Accounts „bayernevangelisch", Instagram, 7.4.2023.

Dem Umfang eines Tagungsbeitrages ist geschuldet, dass dabei nur markante Stationen, die zur Umformung des Reichbegriffes von einem theologischen zu einem philosophisch- politischen Motiv geführt haben, herausgegriffen und die bedeutende Rolle etwa der Reformation und insbesondere des Pietismus in diesem historischen Prozess nicht berücksichtigt werden können.

2 Erster Teil: Apokalypse und Reich

Inwieweit also ist die Rhetorik der Klimaaktivisten biblisch motiviert? Vorläufig könnte man antworten: Insofern diese Rhetorik mit jener Erfahrung spielt, die der Entstehung der Apokalyptik im Alten Testament zugrunde liegt – der Divergenz zwischen Verheißung und Realität.

2.1 Defizienz – die apokalyptische Grundstimmung

Da sind zunächst die Verheißungen, die JAHWE Israel gegeben hatte.

> *Ich will mein Volk aus diesem Land hinausführen. Ich will es in ein schönes, weites Land bringen – in ein Land, wo Milch und Honig fließen (2 Mose 3,8).*

sagte er zu Mose im Lande Midian. „Ich will dich zu einem großen Volk machen" (1 Mo 12,2) hatte er schon Abraham versprochen. Doch die Realität ist eine andere! Israel bricht die Gebote JAHWES, verehrt Götzen und verliert das verheißene Land und das Reich Davids wieder, die Stämme des Nordens verschwinden aus der Geschichte, Juda wird ins Exil verschleppt. Auch das war alles nicht in Ordnung.

Die gläubigen Juden reagierten darauf – so der protestantische Alttestamentler Gerhard von Rad – mit einer „Eschatologisierung des Geschichtsdenkens"[4], in der die Erfüllung der Verheißungen und damit

[4] Vgl. von Rad, 1987, S. 121ff und 320ff.

auch die Wiederherstellung des Reiches Davids aus einer missratenen Gegenwart in die Zukunft verlegt wird. Nach dem Gerichtstag Gottes und der Buße Israels ist – so die Propheten – ein neuer Anlauf möglich.[5]

Unter dem Eindruck der andauernden Fremdherrschaft Persiens, Griechenlands und Roms verblasste auch diese Hoffnung. Ezechiel, Henoch und Daniel antworteten auf die aussichtslose Situation mit der Niederschrift neuer Offenbarungen, die ihnen von Gott in Visionen mitgeteilt wurden und die später nach den ersten Worten der Offenbarung des Johannes – Ἀποκάλυψις Ἰησοῦ Χριστοῦ - Offenbarung Jesu Christi – Apokalypsen genannt werden.

Die Apokalypsen offenbaren den eigentlichen Geschichtsplan JAHWES, der, trotz all der schreckenerregenden Visionen und Bilder, die ihnen zu eigen sind, alles doch noch zum Guten wendet. JAHWE – so die Apokalyptiker – wird direkt in die Geschichte eingreifen und die gesellschaftlichen Verhältnisse umkehren, indem er die Weltmächte und mit ihnen die bisherige Weltgeschichte vernichtet und eine neue Welt herbeiführt, in der die Verheißungen erfüllt werden.[6] Das bedeutet: Menschliches Handeln, etwa Umkehr und Buße, ist als Antwort auf das göttliche Handeln nicht mehr notwendig, weil die Geschichte durch die göttliche Vorsehung determiniert ist.[7]

Die Apokalypsen sind also die schriftlichen Aufzeichnungen einer göttlichen Offenbarung, die den bisherigen Geschichtsverlauf als defizitär beschreibt, als Irrweg, der in den Abgrund führt. Vergangenheit und Gegenwart werden „zugunsten der Zukunft“, die als Neuanfang verstanden wird, (…) radikal entwertet“[8]. Die apokalyptische Deutung der Geschichte beruht demnach – so der Literaturhistoriker Klaus Vondung

[5] Vgl. von Rad, 1987, S. 127. In Analogie zum ersten Anlauf wird ein neuer Bund, ein zweiter Exodus (diesmal aus Babylon), ein zweiter David erhofft. Die bestehende unzulängliche Ordnung wird durch eine zukünftige, bessere abgelöst.

[6] Vgl. Vondung, 1988, S. 92f, von Rad, 1987, S. 334ff.

[7] Vgl. von Rad, 1987, S. 322f.

[8] Vgl. Vondung, 1988, S. 87.

in seinem sehr lesenswerten Buch „Die Apokalypse in Deutschland" – auf einer Defizienzerfahrung, einer „Erfahrung extremer Spannung zwischen Defizienz und Fülle."[9]

Die apokalyptische Erzählung enthält also mit dem Versprechen der kommenden „Fülle" eine eindeutig positive Botschaft, die in der säkularen Betrachtung aber weitgehend verloren geht. Oftmals werden die apokalyptischen Ereignisse wie etwa Hunger, Pest, Krieg, Tod, der Antichrist oder die Schlacht von Armageddon mit dem Begriff Apokalypse gleichgesetzt. Dieser verkürzten Wortbedeutung bedient sich Greta Thunberg, wenn sie die Folgen der Erderwärmung in den dunkelsten Farben schildert und fordert, Schluss zu machen mit dem Wirtschaftswachstum, damit die Klimakatastrophe angewendet werden kann. Nur insofern knüpft sie an die biblische Apokalyptik an: Die Zeit ist knapp! „I want you to panic" hat sie ein halbes Jahr vorher beim Weltwirtschaftsforum in Davos ausgerufen.[10] Doch die apokalyptische Rede verkommt zur reinen Drohgebärde.

Wichtig für den Klimaaktivismus wie auch für die unterworfenen Juden des AT, ist aber immerhin das, was unbedingt und alternativlos kommen muss. Für Greta ist es die Klimaneutralität, die eine Wiederherstellung einer wie auch immer gearteten heilen Welt möglich macht. Die alttestamentlichen Apokalyptiker erwarten das Heil durch den Maschiach, den Gesalbten, der unter dem besonderen Schutz JAHWES steht und der das verlorene Reich Israels als messianisches Reich wiederaufrichtet.[11]

2.2 Chiliasmus - Aktivismus

Aber was hat das alles mit Gretas Aktivismus zu tun, der ja in der Apokalyptik suspendiert ist. Die Geschichte ist determiniert, das Kommen des irdischen Reiches Teil der göttlichen Vorsehung. Die Gläubigen können

---

9 Vgl. Vondung, 1988, S. 87f.

10 Vgl. Thunberg, 2019a.

11 Vgl. Waschke, 2006.

sich somit nur vorbereiten und abwarten. Vor allem muss der Mensch nicht in die Geschichte eingreifen. Alles ist der göttlichen Vorsehung überlassen.

Das jedoch ist – so der jüdische Religionswissenschaftler Gershom Scholem – nur eine Möglichkeit, die eine häretische Kehrseite hat!

> *Aber es ist verständlich, dass solche [abwartende, Ergänzung des Verf.] Haltung immer wieder in Gefahr stand, von der apokalyptischen Gewißheit, daß das Ende angebrochen sei und nur noch den Ruf der Sammlung verlange, überrannt zu werden. Und immer wieder bricht in den messianischen Aktionen einzelner oder ganzer Bewegungen die revolutionäre Meinung durch, daß diese Haltung verdient, überrannt zu werden. Das ist der messianische Aktivismus, in dem die Utopie nun zum Hebel wird, das messianische Reich aufzurichten.*[12]

Die passive apokalyptische Grundstimmung kann somit auch mit einem Aktivismus der Befreiung verbunden werden, der politisch – i.S. einer revolutionären oder eben aktivistischen Bewegung – ist. In den Apokalypsen – so der US-amerikanische Historiker Norman Cohn – mache sich denn auch ein neuer Ton bemerkbar, „eine Art von Aufstachelung des jüdischen Nationalbewusstseins."[13]

Dieser Messianismus ist jedoch keine exklusiv jüdische, sondern ebenso eine christliche Angelegenheit, auch wenn der Reich-Gottes-Begriff Christi ganz anders ist. Denn einerseits ist das Reich mit Christus als dem gekommenen Messias bereits angebrochen und – so Papst Benedikt XVI. – durch „die Strahlkraft des Heiligen Geistes"[14] immer mitten unter den Gläubigen, andererseits steht seine Vollendung bis zur Parusie, zur

[12] Scholem, 1963, S. 33f.

[13] Vgl. Cohn, 2007, S. 16f.

[14] Vgl. Benedikt XVI., 2007, S. 41.

Wiederkunft des Herrn, noch aus. Dieser transzendente Reichsbegriff wird im 20. Kapitel der Offenbarung des Johannes[15] mit einer zweiten eschatologischen Größe konfrontiert, der tausendjährigen Herrschaft Christi (Apk 20, 1-8), die sich VOR dem Weltende ereignet und damit an das auch als politische Größe denkbare messianische Reich der jüdischen Apokalyptik anschließt.

Unter dem Eindruck der Parusieverzögerung – die ja wiederum eine Defizienzerfahrung ist – brach der Messianismus schließlich im frühen Christentum durch, und zwar gerade dann, wenn die Parusie mit dem eigentlich dazu querstehenden Gedanken des tausendjährigen Reiches verknüpft wurde. Es entstanden Bewegungen wie die Montanisten, die davon ausgingen, dass der Anbruch des tausendjährigen Reiches nunmehr unmittelbar bevorstehe und die sich durch strenge körperliche Askese darauf vorbereiteten. Augustinus bezeichnete deren Anhänger in seinem Gottesstaat als χιλιαστάς, Tausendjährler (abgeleitet aus griech. chilia, 1000 für die 1000 Jahre).[16]Die Chiliasten betrachteten sich als Auserwählte, die dazu berufen waren, zusammen mit Christus tausend Jahre zu herrschen.[17] Der sog. Chiliasmus ist demnach nichts anderes, als – so Klaus Berger – „die Erwartung des Reiches der tausend Jahre, das irgendwie am Ende der Geschichte liegt."[18] – und somit eine Sonderform biblischen apokalyptischen Denkens und Handelns.

Vor diesem Hintergrund erscheinen die Anstrengungen, die von uns abgefordert werden, um die Klimaneutralität herbeizuführen, durchaus als moderner Typus der chiliastischen Askese, während der Klimaaktivismus selbst jenem „Ruf der Sammlung" folgt, den Scholem als Kennzeichen des messianischen Aktivismus definiert hat.

---

[15] Berger, 2016, S. 78.

[16] Vgl. Augustinus, 1911: De civitate Dei, XX,7.

[17] Vgl. Cohn, 2007, S. 20ff.

[18] Klaus Berger: Die Apokalypse des Johannes. Band I/2. Freiburg: Herder, 2016, S. 1306.

2.3 Greta und Augustinus?

Es gibt also bezüglich der Defizienzerfahrung, der Reichserwartung und des daraus resultierenden Aktivismus durchaus Parallelen zwischen Bewegungen wie der „Letzten Generation“ und der Apokalyptik. Aber ganz so einfach liegen die Dinge nicht.

Zum einen will diese ganze Rhetorik Gretas nicht mit der jüdisch/christlichen Eschatologie zusammenpassen. Es ist bereits angeklungen: Vor der UN wird zwar mit apokalyptischen Ereignissen gedroht, die aber gerade nicht eintreten sollen. Auch der Aktivismus scheint nur ein fernes Echo des Chiliasmus zu sein, da er von Gott nichts wissen will. Klimaaskese und die Alternativlosigkeit einer sofortigen Umkehr werden nicht mit der Bibel, sondern einer anderen neuen Offenbarung begründet: DER kristallklaren und somit nicht mehr hinterfragbaren Wissenschaft, die die göttliche Dimension ausschließt.

Zum anderen: Hat sich die abendländische Eschatologie seit Augustinus nicht all ihrer chiliastischen Elemente entledigt? Der Verfasser des „Gottesstaates“ deutet – so Jakob Taubes – „den Chiliasmus so um, daß er seine eschatologische Spannkraft verliert“.[19]

Für Augustinus ist die Offenbarung und mit ihr auch die Geschichte seit Christi Erlösungstat am Kreuz abgeschlossen und läuft – so der junge Joseph Ratzinger in seiner Habilitation – nur „per nefas“ – also widerrechtlich – weiter, und führt „den alten Äon dieser Welt zuende“.[20] Das Reich hat schon begonnen, es ist – so Augustinus – die Zeit der Kirche[21], die auf den alten Bund als ersten Zeitabschnitt folgt. In Augustinus heilsgeschichtlichem Dualismus ist nicht die Geschichte, sondern der Mensch defizitär, soweit er noch nicht bereit ist, Christus zu folgen! Die Apokalypse – oder besser: Die Umkehr – findet als „individuelle Eschatologie“ in der Seele des Menschen statt.[22]

---

[19] Vgl. Taubes, 2007, S. 109.

[20] Vgl. Benedikt XVI., 1992, S. 108.

[21] Vgl. Augustinus, 1911: De Civitate Dei, XX, 9.

[22] Vgl. Taubes, 2007, S. 104.

Die Kirche als Gemeinschaft der Heiligen[23] ist somit gerade nicht eine auf die Zukunft gerichtete messianische Bewegung, sondern eine konkrete gegenwärtige Größe, die als Mittler des Göttlichen in die gefallene Welt hineinwirkt. Sie ist aus christlicher Perspektive daher auch die einzige Institution, die Recht und Ordnung garantieren kann, soweit ein weltlicher Herrscher bereit ist, diese anzuerkennen. Ordnung statt Revolution, Recht statt Räuberbande, das ist seit Augustinus Lehre der Kirche.[24]

Augustinus' „De civitate Dei" wurde denn auch Grundlage des mittelalterlichen Weltbildes, in die schließlich auch die weltliche Macht integriert wurde. Papst und Kaiser, als Häupter der Christenheit, sind für Recht und Ordnung in einer gesellschaftlichen Statik verantwortlich, die kein Reich mehr erwartet, weil es schon da ist.

Worauf berufen sich Greta Thunberg und ihre Anhänger also, wenn sie apokalyptisch argumentieren: Auf die Bibel? Auf das kirchliche Dogma seit Augustinus? Wohl kaum! Was bleibt, ist die apokalyptische Argumentationsstruktur: Das Schlechte, das vergehen, das Gute, das kommen muss – und zwar durch einen wissenschaftlichen begründeten Fortschritt der Geschichte, den das augustinische Weltbild nicht kennt.

3 Zweiter Teil: Fortschritt und Ewiges Evangelium

Mit den Begriffen „Fortschritt" und „Wissen" komme ich zum zweiten Abschnitt meines Vortrages und zu dem Mann, der – so Oswald Spengler – „das dualistische Weltbild Augustins zertrümmert (…) und einen Weltblick geweckt (habe), der langsam von dem ganzen Geschichtsdenken unserer Kultur Besitz ergriff"[25] – zu Joachim von Fiore!

Um 1130 im kalabresischen Celico geboren, hatte Joachim als Notar am Hof des sizilianischen Königs Karriere gemacht. Um 1170 trat er in

[23] Vgl. Augustinus, De Civitate Dei, X, 6.

[24] Vgl. hierzu den Katechismus der Katholischen Kirche, KKK 676.

[25] Vgl. Spengler, 2017, S. 50f.

den Zisterzienserorden ein und wurde Abt des Klosters Casamari bei Rom. Joachim galt als einer der führenden Bibelexegeten seiner Zeit und insbesondere als Experte für die Offenbarung des Johannes. Das prädestinierte ihn für eine Funktion, die man heute als Politikberater bezeichnen würde. Die römische Kurie benötigte einen Experten, der anhand der Schrift belegen konnte, dass Kaiser Friedrich Barbarossa der Antichrist sei und die Kirche den Primat über die weltlichen Herrscher habe.[26] Diese Aufgabe erfüllte Joachim zur vollsten Zufriedenheit der Päpste, sodass er sich deren Unterstützung zeitlebens sicher sein konnte.

Damit sind wir bei der Defizienzerfahrung, die Joachims Zeitgenossen besonders erschüttert hat: Die Frontstellung zwischen Papst und Kaiser seit dem Investiturstreit, die das augustinische Weltbild von innen her auflösten. Zugleich wandten sich immer mehr Gläubige von einer in ihren Augen zu reich gewordenen Kirche ab. Armutsbewegungen entstanden, die den messianischen Impuls des Urchristentums aufgriffen und ein asketisches, an urchristlichen Gemeindeformen orientiertes Leben führten. Die Autorität der Kirche wurde somit durch eine breite soziale Bewegung aus der Mitte der Gläubigen heraus angegriffen.

3.1 Joachim von Fiore und das Zeitalter des Heiligen Geistes

Joachim muss diese Situation als unhaltbar empfunden haben und zog daraus Konsequenzen! Er beendete seine Zusammenarbeit mit der Kurie und zog sich in seine Heimat Kalabrien zurück, wo er die Summe seiner Erkenntnisse niederschrieb. In der Abgeschiedenheit des Silagebirges bei Cosenza entstand jene Geschichtsphilosophie – oder besser -theologie, die – so Karl Löwith – „indirekt die Fortschrittsreligion der Neuzeit (…)" bedingt hat.[27]

Joachims Werk gruppiert sich um eine Reihe von Erleuchtungen, die er während der Kontemplation über die Heilige Schrift hatte. Die für

[26] Vgl. Riedl, 2004, S. 150ff. Riedl verwendet in der Kapitelüberschrift explizit den Begriff Politikberatung.

[27] Vgl. Löwith, 2004, S. 158.

unser Thema entscheidende Vision ereignete sich an einem Pfingstmorgen irgendwann zwischen 1190 und 1195. Joachim berichtet darüber in seiner Schrift „Expositio in apokalypsis", die hier in der Übersetzung des protestantischen Theologen Ernst Benz zitiert wird:

> *„Als ich um die Matutin aus dem Schlaf erwachte, da nahm ich zur Meditation dieses Buch (die Offenbarung des Johannes, Anm. d. Verf.) zur Hand. (…) Da durchfuhr plötzlich (…) zu der Stunde, mit der unser Löwe vom Stamme Juda auferstanden ist (…) eine Helligkeit der Erkenntnis die Augen meines Geistes und es enthüllt sich mir die Erfüllung (plenitudo) dieses Buches und die symmetrische innere Bezogenheit (concordia) des Alten und Neuen Testaments."*[28]

Diese Erkenntnis führte Joachim zur Hauptthese seines Werks: Wenn das Alte Testament die ganze Geschichte Israels enthält, dann muss das Neue Testament, sozusagen als Subtext, auch das ganze Zeitalter der Kirche enthalten – und nicht nur die Geschichte Christi und der Apostel. Das Neue Testament markiert für Joachim aber nicht das Ende der Heilsgeschichte. Aus der Offenbarung des Johannes lässt sich nämlich ablesen, dass sie mit der Kirche noch nicht abgeschlossen ist. Joachim macht das konkret an der Siebenzahl der Apokalypse fest: Sieben Siegel, sieben Posaunen, sieben Engel. Aber nur die jeweils ersten fünf können so Joachim typologisch auf das Alte und Neue Testament und damit die Geschichte der Kirche bezogen werden. Während das jeweils siebte mit dem Weltende korrespondiert, repräsentiert die jeweils sechste Vision einen weiteren Zeitabschnitt, der noch aussteht.[29]

---

[28] Benz, 1964, S. 4.

[29] Vgl. ebd., S. 7.

Es gibt also drei Heilszeiten, die – so Ernst Benz – „im Wesen des dreieinigen Gottes selbst begründet sind."[30] Auf das dem alten Bund entsprechende Zeitalter des Vaters folgt das neutestamentliche Zeitalter des Sohnes, das identisch mit der Zeit der Kirche ist und das noch zukünftige Zeitalter des Heiligen Geistes. Obwohl Joachim zur Bezeichnung der Zeitalter den lat. Begriff „Status" (wohl am ehesten als Zustand zu übersetzen) verwendete[31], nicht aber „Regnum" – Reich, konnte es nicht ausbleiben, dass jenes dritte Zeitalter später mit dem tausendjährigen Reich identifiziert wurde. Ganz gleich aber, ob Reich oder Status: Joachim prophezeit damit jenen heilsgeschichtlichen Fortschritt, den Augustinus aus der Eschatologie getilgt hatte.

Zudem unterscheidet sich die Struktur dieses neuen Geschichtsbildes fundamental von dem der Apokalypsen des Daniel oder des Johannes. Das wird deutlich, wenn man diesen Umstand als Frage formuliert: Greift Gott, so wie es sich die antiken Apokalyptiker vorstellen, direkt in die Geschichte ein, um das neue Zeitalter einzuführen? Die Antwort Joachims ist bemerkenswert. Sie lautet: Nein, die ganze Heilsgeschichte und damit auch die Weltgeschichte entwickelt sich als Fortschritt hin zur Vervollkommnung und Verewigung der Schöpfung, der für Joachim freilich noch unter Gottes Vorsehung steht!

Das neue Zeitalter bereitet sich demnach durch ein Geflecht von Beziehungen bereits in der vorangehenden Zeit vor. Das Zeitalter des Heiligen Geistes etwa leitet der Begründer des abendländischen Mönchtums, der heilige Benedikt, ein, der inmitten des Zeitalters des Sohnes lebt[32]. Es wächst in „Verborgenheit" wie im „Mutterleib" des älteren heran, um schließlich unter Wehen hervorzubrechen. Dieses Bild verwendet Joachim selbst, indem er die apokalyptische Frau aus Kapitel 12 der

---

30 Vgl. ebd., S. 6.

31 Vgl. Riedl, 2004, S. 280ff. Den Begriff „Status" für den Zustand der Kirche hatte zuvor schon Anselm von Havelberg verwendet. Vgl. Riedl, 2004, S. 115.

32 Vgl. Riedl, 2004, S. 246, sowie Löwith, 2004, S. 162.

Offenbarung entsprechend auslegt.[33] Die Zeitalter sind Ausformungen eines Prozesses, den Ernst Benz mit dem Begriff „Geschichtsdialektik“ beschreibt[34], und in dem sich das Mönchtum gegen den Klerus durchsetzt. Dies ermöglicht jenen Vorgang, den Joachim selbst mit dem lateinischen Begriff „proficere (Fortschritt)“ bezeichnet hat[35], der allerdings noch nicht mit unserem Fortschrittsbegriff im Sinne eines unbegrenzten Modernisierungsprozesses identisch ist.[36]

Die Tatsache, dass auf das Zeitalter des Sohnes ein weiterer geschichtlicher Zeitabschnitt folgt, ist die eigentliche Konsequenz Joachims aus der Krise des augustinischen Weltbildes: Die in weltliche Verstrickungen geratene römisch-katholische Kirche und mit ihr der reiche Klerus wird mit dem Zeitalter des Sohnes untergehen. An ihre Stelle tritt eine verwandelte Kirche, die „Ecclesia spiritualis“, eine Geistkirche, die als Mönchsorden organisiert ist, der sich aus einem Netzwerk lokaler Klöster zusammensetzt, das über den ganzen christlichen Weltkreis verteilt ist.[37] Dieser Orden, der „Novus Ordo“, ist das Ergebnis der benediktinischen Reform: ein Orden, dessen Mitglieder in völliger Armut leben. Er konstituiert aber auch eine Gesellschaftsordnung neuer Art[38], die – so der Politikwissenschaftler Matthias Riedl – wie eine „hierarchisch-ständische Wissensgesellschaft“[39] aufgebaut ist.

---

[33] Vgl. Benz, 1964, S. 10: „Dieses Weib bezeichnet allgemein die Mutter Kirche, die in der Verkündigung des Wortes sich abmüht, schreiend in ihren Wehen. Im besonderen Sinn aber bezeichnet jenes Weib die Kirche der Eremiten und Jungfrauen. Es ringt aber auch sie von heftigem Schmerz befallen und sagt beständig in ihren Gebeten das Wort, das ihr Urbild Rahel ihrem Mann sagte: ‚Gib mir Kinder, sonst muss ich sterben‘.“

[34] Vgl. ebd., S. 23.

[35] Vgl. Benz 1964, S. 10 und Riedl 2004, S. 257.

[36] Vgl. Benz 1964, S. 10f.

[37] Vgl. Riedl 2016, S. 141ff.

[38] Vgl. Riedl 2004, S. 123.

[39] Riedl, 2016, S. 143.

An der Spitze der Ordenshierarchie stehen die sog. Johannesmönche, die als „völlig vergeistigte Mönche in absoluter Stille [leben]. (…)“ Kleruskirche und Sakramente nicht mehr notwendig, weil die Mönche „in direktem Kontakt mit dem Göttlichen (stehen)“ und das „gesamte spirituelle Wissen auf(nehmen), das dem geistlichen Vater als Grundlage seiner Regierung dient.“[40]

Dem Orden sind die Laien in Kommunitäten angeschlossen, die den Armutsbewegungen ähneln und den franziskanischen Drittorden vorwegnehmen. Joachim löst also das Problem dieser Bewegungen, indem er sie in die Klosterhierarchie integriert. In Gütergemeinschaft lebend versorgen die Laien die Mönche, die ihnen – vermittelt durch einen auf seine Lehrfunktion reduzierten Zweitorden des Klerus – das göttliche Wissen mitteilen, das wie in einem „tripple-down-Effekt“ von oben nach unten fließt.[41]

Dieses Wissen bezeichnet Joachim angelehnt an Offb 14,6 als „Evangelium aeternum - ewiges Evangelium“. Wie der Engel in dieser Vision den Bewohnern der Erde das ewige Evangelium verkündet, so empfangen auch die Mönche das ganze nunmehr ungetrübte Wissen direkt durch den Heiligen Geist und geben ihn es an die anderen Stände – Klerus und Laien – weiter. „Es ist“ – so Joachim – das Evangelium, das aus dem Evangelium Christi hervorgeht“, das als „geistiges Evangelium“, die Bedeutung der schriftlichen Evangelien endgültig aufschließt.[42]

In einem Prozess der zunehmenden Vergeistigung, in dem alles Weltliche, alles Hinderliche, langsam durch die neue oder vielleicht besser: erneuerte Offenbarung des Ewigen Evangeliums ausgeschieden wird, tritt schließlich das Weltende ein. Der „Novus Ordo“ fungiert dabei in Analogie zum mystischen Leib Christi als kollektiver Messias[43], der die Welt durch DAS Wissen erlöst, was jedwede Exegese, jedweden

---

[40] Vgl. ebd., S. 144.

[41] Vgl. ebd., S. 142.

[42] Vgl. Benz, 1964, S. 25f und 245ff.

[43] Riedl, 2016, S. 144.

Bibelkommentar – und damit letztendlich auch jede theologische Diskussion überflüssig macht.

Die Bedeutung Joachims für den von Spengler sogenannten „Weltblick" der Neuzeit lässt sich wie folgt zusammenfassen:

- Joachims Fortschrittsbegriff ist eschatologisch. Er leitet ihn aus der Apokalypse ab. Fortschritt ist demnach ein heilsgeschichtlicher Entwicklungsprozess, der die noch ausstehende Vervollkommnung der Welt – wie der Chiliasmus – in die Zukunft verlegt. Das Reich kommt erst noch!
- Dieser Fortschritt ereignet sich als Erkenntnisfortschritt, als „allmähliche Entschleierung der Wirklichkeit während der drei Heilszeiten," an deren Ende die erleuchteten Mönche das vollkommene göttliche Wissen besitzen.[44] Das ist Aufklärung im Sinne des englischen „enlightenment": Aufklärung durch Erleuchtung. Der dritte „Status" ist ein sich mit immer mehr mit Wissen anfüllendes Reich.
- Deshalb ist auch Joachims Wissensbegriff apokalyptisch, denn die vollständige Mitteilung des Ewigen Evangeliums und damit der überhaupt möglichen Erkenntnis ist mit dem Weltende identisch. DAS WISSEN – man denke dabei auch an die „kristallklare" Wissenschaft Gretas – kann man erst am Ende der Geschichte haben. Erst mit ihr und nicht durch die Verkündigung Jesu wird die Offenbarung abgeschlossen.

3.2 Ideologie: Die Spiritualen – Erste Rezeption und Verfälschung

Als geschichtslogischer Entwicklungsprozess verlangt die Drei-Zeiten-Lehre jedoch ebenso wenig den „Ruf der Sammlung" wie die biblische Apokalyptik. Die Mönche sind durch das ihnen mitgeteilte Wissen Impulsgeber des Fortschritts, können aber der determinierten Geschichte nicht in die Räder greifen. Doch, und darin liegt vielleicht die Tragik Joachims, sollte seine komplexe Lehre als aktivistische, um nicht zu sagen revolutionäre, Verballhornung in die Neuzeit überliefert werden.

[44] Vgl. Benz, 1964, S. 13.

Dies geschah wenige Jahrzehnte nach seinem Tod im Jahr 1202 durch die Spiritualen des Franziskanerordens – und zwar in einer Art und Weise, die man nicht anders als eine Ideologisierung seines Werks bezeichnen kann.

Spiritualen wurde jene Brüder genannt, welche die Regel und das Testament des Franziskus den Buchstaben nach und „geistigerweise" und somit spirituell – also in Kontemplation, Armut und Askese – beachten wollten. Diese Gruppe sah sich einer vom Papst unterstützten Ordensmehrheit gegenüber. Sie vertrat eine Interpretation der Regel, die dem Orden auch Besitz und den Bau von Konventen erlaubte. Als die Spiritualen 1241 mit den Schriften Joachims in Berührung kamen[45], begann eine Entwicklung, die sich in drei Stufen einteilen lässt:[46]

1. **Identifikation und Adaption der Lehre Joachims:** Die Spiritualen identifizierten den heiligen Franziskus mit dem „Novus Dux", jener Führerfigur, deren Erscheinen Joachim am Beginn des „dritten Status" vorausgesagt hatte[47] und die Franziskaner mit dem „Novus Ordo" und begründeten damit ihren Führungsanspruch. Dabei kam es ihnen nicht auf Einzelheiten an, etwa dass der Aufbau des „Novus Ordo" an der benediktinischen Klosterhierarchie orientiert war. Diese ersetzten sie durch das „egalitäre Ideal" der Bettelorden, das in Joachims Klosterplan mit der Integration der Armutsbewegungen schon angelegt war. Diese Adaption hat – so der Politikwissenschaftler Matthias Riedl – „sicher mehr zu den Gesellschaftsvorstellungen späterer Zeiten beigetragen als Joachims Ständemodell."[48]
2. **Ideologisierung der Schriften Joachims:** 1254 gab der Spirituale Gerardus von Borgo San Donnino die drei Hauptschriften Joachims

[45] Das Jahr und den Vorgang hat uns der Ordenschronist Salimbene von Parma, der selbst Spirituale gewesen ist, überliefert. Vgl. Benz, 1964, S. 175ff.

[46] Die Entwicklung wird ausführlich dargestellt in: Ernst Benz, 1962, S. 175-404.

[47] Vgl. Benz, 1964, S. 44.

[48] Vgl. Riedl, 2004, S. 337.

heraus und versah sie mit einer Einleitung, dem „Liber introductorius in Evangelium Aeternum." Gerardus erklärte darin die Schriften Joachims zum „Ewigen Evangelium", welches das Neue Testament ablöse, und zwar in Verdrehung der eigentlichen Absicht Joachims, der ja gerade die Schrift durch den Geist ersetzen wollte. Mit Anbruch des Jahres 1260, das Joachim als Wendejahr angedeutet hatte, gelte nur noch dieses Evangelium. Joachims Schriften wurden damit zur ideologischen Grundlage der Spiritualen-Bewegung.

3. **Entstehung eines revolutionären Aktivismus:** Gerardus' „Liber introductorius" wurde 1258 von einer päpstlichen Kommission verurteilt – zusammen mit einigen Lehrsätzen Joachims. Die Spiritualen wurden zu Häretikern erklärt. Während es in den folgenden Jahrzehnten gelang, einen Großteil dieser Gruppe in den Franziskanerorden einzugliedern, bildeten sich Splittergruppen, die im Untergrund agitierten und offen zur Rebellion gegen die Kirche aufriefen. Zu nennen sind hier etwa der Aufstand Fra Dolcinos 1306 und derjenige Cola di Rienzis, der 1347 als „Novus Dux" Rom vom Papst befreien und mit Kaiser Karl IV. ein neues Reich aufrichten wollte.[49]

Dieser Vorgang reaktiviert den Chiliasmus, den Augustinus so erfolgreich beruhigt hatte, und zwar als Vorform der politischen Revolution. Denn im Unterschied zur antiken Apokalyptik, die unmittelbar auf der Schrift gründet und ungeduldig danach fragt, wann der Messias wiederkommt, tritt hier mit den Spiritualen eine Gruppe auf, die behauptet das Ewige Evangelium und damit DAS absolute Wissen bereits zu haben, mit dem man die Welt verbessern kann – und die sich an einem Punkt des geschichtlichen Fortschritts weiß, an dem diese Verbesserung notwendig erfolgen muss. Das kommt der Argumentation Greta Thunbergs nahe, die darauf besteht, dass jetzt der Zeitpunkt der großen Transformation gekommen ist. Die Spiritualen schaffen damit im historischen

[49] Vgl. Benz, 1964, S. 387ff und Löwith, 2004, S 167f.

Rückblick etwas, das man als eine Urform einer Ideologie bezeichnen kann. Wenn Jakob Taubes behauptet, dass „Joachim das Wesen der Neuzeit (…) zum Jahrhundert der Revolution (tauft)“,[50] dann ist dies vor allem das Werk der Joachiten, wie die franziskanischen Anhänger seiner Lehre fortan genannt werden.

4 Dritter Teil: Vernunft und Revolution

Ich möchte nun im dritten Teil ein Schlaglicht auf die Frage werfen, wie sich Wissenschaft und apokalyptisches Denken verbinden lassen, denn der Wissensbegriff Joachims und erst recht der Joachiten kennt ja noch nicht den Rationalismus und die daraus hervorgegangenen modernen Wissenschaften. Wie also lässt sich Vernunft chiliastisch umdeuten, sodass aus dem „Enlightenment“ des Novus Ordo, das „Enlightenment“ durch die Wissenschaft werden konnte – das ist ja ein Hauptmotiv von Gretas UN-Rede?

Folgt man Jakob Taubes und seinem Lehrer Karl Löwith, dann vollzieht sich dieser Schritt analog zu der Infragestellung des Augustinischen Weltbildes durch Joachim. Demnach hatte der Rationalismus ein neues statisches Weltbild geschaffen, das

> *(in der) ratio eine neue Mitte findet. In der Zeit des Rationalismus setzt sich die ‚Kirche der Vernunft‘ dem Reich Gottes gleich (…) Das Zeitalter der Aufklärung entborgt sich seinen Geschichtsanspruch von der katholischen Kirche.*[51]

Der Begriff „Kirche“ ist nicht nur als Metapher zu verstehen, sondern als Anspruch, die Religion durch die Wissenschaft zu ersetzen und die

[50] Taubes, 2007, S. 111.

[51] Taubes, 2007, S. 116.

Welt durch die Anwendung der Vernunft zu erforschen und schließlich vollständig verstehen und beherrschen zu können.

Dieser Anspruch wurde aber im Laufe des 18. Jh. ganz im Sinne der apokalyptischen Defizienzerfahrung erschüttert. Paradigmatisch steht dafür das Erdbeben von Lissabon am Allerheiligentag 1755. Niemand hatte die Katastrophe vorausgesehen, geschweige denn, dass die „Ratio" in der Lage gewesen wäre, die Naturgesetze, die dieser Katastrophe zugrunde lagen, angemessen zu verstehen. Es musste also das Böse geben im Sinne einer menschlichen Unzulänglichkeit, welche die Erkenntnis und den unbegrenzten Fortschritt im modernen Sinne des Wortes behinderte.

4.1 Philosophische Eschatologie: Lessing, Kant, Hegel

Diese Parusieverzögerung der Aufklärung kann – so Gotthold Ephraim Lessing in seiner 1780 veröffentlichten Schrift „Die Erziehung des Menschengeschlechtes" – nur durch eine neuartige Eschatologie aufgelöst werden, in der die Freiheit des menschlichen Tuns und Denkens, die auch Freiheit zum Bösen ist, durch eine noch zu vollziehende Erziehung gebunden und gelenkt wird.

> *Erziehung – so Lessing – ist Offenbarung, die dem einzelnen Menschen geschieht: und Offenbarung ist Erziehung, die dem Menschengeschlechte geschehen ist, und noch geschieht.*[52]

Allerdings ist die Offenbarung nicht viel mehr als Teil eines dialektischen Prozesses, der die menschliche Vernunft antreibt, denn

> *die Offenbarung (giebt) dem Menschengeschlechte nichts, worauf die menschliche Vernunft, sich selbst überlassen, nicht auch kommen würde: sondern sie gab und giebt ihm die wichtigsten dieser Dinge nur früher.*[53]

[52] Lessing, 1780, §2.

[53] Lessing, 1780, §4.

Dies alles vollzieht sich in drei Schritten:

- Dem Kindesalter, in dem Gott sich dem auserwählten Volk Israel offenbart. Hier vollzieht sich die Erziehung durch das Gesetz, durch Strafen und Belohnung.
- Dem Knabenalter, in dem Christus den Menschen die Lehre von der Unsterblichkeit der Seele bringt und Erziehung durch Jenseitsstrafen erfolgt.
- Die zukünftige „Zeit der Vollendung", des Erwachsenseins, da der Mensch – so Lessing – aus Vernunftsgründen
  „das Gute thun wird, weil es das Gute ist, nicht weil willkührliche Belohnungen darauf gesetzt sind (…).[54]

Lessing gibt also auf die Defizienzerfahrung eines „steckengebliebenen" Rationalismus die gleiche Antwort, die Joachim gegeben hatte, indem er eine noch ausstehende "Zeit der Vollendung" voraussagt, in der die Erziehung des Menschen abgeschlossen wird. Erst dann ist das Programm der Aufklärung verwirklicht und eine widerspruchsfreie wissenschaftliche Welterkenntnis möglich. Dann beginnt „die Zeit eines *neuen ewigen Evangeliums*"[55], das Lessing – daran lässt er keinen Zweifel – direkt aus der Lehre Joachims und der Joachiten ableitet.[56] Zitat:

> *Vielleicht, daß selbst gewisse Schwärmer des dreizehnten und vierzehnten Jahrhunderts einen Strahl dieses neuen ewigen Evangeliums aufgefangen hatten; und nur darum irrten, daß sie den Ausbruch desselben so nahe verkündigten.*

[54] Ebd., § 85.

[55] Ebd., § 86.

[56] „Immerhin berief sich Lessing für seinen Begriff von Aufklärung noch auf den Zisterzienser Joachim von Fiore (+ 1202)". Vgl. Berger, 2016, S. 162.

> *Vielleicht war ihr dreyfaches Alter der Welt keine so leere Grille; und gewiß hatten sie keine schlimme Absichten, wenn sie lehrten, daß der Neue Bund eben so wohl antiquiret werden müsse, als es der Alte geworden.*[57]

Dem von Lessing eingeschlagenen Weg folgt Immanuel Kant in seiner Schrift „Religion innerhalb der Grenzen der bloßen Vernunft", indem er das Moralgesetz als natürliche Religion des Menschen an die Stelle des Ewigen Evangeliums setzt. Die Verwirklichung der natürlichen Religion beschreibt er wiederum als dreistufigen und dialektischen Prozess, als ein Ringen des bösen Prinzips, das im Menschen verwurzelt ist, mit dem guten Prinzip des „Sohnes Gottes" als „Urbild der Gott wohlgefälligen Menschheit".[58] Christus ist bei Kant somit der Inbegriff des moralisch Guten, das durch die Vernunft erkannt werden kann. Für die Durchsetzung des Moralgesetzes führt er den Begriff „Revolution" ein. Durch die „Revolution in der Gesinnung im Menschen"[59]wird zuerst das Gesetz des Alten Bundes und dann die Kirche als Mittler des guten Prinzips überflüssig. Den „allmählige(n) Uebergang des Kirchenglaubens zur Alleinherrschaft des reinen Religionsglaubens"– beschreibt Kant chiliastisch – nämlich als „die Annäherung des Reichs Gottes."[60]

Lessing und Kant lösten die Krise ihrer Zeit, indem sie den Chiliasmus durch die Vision eines kommenden Reiches der vollständig aufgeklärten Menschheit wiederbelebten. Nicht der Glaube, sondern das durch die Vernunft erschlossene Wissen und mithin das Gute, die rational begründete Wissenschaft, bringt das Heil. An die Stelle der christlichen ist – so Jakob Taubes – die „Philosophische Eschatologie"[61] getreten, in der die

[57] Lessing, 1781, §87 und §88.

[58] Vgl. Kant, 1879, S. 127.

[59] Vgl. ebd., S. 49.

[60] Vgl. ebd., S.115. Überschrift Kapitel VII des dritten Stücks.

[61] Vgl. Taubes, 2007, S. 167ff.

von Joachim schon angedeutete Geschichtsdialektik zum antreibenden Prinzip erhoben wird.

Dieses dialektische Prinzip findet schließlich seine vielleicht wirkmächtigste Ausformulierung in der Philosophie Hegels: Alles Seiende (die Position) wird demnach permanent durch die Vernunft negiert (die Negation), die aber auch in der Lage ist, diesen Widerspruch zu erkennen und in einer positiven neuen Bestimmung des Seienden (der Spekulation) aufzuheben. Der Fortschritt im Sinne eines Erkenntnisprozesses benötigt die Negation und damit auch das Böse als antreibendes Moment und vollzieht sich somit als eine permanente Revolution des menschlichen Geistes gegen sich selbst. Alma von Stockhausen hat diesen Mechanismus in der Schrift „Der Geist im Widerspruch - Von Luther zu Hegel" detailliert beschrieben.[62]

In seiner „Phänomenologie des Geistes" schreibt Hegel:

> *„Das Wahre ist das Ganze. Das Ganze aber ist nur das durch seine Entwicklung sich vollendende Wesen. Es ist von dem Absoluten zu sagen, dass es wesentlich Resultat, dass es erst am Ende das ist, was es in Wahrheit ist; und hierin eben besteht seine Natur, Wirkliches, Subjekt oder Sichselbstwerden zu sein."*[63]

Das Absolute, und damit Hegels philosophischer Gott, ist das Ergebnis eines Prozesses den Hegel „Bewusstwerdung" nennt. Erst am Ende der Weltgeschichte wird das Wahre offenbart und damit das, was sowohl historisch als auch erkenntnistheoretisch Bestand hat.

Chiliastisch formuliert: Das Reich kommt als „Reich der Wahrheit". So ist denn auch DIE Wissenschaft, im Sinne einer Wissenschaft, gegen die kein Widerspruch mehr möglich ist - genauso wie DAS Wissen bei Joachim - apokalyptisch: etwas das erst mit dem Weltende eintritt. Sie ist

[62] Vgl. von Stockhausen, 1990, hier bes. S. 51-88.

[63] Hegel, 1979, S. 23.

das Ewige Evangelium, auf das Greta sich vor der UN beruft. Denn zuvor kann alles durch die Vernunft erschlossene Wissen nur vorläufig sein. Was Joachim mit dem Novus Ordo noch theologisch ausformulierte, ist der Kern der Geschichtsphilosophie Hegels.

> *Joachim (...) – so Jakob Taubes – erkennt das Gesetz der neuen Weltzeit, die er wissend eröffnet und die Hegel wissend beschließt.*[64]

4.2 DIE Wissenschaft und die Revolution: Marx und Engels

Es mag sein, dass Hegel nach Meinung Taubes die philosophische Eschatologie beschließt – indes wiederholt sich nochmals die Geschichte, sei es als Tragödie, sei es als Farce[65]. Den Aufklärern und insbesondere Hegel nämlich widerfährt das Schicksal Joachims. Denn – so Taubes –

> *Allein der konservative Charakter der Hegelschen Philosophie ist relativ, ihr revolutionärer Charakter aber absolut. Denn gleich wie Joachim versteht Hegel den Gang der Weltgeschichte als einen Prozess des Fortschritts und somit als ständige Negation des bestehenden Systems.*[66]

Die Ideologisierung der „Philosophischen Eschatologie" erfolgt denn auch – im Gegensatz zu den Spiritualen – durch deren Negation, d.h. durch eine Kritik, die – so Karl Marx – Hegels Philosophie „vom Kopf auf die Füße"[67] stellt.

Nach Marx ist nicht der Geist, sondern die konkreten gesellschaftli-

---

[64] Taubes, 2007, S. 130.

[65] Originalzitat von Karl Marx: „Hegel bemerkte irgendwo, daß alle großen weltgeschichtlichen Tatsachen und Personen sich sozusagen zweimal ereignen. Er hat vergessen hinzuzufügen: das eine Mal als Tragödie, das andere Mal als Farce." Vgl. Marx, 1972, S. 115.

[66] Taubes, 2007, S. 221.

[67] Paraphrasiert. Vgl. Engels, 1975, S. 293.

chen Produktionsverhältnisse das Objekt des dialektischen Prinzips. Sie konstituieren sowohl Geschichte als auch die herrschenden geistigen Bewusstseinsformen, wozu Marx auch die Religion zählt, die als „Opium des Volkes“[68], die wahren Machtverhältnisse zu verschleiern hilft. Ironischerweise bezeichnet Marx diese Bewusstseinsformen als Ideologien und versteht seine Position selbst als Ideologiekritik.

Wie dem auch sei, an die Stelle einer Philosophie des sich selbst revolutionierenden Geistes, die Lessing, Kant und insbesondere Hegel formuliert hatten, setzt Marx die Philosophie der Revolution. Im Kommunistischen Manifest, das sich wie eine atheistische Apokalypse liest, konkretisieren Marx und Engels dieses Prinzip: „Die Geschichte aller bisherigen Gesellschaft ist die Geschichte von Klassenkämpfen“[69], in der die Auseinandersetzung zwischen Bourgeoisie und Proletariat an ihren Kulminationspunkt gelangt. Die Bourgeoisie, die bei der Herausbildung des Kapitalismus selbst eine „in der Geschichte eine höchst revolutionäre Rolle gespielt“[70] hat, wird nunmehr – so prophezeien die Verfasser – vom Proletariat in einer letzten Revolution überwunden. Das Proletariat, das – so Löwith – das „auserwählte(s) Volk des historischen Materialismus“[71] ist, bemächtigt sich der Produktionsmittel.

In diesem Moment erst endet die Vorgeschichte und beginnt die Geschichte, die nach Marx' Logik in zwei Teile zerfällt:

- Der gemeinhin als „Sozialismus“ bezeichneten „Periode der revolutionären Umwandlung“ der kapitalistischen in die kommunistische Gesellschaft.[72]
- Auf den Sozialismus als „revolutionäre Diktatur des Proletariats“[73] folgt der Übergang in den Kommunismus, in dem jeder Mensch in

[68] Vgl. Marx, 1976, S. 378.

[69] Vgl. Marx/Engels, 1972, S. 462.

[70] Vgl. Marx/Engels, 1972, S. 464.

[71] Vgl. Löwith, 2004, S. 46.

[72] Vgl. Marx, 1973, S. 11.

[73] Vgl. ebd.

Fülle, d.h. nach seinen Bedürfnissen leben kann. Dies ist, so Friedrich Engels, „der Sprung der Menschheit aus dem Reich der Notwendigkeit in das Reich der Freiheit.“[74]

Der heilsgeschichtliche Dreischritt Vorgeschichte – Sozialismus – Kommunismus wird aber nicht nur mit dem Begriff „Reich“ belegt, sondern Engels selbst ist derjenige, der in seinem Buch über den deutschen Bauernkrieg, „die chiliastischen Schriften Joachims des Calabresen“[75] in eine Sukzessionslinie einordnet, die – so Riedl – „über Thomas Müntzer – der sich ebenfalls auf Joachim berufen hatte – zu den Revolutionären der jeweils eigenen Gegenwart reicht.“[76] Karl Löwith enthüllt den chiliastischen Kern des Marxismus, wenn er das kommunistische „Reich der Freiheit“ als „ein Reich Gottes: ohne Gott – das Endziel des historischen Messianismus von Marx“[77] bezeichnet.

5 Epilog

Es ist also nicht übertrieben zu behaupten, dass Marx zu denselben Schlüssen kommt, wie die Joachiten. Er adaptiert die Geschichtsdialektik Hegels, nur sein Ewiges Evangelium schreibt er selbst. Die Philosophie der Revolution setzt dieses Ewige Evangelium als DIE eine WISSENSCHAFT absolut. Wie die Chiliasten ihre Auslegung der Apokalypse, die Spiritualen die Prophetie Joachims, so bieten Marx und Engels den historischen Materialismus als einzige Methode zur Deutung der Welt schon vor dem Weltende an – und als Programm zur Herbeiführung dieses Endes. Man kann sagen, dass dies der apokalyptische Aspekt einer Ideologie ist, die im Gewande einer Wissenschaft daherkommt, gegen die kein Widerspruch mehr möglich ist. So konnte die Apokalypse in

[74] Vgl. Engels, 1973, S. 226.

[75] Vgl. Engels, 1960, S. 351.

[76] Vgl. Riedl, 2004, S. 19 (FN 2).

[77] Vgl. Löwith, 2004, S. 51.

der Moderne zu einer Chiffre des Fortschritts durch DIE Wissenschaft werden, der notwendig durch eine Revolution erfolgt. Die Revolution kann dabei auch in ihrer Vorform als Aktivismus auftreten.

Wenn sich nun Greta und die „Letzte Generation" auf die Klimaforschung als ewiges Evangelium berufen und nicht auf den Marxismus, dann ist dies kein Widerspruch, sondern lediglich die Anwendung des Prinzips der „politischen Hegemonie", das der Generalsekretär der italienischen KP, Antonio Gramsci, nach seiner Verhaftung durch die Faschisten 1927 entwickelt hat. Auch er hatte eine Defizienzerfahrung zu bewältigen, nämlich der Niederlage des Kommunismus gegen den italienischen Faschismus. Und diese Niederlage – so die Analyse Gramscis – resultierte aus der fehlenden Zustimmung der Massen für das gesellschaftliche Projekt seiner Partei.

> *Es kann – so Gramsci – und es muss eine ‚politische Hegemonie' auch vor dem Regierungsantritt geben, und man darf nicht nur auf die durch ihn verliehene Macht und die materielle Stärke zählen, um politische Führung oder Hegemonie auszuüben.*[78]

Wer Macht anstrebt, muss demnach zuvor – so Gramsci – ein Bündnis mit den „um die Macht konkurrierenden „gegnerischen Gruppen"[79] eingehen und eine „Hierarchisierung von Autorität und intellektueller Kompetenz" herausbilden, die „wirklich das ‚ideologische Panorama' einer Epoche verändert".[80] In diesem Sinne kann dann auch ein massenwirksameres Anliegen in den Vordergrund geschoben werden, so wie es etwa die erfolglosen K-Gruppen Ende der 1970er-Jahre bei der Gründung der Grünen mit der eigentlich konservativen Ökologiebewegung taten. Eine vergleichbare Entwicklung könnte den durchaus

[78] Gramsci, 2013, S. 21.

[79] Vgl. ebd., S. 19.

[80] Vgl. ebd., S. 129.

berechtigten Anliegen der Klimaforschung in Form ihrer Ideologisierung durch den Klimaaktivismus ein neues Gewand verliehen haben – wobei es nicht Aufgabe dieses Textes ist, die Hintergründe dieser Bewegung zu analysieren, deren Gallionsfigur Greta Thunberg ist, ohne dabei eine Marxistin sein zu müssen. Von Gramsci können auch andere lernen.

Ganz im Sinne von Marx und seinen Nachfolgern ist es nun aber möglich, die UN-Rede Greta Thunbergs und den apokalyptischen Impetus des Klimaaktivismus zu verstehen. Die Anklänge an die biblische Apokalypse werden gezielt zur „Erziehung des Menschengeschlechtes" und somit zum Nudging, zur von außen induzierten „Revolution der Gesinnung im Menschen" eingesetzt. Die apokalyptischen Motive sind aber nur eine rhetorische Formel, um die gewünschte Defizienzerfahrung einer Welt, die nicht in Ordnung ist, hervorzurufen. Sie ist im Grunde nichts als schwarze Pädagogik und Mittel zum eigentlichen Zweck: der Revolution der gesellschaftlichen Verhältnisse. Um es zugespitzt zu sagen: Man droht mit entkernten biblischen Motiven, um die moderne Variante des Chiliasmus und damit auch der Apokalypse – den Fortschritt durch Revolution – ins Werk zu setzen, der ganz gemäß der marxistischen Tradition mit DER einen, alternativlosen Wissenschaft begründet wird, die – wie gezeigt wurde – wiederum eine apokalyptische Größe ist: Ihr Reich komme!

So darf man fragen: Wäre ein augustinischer Ansatz bei der Bekämpfung des Klimawandels nicht die sinnvollere Variante, als ein Aktivismus, der bewusst gegen Gesetze verstößt? Ganz im augustinischen Sinne bieten die bestehende Ordnung und das bestehende Recht genügend Möglichkeiten, um in einem wissenschaftlichen Dialog – also mit Vernunft – eine Lösung zu finden. Augustinus oder Joachim, das ist eine abendländische Frage. Ordnung oder Revolution! Recht oder Räuberbande! In der Abwandlung eines politischen Slogans möchte man ausrufen: Wir sollten mehr Augustinus wagen!

Literaturverzeichnis

Augustinus 1911
Zweiundzwanzig Bücher über den Gottesstaat, in: Des heiligen Kirchenvaters Aurelius Augustinus zweiundzwanzig Bücher über den Gottesstaat. Aus dem Lateinischen übers. von Alfred Schröder. (Des heiligen Kirchenvaters Aurelius Augustinus ausgewählte Schriften 1-3, Bibliothek der Kirchenväter, 1. Reihe, Band 01, 16, 28) Kempten; München 1911-1916. Zitiert nach: https://bkv.unifr.ch/de/works/cpl-313/versions/zweiundzwanzig-bucher-uber-den- gottesstaat-bkv/divisions/607 (zuletzt zugegriffen 1.8.2023).

Benedikt XVI. 1992
Benedikt XVI. (Joseph Ratzinger): Die Geschichtstheologie des Heiligen Bonaventura. St. Ottilien: EOS-Verlag, 1992.

Benedikt XVI. 2007
Benedikt XVI. (Joseph Ratzinger): Eschatologie : Tod, Gericht und ewiges Leben. 6. Aufl. Regensburg: Pustet, 1990 (Neuauflage 2007).

Benz 1964
Ernst Benz: Ecclesia Spiritualis : Kirchenidee und Geschichtstheologie in der franziskanischen Reformation. Stuttgart: Kohlhammer, 1964 (Unveränderter reprografischer Nachdruck der Ausgabe Stuttgart 1934).

Berger 2016
Klaus Berger: Die Apokalypse des Johannes. 2 Bände. Freiburg: Herder, 2016.

Cohn 2006
Norman Cohn: Apokalyptiker und Propheten im Mittelalter. Erftstadt: Hohe, 2007.

Engels 1960
Friedrich Engels: Der deutsche Bauernkrieg, in: Karl Marx - Friedrich Engels – Werke. Band 7. Dietz: Berlin, 1960, S. 327-413.
Zitiert nach: http://www.mlwerke.de/me/me07/me07_327.htm
(zuletzt zugegriffen 28.6.2023).

Engels 1973
Friedrich Engels: Die Entwicklung des Sozialismus von der Utopie zur Wissenschaft. In: Karl Marx/Friedrich Engels - Werke. Band 19, 4. Auflage 1973, unveränderter Nachdruck der 1. Auflage 1962. Dietz: Berlin, S. 210-228.
Zitiert nach: http://www.mlwerke.de/me/me19/me19_177.htm
(zuletzt zugegriffen 28.6.2023).

Engels 1975
Friedrich Engels: „Ludwig Feuerbach und der Ausgang der klassischen deutschen Philosophie“, in: Karl Marx/Friedrich Engels – Werke. Band 21, 5. Auflage, unveränderter Nachdruck der 1. Auflage 1962. Dietz: Berlin, 1975, S. 259-307, 293. Zitiert nach: http://www.mlwerke.de/me/me21/me21_259.htm (zuletzt zugegriffen 27.7.2023).

Gramcsi 2013
Antonio Gramsci: Gramsci lesen. Einstiege in die Gefängnishefte, hrsg. v. Florian Becker et al. Hamburg: Argument Verlag mit Ariadne, 2013.

Hegel 1979
Georg Wilhelm Friedrich Hegel: Phänomenologie des Geistes, in: Werke. Band 3. Frankfurt: Suhrkamp, 1979.

Kant 1879
Immanuel Kant: Die Religion innerhalb der Grenzen der bloßen Vernunft. Text der Ausgabe 1793 mit Beifügung der Abweichungen der Ausgabe 1794. Leipzig: Philipp Reclam jun., 1879. Zitiert nach: https://www.gutenberg.org/files/56182/56182-h/56182-h.htm (zuletzt zugegriffen 1.8.2023).

Katholisch.de 2022
Bischof Bätzing verständnisvoll gegenüber „Letzter Generation“, in: katholisch.de, 28.11.2022. Online unter: https://www.katholisch.de/artikel/42272-bischof-baetzing-verstaendnisvoll-gegenueber-letzter-generation (zuletzt zugegriffen 4.7.2023).

Lessing 1780
Gotthold Ephraim Lessing: Die Erziehung des Menschengeschlechtes. Berlin: Voß, 1780. Zitiert nach: https://www.projekt-gutenberg.org/lessing/erziehng/erziehng.html (zuletzt zugegriffen 25.6.2023).

Löwith 2004
Karl Löwith: Weltgeschichte und Heilsgeschehen: Die theologischen Voraussetzungen der Geschichtsphilosophie. Stuttgart/Weimar: Metzler, 2004.

Marx 1972a
Karl Marx: Der achtzehnte Brumaire des Louis Bonaparte, in: Karl Marx/Friedrich Engels, Werke, Band 8, S. 115-123. Dietz: Berlin/DDR 1972. Zitiert nach: http://www.mlwerke.de/me/me08/me08_115.htm (zuletzt zugegriffen 31.7.2023).

Marx 1973
Karl Marx: Kritik des Gothaer Programms, in: Karl Marx/Friedrich Engels, Werke. Band 19, 4. Auflage 1973, unveränderter Nachdruck der 1. Auflage 1962. Dietz: Berlin, S. 13-32. Zitiert nach: http://www.mlwerke.de/me/me19/me19_013.htm (zuletzt zugegriffen 28.6.2023).

Marx 1976
Karl Marx: Zur Kritik der Hegelschen Rechtsphilosophie, in: Karl Marx/Friedrich Engels, Werke, Band 1. Dietz: Berlin 1976, S. 378-391. Zitiert nach: http://www.mlwerke.de/me/me01/me01_378.htm (zuletzt zugegriffen 27.7.2023).

Marx/Engels 1972
Karl Marx/Friedrich Engels: Manifest der Kommunistischen Partei, in: Karl Marx/Friedrich Engels, Werke, Band 4, 6. Auflage 1972, unveränderter Nachdruck der 1. Auflage 1959. Dietz: Berlin, S. 459-493. Zitiert nach: http://www.mlwerke.de/me/me04/me04_459.htm (zuletzt aufgerufen: 28.6.2023).

von Rad 1987
Gerhard von Rad: Theologie des Alten Testaments. Band 2: Die Theologie der Prophetischen Überlieferungen Israels. 9. Aufl., München: Kaiser 1987.

Riedl 2004
Matthias Riedl: Joachim von Fiore: Denker der vollendeten Menschheit. Epistemata / Reihe Philosophie, Band 361. Würzburg: Königshausen & Neumann 2004.

Riedl 2016
Riedl, Matthias. Die Welt als Kloster. Joachim von Fiore und sein Verfassungsentwurf für die zukünftige Menschheit, in: Zukunftsvisionen zwischen Apokalypse und Utopie. Hrsg. v. Katharina Martin und Martin Seeg (Religion und Politik, Band 13). Würzburg: Ergon-Verlag 2016, S. 127-147.

Scholem 1963
Gerschom Scholem: Zum Verständnis der messianischen Idee im Judentum, in: Judaica I. Frankfurt am Main: Suhrkamp 1963, S. 7-74.

Spengler 2017
Oswald Spengler: Der Untergang des Abendlandes. Umrisse einer Morphologie der Weltgeschichte. Köln: Anaconda 2017. (Text der Ausgabe München: Beck 1923).

von Stockhausen 1990
Alma von Stockhausen: Der Geist im Widerspruch – Von Luther zu Hegel. (Schriftenreihe der Gustav-Siewerth-Akademie, Band 3).
Weilheim-Bierbronnen: Gustav-Siewerth-Akademie 1990.

Taubes 2007
Jakob Taubes: Abendländische Eschatologie. Berlin: Matthes & Seitz 2007.

Thunberg 2019a
Greta Thunberg: "Our house is on fire": Greta Thunberg, 16, urges leaders to act on climate, in: The Guardian v. 25.1.2019.
https://www.theguardian.com/environment/2019/jan/25/our-house-is-on-fire-greta-thunberg16-urges-leaders-to-act-on-climate (zuletzt zugegriffen 4.7.2023).

Thunberg 2019b
Greta Thunberg: „If world leaders choose to fail us, my generation will never forgive them", in: The Guardian v. 23.9.2019.
Zitiert nach: https://www.theguardian.com/commentisfree/2019/sep/23/world-leaders-generation- climate-breakdown-greta-thunberg (zuletzt zugegriffen 4.7.2023).

Vondung 1988
Klaus Vondung: Die Apokalypse in Deutschland. München: DTV 1988.

Waschke 2006
Ernst-Joachim Waschke: Art. Messias (AT), in: Das Wissenschaftliche Bibellexikon im Internet (www.wibilex.de), 2006.
Zitiert nach: http://www.bibelwissenschaft.de/stichwort/27061/
(zuletzt zugegriffen 1.8.2023).

Außerdem erschienen

GUSTAV-SIEWERTH-AKADEMIE (Hrsg.):

Erschaffen wir den Menschen neu?

Transhumanismus aus christlicher Perspektive

Der Transhumanismus ist der aktuellste Versuch, den „neuen Menschen“ zu schaffen. Während in der Vergangenheit die Unterwerfung unter vordefinierte politische und soziale Normen den Menschen umerziehen, das heißt „neu“ machen, sollten, greift der Transhumanismus dessen Leiblichkeit selbst an. Denn der menschliche Leib kann krank werden und sterben und das erscheint den Vertretern dieser Ideologie als ein Skandal, der durch Optimierung überwunden werden muss. Dies soll durch den Einsatz moderner Biotechnologien wie der Gentechnik, Körpersensorik oder Nanotechologie erreicht werden und mit einer steten Überwachung der Körperfunktionen sowie einer immer weitergehenden Verschmelzung von Mensch und Maschine einhergehen. Was wünschbar ist, soll möglich sein: Auch die Aufhebung der Geschlechter oder die gentechnische Manipulation des Nachwuchses.
Aus christlicher Perspektive wirft eine Ideologie, in der sich Men-schen zum Neuschöpfer des Menschen erklären, eine Reihe von Fragen auf, die im theologischen Sommerkurs 2022 der Gustav Siewerth-Akademie diskutiert wurden. Die Diskussionsbeiträge der Referenten sind in diesem Band zusammengefasst. Mögen sie zu einem besseren Verständnis des Transhumanismus beitragen.

Paul Cullen, Susanne Hartfiel, Winfried König, Gerhard Kardinal Müller, Michael Stickelbroeck, Werner Thiede, Dirk Weisbrod

---

ISBN/EAN: 9783863573874
178 Seiten, Paperback
10,00 € Best.-Nr. 00062